企业知识产权培训教材 ◎

国家知识产权局人事司组织编写 ◎

企业创新与专利信息利用实务

U0951085

那英 著

知识产权出版社
全国百佳图书出版单位

图书在版编目（CIP）数据

企业创新与专利信息利用实务/那英著．—北京：知识产权出版社，2014.7

（企业知识产权培训教材）

ISBN 978－7－5130－2837－0

Ⅰ.①企…　Ⅱ.①那…　Ⅲ.①企业管理—创新管理—研究②企业管理—专利—信息利用—研究　Ⅳ.①F270②G252.7③F273.1

中国版本图书馆 CIP 数据核字（2014）第 154419 号

内容提要

本书系统阐述了促进企业创新的创新战略、创新模式，以及企业创新中所涉及的知识产权和信息资源。通过大量实例对企业创新相关的专利信息资源及其检索、分析利用进行了详尽的说明，具有较强的实用性和可操作性，有利于读者学习和掌握利用专利信息的技能。

本书是企业知识产权培训教材。可用于企业、科研单位的管理人员、技术研发人员的学习和培训，还可供从事专利信息服务及其他知识产权工作的相关人员参考。

责任编辑：汤腊冬　　**责任校对**：韩秀天
文字编辑：申立超　　**责任出版**：刘译文

企业创新与专利信息利用实务

QIYE CHUANGXIN YU ZHUANLI XINXI LIYONG SHIWU

那　英　著

出版发行：知识产权出版社有限责任公司	**网　　址**：http：//www.ipph.cn
社　　址：北京市海淀区马甸南村 1 号	**邮　　编**：100088
责编电话：010－82000860 转 8108	**责编邮箱**：tangladong@cnipr.com
发行电话：010－82000860 转 8101/8102	**发行传真**：010－82000893/82005070/82000270
印　　刷：北京富生印刷厂	**经　　销**：各大网上书店、新华书店及相关专业书店
开　　本：787mm×1092mm　1/16	**印　　张**：17.75
版　　次：2014 年 7 月第 1 版	**印　　次**：2014 年 7 月第 1 次印刷
字　　数：298 千字	**定　　价**：39.00 元

ISBN 978-7-5130-2837-0

出版权专有　侵权必究

如有印装质量问题，本社负责调换。

序 言

当今，世界多级化、经济全球化深入发展，科技进步日新月异，知识经济快速发展，知识产权制度在激励创新、推动经济发展和社会进步中的支撑作用日益凸显。我国正处于全面深化改革开放，深入推进创新驱动发展，加快经济发展方式转变的关键时期，国家提出了建设知识产权强国的宏伟目标，这就需要良好的知识产权环境作为支撑。目前，正值国家知识产权战略实施6周年之际，知识产权事业取得了举世公认的成就，为国家经济社会发展做出了巨大贡献。进一步推动我国由知识产权大国向知识产权强国转变，发挥知识产权制度对创新的激励作用，将有利于促进国家科技进步和经济转型升级，对于增强我国自主创新能力、建设创新型国家具有重要意义。

实现创新驱动发展，人才是基础；建设知识产权强国，人才是保障。企业知识产权人才作为知识产权创造和运用的主体，日益成为国家创新发展的战略性资源和重要保障。大力培养企业知识产权人才，形成一支数量充足、结构优化、素质较高、布局合理，能够满足国家创新驱动发展和知识产权强国建设所需要的知识产权人才队伍，以提升我国企业知识产权创造、运用、保护和管理能力，就显得越来越紧迫。

2010年，国家知识产权局人事司组织编写了“企业知识产权培训教材”，这是一套专门面向企业知识产权人才培训需要，立足于企业知识产权管理实际应用，着力于解决企业经营中遇到的知识产权实际问题的实用教材。本次再版，着眼于国家经济社会和知识产权事业发展的新形势、新要求、新需要，从专利经营管理、专利技术转移、专利资产评估、企业知识产权战略管理等方面，结合我国企业“走出去”战略等具体实践，深入浅出地进行分析和讲解，是一套不可多得的企业知识产权实务教材，对提高企业知识产权培训质量，加强培养企业知识产权管理人员、研发和经营相关人员的知识产权业务能力发挥重要作用。

《企业知识产权培训教材》

编 委 会

主　任　甘绍宁

副主任　徐治江　白光清

编　委　陶鑫良　何　敏　刘伍堂　袁真富
薛　丹　王润贵　李　琳　汤腊冬
卢海鹰

前　言

2008年金融危机标志着全球经济或将进入一个相对萧条的历史时期，同时也将成为各国产业竞争优势重新布局的契机。经济全球化使得资本全球流动、资本全球配置。面对挑战，企业要研究产业发展历程中产业结构变化的规律，研究适于各自企业的管理与运作模式，才能在竞争中取胜。

2012年11月8日，中国共产党第十八次全国代表大会报告提出，要实施创新驱动发展战略。科技创新是提高社会生产力和综合国力的战略支撑，必须摆在国家发展全局的核心位置。提高原始创新、集成创新和引进消化吸收再创新能力，更加注重协同创新。着力构建以企业为主体、市场为导向、产学研相结合的技术创新体系。实施国家科技重大专项，突破重大技术瓶颈。加快新技术新产品新工艺研发应用，加强技术集成和商业模式创新。实施知识产权战略，加强知识产权保护。促进创新资源高效配置和综合集成，把全社会智慧和力量凝聚到创新发展上来。实行更加有利于实体经济发展的政策措施，推动战略性新兴产业、先进制造业健康发展，加快传统产业转型升级，推动服务业特别是现代服务业发展壮大，支持小微企业特别是科技型小微企业发展。

战略新兴产业是以重大技术突破和重大发展需求为基础，对经济社会发展全局和长远发展具有重大引领带动作用的知识技术密集、物质资源消耗少、成长潜力大、综合效益好的产业。中国经济的发展必须以企业的创新为基础，发展高新科技产业，推动制造业技术升级和服务业的发展。

2008年6月5日，国务院印发《国家知识产权战略纲要》（国发〔2008〕18号），提出以下战略措施：

① 建立以企业为主体、市场为导向、产学研相结合的自主知识产权创造体系。引导企业在研究开发立项及开展经营活动前进行知识产权信息检索。支持企业通过原始创新、集成创新和引进消化吸收再创新，形成自主知识产权，提高把创新成果转变为知识产权的能力。支持企业等市场主体

在境外取得知识产权。引导企业改进竞争模式，加强技术创新，提高产品质量和服务质量，支持企业打造知名品牌。

② 引导支持创新要素向企业集聚，促进高等学校、科研院所的创新成果向企业转移，推动企业知识产权的应用和产业化，缩短产业化周期。深入开展各类知识产权试点、示范工作，全面提升知识产权运用能力和应对知识产权竞争的能力。鼓励和支持市场主体健全技术资料与商业秘密管理制度，建立知识产权价值评估、统计和财务核算制度，制订知识产权信息检索和重大事项预警等制度，完善对外合作知识产权管理制度。鼓励市场主体依法应对涉及知识产权的侵权行为和法律诉讼，提高应对知识产权纠纷的能力。

当代科技创新的特点是科学发现、技术突破及重大集成创新不断涌现，呈现出群体突破态势。在学科纵向深入的同时，领域前沿不断拓展，学科间交叉、融合、汇聚，新兴学科不断涌现，呈现协同发展态势。从科学发现、技术创新到商业应用的周期越来越短，科技对经济社会发展的引领作用愈加显著。科技与教育、文化的关系日益密切，科技教育相互促进趋势明显。国际科技竞争日趋激烈，国际科技交流与合作日益广泛，呈现出各国科学家之间竞争、合作、相互依存的新局面。

一、创新型国家的特征

创新型国家具有以下三大特征：

① 创新综合指数明显高于其他国家，科技进步对经济的贡献率在70%以上；

② 研究开发投入占 GDP 的比重一般在 2%以上；

③ 对外技术依存度指标一般在 30%以下。

据统计，我国对外技术依存度为 54%，科技对经济的贡献率为 39%。美国、日本、芬兰等 20 多个全球公认的创新型国家，其对外技术依存度低于 30%，科技对经济的贡献率高于 70%。

截至 2012 年底，中国国内企业拥有有效专利 181.2 万件，占国内有效专利量的比重首次超过六成。[1] 截至 2013 年底，中国每万人口发明专利拥

[1] “《2012 年中国有效专利年度报告》发布”，载 http：//www.sipo.gov.cn/yw/2013/201310/t201310 23 _ 836492.html。

有量达4.02件，[1] 提前达到并超过了十二五规划提出的目标（每万人口发明专利拥有量3.3件）。北京每万人口发明专利拥有量达41.29件，超过了美国。截至2010年底，美国国内发明专利拥有量达到101.6万件，每万人口发明专利拥有量达到了32.9件；日本国内发明专利拥有量达到125.5万件，每万人口发明专利拥有量达到了98.3件。[2]

二、知识产权密集型企业对经济的贡献程度

（一）美国知识产权密集型企业对经济的贡献

美国商务部于2012年4月发布了《知识产权与美国经济：聚焦产业》的综合报告。[3] 该报告指出：

① 2010年，知识产权密集产业为美国经济贡献5.06万亿美元，占国内生产总值的34.8%。

② 2010年，知识产权密集产业直接或间接提供4 000万个工作岗位，占工作岗位总数的27.7%。

③ 2010～2011年，经济复苏使知识产权密集产业直接雇用的工作岗位增加1.6%，高于非知识产权密集产业1%的增长率。

④ 2010年，知识产权密集产业商品出口7 750亿美元，占美国商品出口总额的60.7%。

美国313个总产业中的75个产业为知识产权密集型产业。大多数知识产权密集产业集中在计算机和周边设备、音像设备制造、报纸和书籍出版、制药和药品、半导体和其他电子元件以及医疗设备等技术领域。知识产权岗位主要集中在美国的三个地区，即西海岸地区、东海岸地区以及中西部地区的中北部。

（二）欧洲知识产权密集型企业对经济的贡献

欧洲内部市场协调局（OHIM）和欧洲专利局（EPO）于2013年9月发布了《知识产权密集型产业：促进欧洲经济表现及就业》的报告。[4] 研

[1] “2013年底我国每万人口发明专利拥有量达到4.02件”，载 http：//gb. cri. cn/42071/2014/02/20/7492s4431434. htm。

[2] “我国国内发明专利拥有量首超国外”，载《专利统计简报》2011年第16期（总第115期）。

[3] “美商务部发布知识产权密集型产业研究报告”，载 http：//www. sipo. gov. cn/dtxx/gw/2012/201205/t20120515 _ 691537. html。

[4] “New study finds one in three jobs in Europe generated by IPR－intensive industries”，载 http：//www. epo. org/news－issues/news/2013/20130930. html。

究范围涉及专利、商标、外观设计、版权和地理标志，并聚焦于欧洲经济，覆盖 321 个知识产权密集型产业。❶ 该报告指出：

① 2008～2010 年，欧盟约 40%的 GDP 每年约 4.7 万亿欧元，折合人民币 39.5 万亿元，由知识产权密集型产业产生，其中专利密集型产业贡献了 14%，约 1.7 万亿欧元，折合人民币 14.3 万亿元。

② 2008～2010 年，知识产权密集型产业平均每年直接或间接提供约 7 700万个工作岗位，占总数的 35%，其中专利密集型产业创造了约 3 500 万个，占比为 16%。

③ 知识产权密集型产业中的平均薪酬比其他产业高约 40%。

④ 2010 年数据显示，欧洲进出口贸易额中的 90%由知识产权密集型产业贡献。

知识产权密集型产业在 615 个欧盟产业总数中约占一半，其中工程、房地产、金融和保险、发动机制造、零售、计算机和医药等领域排名进入前 20。

（三）中国知识产权密集型企业对经济的贡献

将中国 2007～2011 年 16.5 万家获得专利授权或拥有有效专利企业的专利数据，按国民经济行业中类分类进行划分整理，❷ 提出高专利密集度产业的划分标准，即发明专利密集度高于国民经济全部行业（产业）平均水平的产业（行业）为专利密集度产业（行业）。而低于平均水平的，则称为低专利密集度产业（行业）。

从工业中类看，191 个中类行业中，共有 55 个产业发明专利密集度高于平均水平的 9.80 件/万人（万名就业人员），属于专利密集型产业，占工业中类产业总数的 28.8%。其他 136 个产业属于低专利密集度产业。

整个国民经济产业平均发明专利密集度为 9.47 件/万人，高专利密集度产业平均发明专利密集度为 29.95 件/万人，明显高于低专利密集度产业的 2.42 件/万人。

2007～2011 年，我国高专利密集度产业增加值合计 47.0 万亿元，占当期国内生产总值（GDP）的 24.3%。自 2007 年以来，我国高专利密集

---

❶ 该报告中对知识产权密集产业的判断依据为：产业中每个雇员拥有的知识产权数量高于平均水平，或其产业活动将知识产权的应用作为本质特性。这种判断针对欧盟范围内的知识产权密集度进行计算；在评估各产业对经济的贡献度时，也是计算该产业在欧盟各个成员国内创造的工作岗位及 GDP。

❷ “中国产业专利密集度统计报告”，载《专利统计简报》2013 年第 03 期（总第 142 期）。

度产业增加值年均增长 16.6%，明显高于国内生产总值 11.1%的年均增长速度，到 2011 年高专利密集度产业增加值总量已达到 13.1 万亿元，占国内生产总值比重为 25.1%。

从高专利密集度产业对就业的贡献来看，2007～2011 年，我国高专利密集度产业平均每年可创造 3 290 万个就业机会，占全部城镇年平均就业人员的比重达到 25.6%。

三、大数据时代的政府"开放数据"

2004 年经济合作与发展组织（OECD）所有成员国的科技部长签署了一个宣言，提倡获得公共资金支持的所有档案数据都应能被公众获取、共享，有责任和作为的政府有义务向社会开放这些数据，减少政府与公众之间的信息不对称，增强互信和理解。数据科学家[1]通过统计、分析源于大量数据集的数据而得到新发现，数据科学家将在大数据时代发挥巨大作用。通过大数据思维，即适当处理公开的数据为千百万人急需解决的问题提供答案，使得大数据的价值不再单纯来源于它的基本用途，而更多源于对大数据的二次利用。

（一）美国的政府"开放数据"

2008 年 1 月 21 日，奥巴马总统上任签署的第一份备忘录就是《透明和开放的政府》。2009 年 5 月 21 日，美国联邦政府建立了公开信息的网站（网址：http：//www.data.gov)，通过互联网公布了数十万项以前政府专用的数据，主要包括原始数据（raw data)、处理数据的工具（using tools）和地理数据目录（geodata catalog）三大类型的数据。该网站初期提供了 11 个机构的 76 项数据集。现在可以提供 224 个机构的 3 000 多个原始数据目录项，包括 87 787 个数据集。数据特点如下：

① 以元数据集（DC）为标准，包括 XML、CSV、KML 等格式的文件，采用统一资源标识符（URI)。

② 采用目录（catalogs）方式组织政府数据和其他应用型网络工具，提供类目、机构、关键词等搜索途径供用户检索、获取与利用。

③ 数据均可开放检索和下载，网站还提供了利用这些数据的工具。

---

[1] 数据科学家是指对数据领域有一定贡献的人，通常具备统计分析能力、对数据的提取与综合分析能力和对数据可视化的表现能力。

通过美国政府公开信息的网站，可以免费下载美国专利商标局的所有已授权的专利、商标和发布的专利申请。每天有大量的年轻创业者和公司使用公开的政府数据创造新产品或服务，扩大了就业岗位。公开的数据还帮助联邦政府更加快速、高效地推动数据透明化。

（二）英国的政府“开放数据”

2010 年 1 月 21 日，为了使更多的人获得政府提供的数据，由“万维网之父”Tim Berners－Lee 和南安普顿大学 Nigel Shadbolt 教授负责创立了英国政府开放数据门户网站（网址：http：//www. Data. gov. uk），该网站初期包含了超过 2 500 项来自全国各地政府的数据，如房价和服务等，现在已经包含了 5 600 多个来自各政府部门的数据集，涉及健康、交通、环保、商务、教育等领域。

该网站提供类目、机构、关键词等搜索途径供用户检索、获取与利用。网站的数据均可开放检索和下载，还提供了利用这些数据的工具。

（三）中国的政府“开放数据”

我国自 2008 年 5 月 1 日起施行《中华人民共和国政府信息公开条例》（中华人民共和国国务院令第 492 号），推进了政府信息公开，进一步落实了社会公众的信息知情权、参与权、监督权和表达权等。目前，中国政府公开信息整合服务平台（网址：http：//govinfo. nlc. gov. cn）公开的内容涉及财政、科技、农业、商贸、卫生等，整合了各省市分站的政府网站的信息公开、信息公报采集数据，还包括自建特色资源库和专题资源，方便社会公众获取各级政府公开的政务信息资源。

北京市政府数据资源网（网址：http：//www. bjdata. gov. cn）于 2012 年 10 月开始试运行。已上线公布了 29 个部门的 400 余个数据包，涵盖旅游、教育、交通、医疗等门类数据可供下载。开放数据为企业和个人开展政务信息资源的社会化开发利用提供了数据支撑，推动了信息资源增值服务业的发展以及相关数据分析与研究工作的开展。

总之，大数据与传统的数据库相比，不仅数据量庞大，而且数据格式的差异性大，使得对数据进行统一的检索和分析复杂化。大数据技术的意义在于通过对超大量的数据信息进行专业化处理和分析，使数据增值。通过大数据可以发现新的商机或扩大新市场。如互联网上的搜索引擎按照用户的需要，通过在海量的数据中快速找到最相关的答案来完成大数据服务。

目　录

第一章　企业创新概述

奥地利经济学家熊彼特提出，创新（Innovation）是指企业通过引进新的产品、采用新的生产方法、开辟新的市场、获得新的原料供给、实行新的组织管理和生产要素的新组合、获取新利润的过程。创新是企业生存的根本。创新的企业应该将创新战略与企业经营战略或经营理念相结合，制定创新规划，采取正确的评估指标和激励机制，使企业找到最合适的创意并获得最多的投资回报。

在创新要素基本相同的情况下，由于每个企业的创新战略、组织机构、管理流程、企业文化、评估指标和激励机制等方面各有不同特点，使得每一种资源优势的持续力并不相同，因而创新成果也不同。企业从产品开发到售后服务的整个价值链中的任一项活动都可以产生竞争优势。创新决定着企业能否在竞争中得以发展，不创新就会停滞，甚至被竞争对手超越。只有在创新方面比竞争对手做得更快、更好、更持久的企业才能保持长盛不衰，乃至影响整个行业的发展。

企业如何创新？企业创新不仅仅是开展尽量多的创新业务或开发新技术，有时少量的创新业务或新技术之外的新商业模式也可以使企业取得成功发展。企业成功的可持续性创新包括两方面：一是技术创新，即研究开发新产品、新方法；二是商业模式创新。成功的创新是将技术创新与商业模式创新在理念上和行动上整合到一起的创新。

技术创新与“技术发明（创新的技术）”的区别在于：

技术创新是指企业应用创新的知识和新技术、新工艺，采用新的生产方式和经营管理模式，提高产品质量，开发生产新的产品，提供新的服务，占据市场并实现市场价值。技术创新是实现技术与经济结合的过程。

创新的技术只能为企业提供成功的机会，但是并不能保证企业成功，创新的技术要与一系列的创新活动组合才能为企业创造价值。

通常创新的技术与技术创新之间存在“滞后期”。如拉链发明产生于1891年，而1918年才有拉链产品上市；蒸汽机发明产生于1764年，而

1775 年才有发动机的产品；静电复印技术 1937 年获得美国专利商标局的专利授权，1959 年复印机才被推向市场；移动电话技术 1973 年获得美国专利商标局的专利授权，到 20 世纪 90 年代中期手机才被推向市场。

一、影响企业创新的因素

企业是产业发展的主体，产业的发展与创新的环境、企业管理者的创新战略定位，以及企业的各级组织从不同角度对产业发展的关注及采取的措施等相关。企业不仅要适时分析不断变化的宏观环境，还要不断对企业内部自身的资源、能力和核心竞争力进行评价，及时调整企业的目标和策略。针对企业创新目标，通过制度创新、管理创新和技术创新来实现。

（一）创新的思维和目标

创新型企业在制定和实施企业战略的过程中，企业家要发挥导向作用、核心作用和凝聚作用。企业家要重视有关的市场、竞争对手以及企业自身的信息，及时掌握各方面的信息并加以综合运用。企业管理者还要能够善于使用人才，建立优化的人才团队，树立为顾客着想的价值高于利润的价值、集体的价值高于自我实现的价值的理念。

通过制定战略长期规划、中期项目计划、短期项目计划来提升企业的创新能力、行业地位等。为了保证战略目标的实现，在实施过程中要进行全面跟踪，及时发现问题，做好信息反馈，采取修正措施，使战略顺利实施。

1. 创新目标合理、可持续和可落实的基本要求

① 企业创新发展的总方向和总任务在规定的一段时间内相对稳定；

② 目标合理而且可实现，即不过高，也不过低；

③ 目标可用具体指标来检验。

按照企业在研发、技术和商业战略方面的范围和重视程度，将企业创新目标分成两类：一类是专业化战略，即公司集中在某一特殊领域的研究和开发资源，在该领域开发极高的专业产品/技术；另一类是包括各学科的多样化战略，即公司积极地在不同领域和地区投入技术开发，从事多样化的商业运作和开发的整体战略。多样化的业务投资对于防御经济形势突然变化带来的商业风险非常有用。

针对企业创新目标，将企业研究和开发分为突破式研发和渐进式研发。突破式研发，是高级原创性的新技术的研究和开发（What - to

R&D)，主要目的是创造具有新功能或独特性能材料的新产品，新产品在打开新市场和更新公司产品方面起主要作用；渐进式研发，维持和加强现有业务的研究和开发（How-to R&D)，主要目的是提高现有的技术水平，改进产品质量，降低成本，以加强或扩充现有业务。

对于任何一个企业，时间是决定研究和开发分配的基本因素。对于新的、高度原创性的产品来说，从课题概念的启动到商业收益一般需要10年或更长。企业要优先对其研究和开发的资源进行有效的分配，包括对人力资源和资金的分配。

2. 项目计划要体现的内容

① 技术创新方面。加强知识产权布局，尤其是战略性专利的布局。实现增加发明专利数、新产品开发数、制定标准数、降低产品成本等。

战略性专利是指企业在某产品领域将一项技术商业化时起决定性作用的专利，即基础专利，也称为核心专利。

例1：1997年全世界销售最好的药物是溃疡药Losec，1978年由阿斯利康开发并取得的专利，该核心专利的价值在150亿～300亿美元。

② 商业模式创新方面。拓展市场创造价值，提高新产品销售收入，提高市场占有率，加强管理防范风险等。

战略规划一般为3～10年，中期计划介于战略规划和短期计划之间，时间跨越2～3年。项目计划一般是为了实现战略转变开展的某项活动的一次性计划，一般在3年内完成。

工业和信息化部于2013年11月8日印发了《工业企业知识产权管理指南》[1]，其中明确规定，企业知识产权工作经费要占研发经费的1%～5%。据报道，日本的企业研发（R&D）投资占销售额5%的才有竞争力；企业R&D投资占销售额2%的勉强维持；企业R&D投资占销售额1%的难以生存。日本1980年研发的平均支出占总销售额的1.5%，最近几年研发的支出占总销售额的5%或更多。世界百强企业的R&D投入一般达到10%～15%，能使生产、研究开发同步，保持企业的竞争力。用以下案例加以说明。

例1：2002年7月，日本知识产权战略会议发表《知识产权战略大纲》，将“知识产权立国”列为国家战略。其重点是在知识产权平台上建

[1] 《工业企业知识产权管理指南》规定了工业企业知识产权管理的基本要求、基础管理、运用管理、评价与改进等。

设国家，即用知识产权创造高附加值的产品，为达到激励经济和社会发展的目的服务。其知识产权战略包括四方面的内容：创新战略、保护战略、开发（应用）战略、人才资源开发战略。为落实知识产权立国的基本方针，确保日本知识产权战略的实施，日本政府起草了《知识产权基本法》，包括鼓励大学的研究和开发成果向商业应用顺利转移；加强对知识产权侵权的防卫措施，如防止在国内、海外市场和边境的仿制和盗版；建立有助于商业企业开发知识产权战略的管理指南；重视商业个体投产的项目和中小企业新开发的项目；开发具备知识产权技术知识的人才资源等一系列基本措施。

例 2：日立公司的政策是获取前沿的研发项目、建立专利战略体系、提高专利质量。要达到的目标是：每年最高水平的专利 25 项（世界上最高水平的基础发明）、高水平的专利 75 项（日本最高水平的基础发明）、较高水平的专利 200 项（能够作为卖点，积极推广日立主流产品的发明）。所采取的基本措施是：确定竞争对手，为每项重要产品技术获取 5 项能够抢占未来社会需求市场的核心专利；加强专利运用。

例 3：用于随身听和小型收录机、光盘驱动器和一些需要非常小的马达上的精细线圈（极细的、非常小的无电刷电动机线圈），从启动研究和开发到产品上市开始受益的过程长达 13 年之久。

（二）创新的环境

社会的政策、经济、技术和文化环境对企业创新有重要影响。企业内部的技术水平、管理能力和各种资源状况会对企业创新产生更大影响。

① 国家及地方的产业、税收、金融、补贴等政策法规，能够给企业带来更多的发展机遇。当前，中国要建设以技术创新为经济社会发展核心驱动力的创新型国家，并致力于由中国制造向中国创造转变。国家重点产业处于优先发展的地位。相关政策见附录。相关案例如下：

例 1：2012 年，中国 DH 电气股份有限公司通过股权收购成为雷士照明公司的最大股东。DH 公司形成了从 LED 外延芯片、芯片—封装一应用（灯具、显示屏）研发/制造，直至销售终端的全产业链。其中，LED 封装的结构和工艺复杂，直接影响 LED 的使用性能和寿命。

DH 公司对 LED 市场看好的原因在于：对 LED 市场利好的国家及地方政府扶持新兴产业及推行节能减排政策。也就是，2011 年 7 月，国家科技部颁布《国家“十二五”科学和技术发展规划》，节能环保位居七大战略新兴产业之首，半导体照明又被列为四大节能环保技术之首。3 个月后，国家发改委、商务部、海关总署、国家工商总局、国家质检总局等五部委联合印发《关于逐步禁止进口和销售普通照明白炽灯的公告》，淘汰白炽灯路线图逐渐明晰。这也就意味着，白炽灯的替代品LED灯、节能灯、金卤灯等将快速填补市场空白。由财政部、发改委组织的“2012年半导体照明产品财政补贴推广项目”在京公开招标。发改委也明确表示，2012年中国政府将斥资400亿元用于LED路灯采购，对LED路灯使用者提供30%的财政补贴。

例2：国家的高新技术企业，在法定税率为25%的基础上，减按15%的税率征收企业所得税。

② 经济环境涉及社会经济状况和国家经济政策，包括经济制度、产业布局、资源状况、经济发展水平及经济趋势等的动态。中国加入世界贸易组织（WTO）后，为企业国际化创造了条件，有利于企业引进境外资本、先进技术和管理经验，关税大幅度下降使得进口成本下降，但是企业要面对全球市场并与各国知名的跨国公司进行业务竞争。企业要不断挖掘新的经济增长点，促进产业升级，最终实现经济的转型升级。

a. 劳动密集型企业要向高技术服务业发展，改进当前主要依赖的低成本、低附加值产品出口的现状。

b. 资本密集型企业针对全球化产品在本国市场饱和的情况，要开发海外市场，将制造、销售等业务放在海外经营。

企业还要关注国家或地区的利率、汇率、失业率、居民可支配收入等要素的变化。如果贷款利率高，则企业的融资成本也高。人民币升值，经营进口产品的企业成本降低，但同时也降低了出口企业的产品竞争力。居民可支配收入增多，对高档产品的需求就会增强。相关案例如下：

例1：2009年3月13日，国务院批复建设中关村国家自主创新示范区。财政部、科技部联合印发了《中关村国家自主创新示范区企业股权和分红激励实施办法》（财企〔2010〕8号），对企业以科技成果实施产业化、对外转让、合作转化、作价入股四种不同情形，设计了不同的分红激励方式，其中提高了对科研人员奖励的比例。实施办法规定：高等院校和科研院所经批准，按科技成果评估作价金额的20%～30%折算为股权奖励给有关技术人员的，由接受科技成果出资的企业，从高校和院所获得的股权中划出相应份额予以兑现。实施办法不仅为中关村企业吸引和留住技术人员创造条件，也激励技术人员进一步发挥创造能力。

③ 技术环境涉及政府的关注度、技术发展的进程、技术更新的速度、

能源的成本、信息技术的发展等。技术创新在为企业提供机遇的同时，也会对企业构成威胁。新技术会扩大产品市场，促进企业提高产品质量、性能，提高生产效率，也会使某些行业面临挑战。相关案例如下：

例1："十二五"期间国家确定了重点产业发展方向。为贯彻落实《国务院关于加快培育和发展战略性新兴产业的决定》，更好地指导各部门、各地区开展培育发展战略性新兴产业工作，2013年2月22日国家发展改革委公布了《战略性新兴产业重点产品和服务指导目录》，该目录涉及战略新兴产业7个行业、24个重点发展方向下的125个子方向，共3 100余项细分的产品和服务（其中节能环保产业约740项，新一代信息技术产业约950项，生物产业约500项，高端装备制造产业约270项，新能源产业约300项，新材料产业约280项，新能源汽车产业约60项）。7个战略性新兴产业包括节能环保、新一代信息技术产业、生物产业、高端装备制造产业、新能源产业、新材料以及新能源汽车的重点产品。

例2：科学技术部2011年7月发布的《国家"十二五"科学和技术发展规划》（国科发计〔2011〕270号）中提到大力培育和发展战略性新兴产业，包括新能源：积极发展风电、太阳能光伏、太阳能热利用、新一代生物质能源、海洋能、地热能、氢能、新一代核能、智能电网和储能系统等关键技术、装备及系统。实施风力发电、高效太阳能、生物质能源、智能电网等科技产业化工程。建立健全新能源技术创新体系，加强促进新能源应用的先进适用技术和模式的研发，有效衔接新能源的生产、运输与消费，促进产业持续、快速发展。

该发展规划指出生物质能源重点发展沼气生产车用燃料、纤维素基液体燃料、农业废弃物气化裂解液体燃料、生物柴油、非粮作物燃料乙醇、250～500吨/日系列生物质燃气开发利用等关键技术和装备，加强生物燃气、城市与工业垃圾能源化、生物液体燃料、固体成型燃料、能源植物良种选育及定向培育等五个方向的研发部署，在重点区域实施"十城百座"等示范工程。形成10～20条生物质能源生产线和成套装备产品供应系统。

例3：1968年，美国公布了废气排放控制标准，而当时美国企业流行生产大排量的豪华车。丰田汽车公司按照标准要求，改进汽车性能和质量，生产小型节能汽车，并在美国销售，两年后销售份额达到美国市场的1/4。

例4：数码相机出现后，数码相机代替胶片相机被应用到更广泛的市场，迫使民用胶片行业转产。使得有130多年历史的美国老牌感光胶片企业柯达公司申请破产，柯达以5.25亿美元出售其1 100项专利，其中包括

700 项数字捕捉技术和 400 项文档成像技术专利。

除了关注上述所提到的影响企业创新的政策、经济和技术相关的因素外，还要考虑社会文化对企业的工作安排、管理流程、报酬及激励制度等的影响。如企业所处区域的社会结构、人才构成、地理资源分布特点、公众价值观念、生活方式、文化传统等。企业文化的影响因素包括员工的情绪、投入、敬业精神、忠诚度等。

（三）创新的组织和管理

据调查，投资人在选择新投资项目时最先考虑的是管理团队的能力，其次是在行业中占据主要市场的有前途的企业，再次是选择能使其成为技术领先企业的项目。企业要具有持续的竞争优势，就要拥有高级人力资源及核心技术能力。这需要持续开展针对员工专业化技能的培训，建立学习型的组织以打造企业的核心竞争力。

企业还要开展“全流程知识产权管理”，在企业经营活动中嵌套入所有有关知识产权的业务，包括专利、商标、版权、商业秘密等，在市场规划、研发、采购、制造、销售等各个环节中实现统一的规划管理，找准切入点合理分配资源。

① 高层管理团队（领导者）的职责。作为企业的创新战略、投资规模、风险水平等整体平衡的决策者，要具有选择合适的创新战略、创新模式和培育创新文化的能力。高层管理者不但要有不断创新意识、机会意识，即善于捕捉信息并分析判断企业竞争优势的意识，还要善于用人，即拥有高素质的技术人才和管理人才。如设立首席技术官（Chief Technology Officer)。为了使企业获得短期或中期的成功，要注重所采用的创新战略和创新模式。为了使企业培养长期的、可持续的创新力，要关注评估指标和激励机制。

例 1：在半导体材料发明后，出现了走时准确、价格便宜的电子表产品，日本的企业看准了电子表市场，尽快设计开发出各种性能稳定的电子表，一度占领全球市场。精工公司抢先制造低成本、高品质的石英手表，并形成行业标准，由一个单纯的机械表公司成为石英表 & 机械表的公司。

② 中级管理者的职责。作为创新运行的责任者，要能够理解并执行企业的战略、要组织研究和设计创新方案并实施、要计划和把握创新工作的进度。要制订工作计划，在专业技术和重要领域对员工进行培训，不仅告诉员工“怎么做”，还要使员工知道“为什么这样做”。

③ 技术/业务人员的职责。作为完成创新的运行者，要按照创新方案

的要求提出各种创新思路并进行研究和应用，具体涉及对相关技术信息和市场信息的收集和综合分析、试验/制造可商业化的产品、产品上市等。

④ 实现有效的管理。采用集中与分散执行相结合管理方式，针对企业特定的目标和任务，按照整体的业务流程，将管理职能进行集成和组合，实现全过程、连续性的管理和服务。企业知识产权管理机构的组织形式可以分为集中式管理和分散式管理。

例1：IBM公司对于知识产权的归属及管理实行总公司集中管理。IBM公司明确企业内部知识产权管理机构和其他部门的职责分工，统一知识产权管理资源的优化配置，建立集中统一、分类管理、简洁高效的企业知识产权管理体制。

例2：日本东芝公司实行分散式知识产权管理。日本东芝公司在知识产权本部、各研究所和各事业部配置了直接隶属于负责技术工作的副所长或总工程师的知识产权部。

例3：知识产权规范化管理的政策指导。2014年2月，商务部发布了《境外企业知识产权指南（试行）》，旨在指导中国企业及其在境外投资设立的企业进一步规范在投资合作活动所在国家或地区的知识产权相关行为，及时防范知识产权侵权风险，妥善解决知识产权纠纷，引导企业积极维护自身权利并充分尊重合法权利人的权利，树立中国企业良好社会形象。本指南适用于中国企业境外投资合作活动中的知识产权相关行为。

例4：知识产权规范化管理标准的推行。为了提高企业知识产权管理能力，2013年3月1日起实施的国家标准《企业知识产权管理规范》(GB/T 29490—2013) 主要包括企业知识产权管理规范的范围、规范性引用文件、术语和定义、企业知识产权管理体系、管理职责、资源管理等9个章节的内容。《北京企业知识产权管理规范工作指导手册》记载了《企业知识产权管理规范国家标准》的全文以及相关管理文件和参考资料，还包括推行知识产权规范化的管理与培训经验、企业及专业辅导机构在运行企业知识产权管理规范过程中的启示和经验所形成的典型案例等。

（四）创新的激励机制

创新不仅需要资金投入，还需要研发人员的智力投入，要用完善的激励制度来激发参与创新人员的主动性和创造性。企业要建立公司的奖励体系，激励发明人在发明及研究和开发活动中的创造力，赋予其成就感，使其对事业全身心地投入。对发明或重要开发做出突出贡献的研究人员给予荣誉奖励、经济补偿等。发明人个人能从该发明获得的商业利润中得到一定数额的奖金。

要在“特色产品”和“高新技术”领域启动和开发新的业务，就要持续不断地拥有合适的人才，还要对员工进行职业规划，留住优秀人才。优秀人才不仅具备能力、崇高品质和智慧，而且还拥有众多人脉。为了达到目的，还要对员工进行法律、专利实践以及其他相关领域的周期性的和连续的培训和教育。

例1：美国硅谷实践。硅谷的风险投资机制是奖励冒险，但不惩罚失败。硅谷还对进入该区创办企业的技术人员提供在职的商学学位和工程学学位的进修教育。

例2：对专利发明人/设计人的奖励规定。《专利法实施细则》规定了对职务发明创造的发明人或者设计人的奖励和报酬。被授予专利权的单位可以与发明人、设计人约定或者在其依法制定的规章制度中规定专利法第16条规定的奖励、报酬的方式和数额。

被授予专利权的单位未与发明人、设计人约定也未在其依法制定的规章制度中规定专利法第16条规定的奖励方式和数额的，应当自专利权公告之日起3个月内发给发明人或者设计人奖金。一项发明专利的奖金最低不少于3 000元；一项实用新型专利或者外观设计专利的奖金最低不少于1 000元。

被授予专利权的单位未与发明人、设计人约定也未在其依法制定的规章制度中规定专利法第16条规定的报酬的方式和数额的，在专利权有效期限内，实施发明创造专利后，每年应当从实施该项发明或者实用新型专利的营业利润中提取不低于2%或者从实施该项外观设计专利的营业利润中提取不低于0.2%，作为报酬给予发明人或者设计人，或者参照上述比例，给予发明人或者设计人一次性报酬；被授予专利权的单位许可其他单位或者个人实施其专利的，应当从收取的使用费中提取不低于10%，作为报酬给予发明人或者设计人。

例3：沈阳远大科技创业园的科研人员终身受益。2013年10月，具有科研基地与公共研发服务平台功能的远大科技创业园正式投入运营。远大科技创业园在国内率先实行技术研发与产业化分离，推行“个人终身受益”的机制。在获得研发成果转让收益基础上，产品在市场上每完成一次销售，研发人员都能再获得一定比例的提成。

二、企业创新的特点

（一）商业模式创新的特点

商业模式是一个完整的产品、服务和信息流体系。商业模式创新以价值链为基础，通过对价值链的各个环节进行不断细分，寻求可以增值的空间。商业模式创新贯穿于企业研发、制造、营销和市场流通的各个环节，每一个环节上的创新都可能形成一种成功的商业模式。商业模式创新涉及客户群的定位和实现创新的方法，即通过什么途径或方式来销售产品。

例1：电信运营商经营的移动网络好比一条大路，你无论是什么车，只有通过这条路才能到达目的地，电信运营商通过收取过路费，即通过数据流量赚钱。腾讯的微信技术（OTT业务）实现了让用户只花费很少的在线流量费用，通过分组交换（PS）实现了以前只有在电路交换（CS）上才能实现的短信、通话功能。

（二）技术创新的特点

技术创新具有构思新颖、商业上可实现的特点。技术创新涉及产品创新、流程创新以及整合信息技术的创新。产品型的企业通过流程创新可以降低现有产品的成本、提高产品质量。服务型的企业通过流程创新可以改进服务送达的相关因素来提高竞争力，如改进电话服务的信号传输设备或改进快递公司的送货车等。电力行业通过流程创新可以降低电力传输和送达用户等方面的成本。

① 技术创新的渐进性。任何技术创新都是在一定知识和经验的基础上进行的逐步探索和试验，是在现有技术、生产能力基础上的一种改进性创新。要实现技术的系统创新，必须依靠相关行业的技术进步。

例1：汽车生产与钢铁冶炼技术、机械传动技术、发动机技术、轮胎技术等多种技术的发明和进步紧密相关。汽车公司通过改进焊接、铸造技术/采用材料替代/改进产品设计等来提高汽车性能，实现降低成本、提高市场占有率。

② 技术创新的变革性。与科学技术的重大发现、发明相关的创新技术往往要经历相当长的时间才能出现。一旦创新成功就会引发出许多相关的创新，通过大量的渐进性创新的积累实现产业结构的变化。变革性的创新包括以新技术代替旧技术，即采用原理发生了本质变化的新技术，使产品功能产生质的飞跃，能提高原有产品的质量或使成本降低很多，并开拓新

的市场。如蒸汽机、电动机、电子计算机、互联网技术、超导、机器人、激光、光导纤维等的创新及其技术扩散均引起了世界性的技术革命，使人们的创新理念、行为方式等产生了巨大变化。与变革性技术相关的案例如下：

例 1：晶体管电路代替电子管电路，直至当今的集成电路设计的技术，使得电子产品小型化、自动化得以实现。

例 2：用注塑成型或挤压机将合成橡胶制成橡胶制品的技术，使得从日用产品到航空航天的橡胶产品的质量得到提高。

例 3：传统的阴极射线管 CRT 显示器达到 40 英寸时，其体积和技术已达到极限。起源于 20 世纪 60 年代初的等离子显示屏（PDP），其基本原理技术与其他显示系统不同，它是利用阵距（Matrix）模式来显示影像。PDP 所采用的厚膜技术容易做成大尺寸，从而能提供 42 英寸以上的大屏幕显示屏。

例 4：互联网技术将一些使用公用语言互相通信的计算机连接而成网络。通过互联网人们可以在千里之外共同完成一项工作。如即时通讯、电邮、微信等；网上购物、网上支付等；云服务，即网盘等；资源的共享化，即门户资源、论坛资源等。

（三）技术创新与商业模式创新的结合

技术创新会带来新的商业模式，商业模式创新也会促进技术创新。企业要创造更持久的竞争优势，必须在人工成本相对较低的时期就开发自动化生产，并在低价位的标准化产品还很成功时，就抢先进入个性化的产品或服务领域。

例 1：可口可乐公司打破标准化产品供应的模式。可口可乐公司一直经营单一的标准化产品，在其传统的核心产品的优势受到竞争对手新产品威胁的情况下，对技术和商业模式都进行了创新。在技术领先战略的指导下，建立“创新中心”，建立新的创新流程。针对当时分散的、不断变化的经营环境，各地区可以根据各自的环境和需求研发新产品和制定销售计划。

例 2：福特公司的新商业模式促进了汽车行业的技术创新。福特公司新的商业模式是从定制化生产转向标准化生产；从服务于特定市场转向服务于大众市场，致使将早期的店铺型的人工精细生产转变为标准化的生产线生产的新技术不断涌现，而且公司从注重产品功能转向注重产品成本。

例 3：苹果公司依靠应用商店（App Store）进行技术创新与商业模式

创新来实现成功转型。[1] 苹果的 iTunes 和应用商店一直遵循“让事情变得简单”的理念。使用同一个软件来管理所有的应用程序和不同的 iOS 设备（包括 iPhone，iPod Touch 和 iPad），为用户提供了轻松的使用体验。苹果应用商店成功的关键是 iTunes，iOS 设备的用户可以轻松地通过 iTunes 搜索和下载应用程序，并管理和同步到用户的设备上，而其他公司的应用商店都不具有类似的管理软件。苹果公司对应用商店的定位是：

① 用户 Who：以追求时尚、流行、对互联网等娱乐应用有较强需求的客户群为“iPhone＋App Store”的目标客户，实现向通信终端市场的延伸。

② 内容 What：App Store 是连接开发者与用户之间的桥梁，是苹果专供 iPhone 和 iPod Touch 下载应用程序的唯一渠道。通过与 iPhone 终端相结合，一方面向用户提供了持续的固定和移动互联网内容或应用服务；另一方面为软件开发者提供了一个软件售卖的平台。

③ 销售区域 Where：随着 iPhone 3G 手机的推出，App Store 已随着 iPhone 手机的售卖遍布中、美、英、法、德、澳大利亚、加拿大、日本、西班牙等 70 多个国家。

④ 应用方式 How to achieve：通过 iPhone 潮流的外观设计、强大的功能展现及创新型的应用集成，对目标人群具有较强的吸引力。通过终端内嵌实现应用与终端的绑定。具有一定数量的忠实的用户群体。

⑤ 付费形式 How to make money：App Store 通过用户下载付费的形式获得收入，由苹果公司统一代收，然后苹果公司每周将应用收入按照 3∶7的比例与应用开发者进行分成，即苹果获得收入的 30％，软件开发者获 70％。

App Store 的产业链简单明晰，共涉及三个主体，即苹果公司、开发者、用户，此外还包括第三方支付公司，但只是作为收费渠道，不是产业链的主要参与者。App Store 建立了用户、开发者、苹果公司三方共赢的商业模式，各自在产业链中的角色与职责如下：

① 苹果公司：掌握 App Store 的开发与管理权，是平台的主要掌控者。其主要职责包括：一是提供平台和开发工具包；二是负责应用的营销工作；三是负责进行收费，再按月结算给开发者。此外，苹果公司经常会

---

[1] “App Store—苹果公司的应用商店”，载 http：//baike. baidu. com/view/2771827. htm? fr＝aladdin。

公开一些数据分析资料，帮助开发者了解用户最近的需求点，并提供指导性的意见，指导开发者进行应用程序定价、调价或是免费。

② 开发者：应用软件的上传者。其主要的职责包括：一是负责应用程序的开发；二是自主运营平台上自有产品或应用，如自由定价或自主调整价格等。

③ 用户：应用程序的体验者。用户只需要注册登陆 App Store 并捆绑信用卡即可下载应用程序。App Store 为用户提供了更多的实用程序，如书籍和游戏等，还提供良好的用户体验及方便的购买流程。

三、企业创新战略与创新模式

（一）企业创新战略

运用正确而科学的创新方法，会事半功倍。企业创新涉及的技术创新和商业模式创新的内容各有不同，企业要选择适用于不同情况和条件的最合适的创新战略。新技术会促使企业调整生产方式，新产品的变化还会导致商业模式的变化。

企业创新战略要考虑的要素：

一是企业自身的优势和特点以及市场需求，包括企业的技术、设备、资金、管理能力，以及产品或服务的竞争力等；

二是要了解竞争对手的发展方向、竞争战略、领导决策水平、生产规模、技术水平、成本和资本实力等；

三是要针对企业及其产品技术的不同发展阶段确定差异化的专利申请策略，同时考虑专利布局的应用，即获得产品专利权的专利布局、产品产业化的专利布局和提高企业竞争力的专利布局等。

对于起步阶段的企业，要就特定研发成果申请专利，重点关注如何获得专利权。

对于中型规模的企业，要就企业的整体产品进行系列的专利申请，重点关注如何申请专利的保护范围，是合并申请专利还是分案申请专利，以及如何与大公司竞争或合作。

对于大规模的企业，要就提高企业的竞争力进行专利申请，重点关注专利组合，以及如何独占全球市场、如何抑制竞争对手发展等。

如果某项技术处于技术形成期，则应多申请专利，要撰写尽量大的权利要求保护范围。

如果某项技术处于技术成长期，则应在检索现有技术基础上，尽量对核心技术进行改进，以避免重复研发或侵权。

例1：2000～2005年是3G关键技术的高速发展期，其中宽带分码多工存取（WCDMA）技术在2006年之后已较为成熟，世界各大通信领域的企业均减少了对该技术的研发投入，技术发展速度相对缓慢；而在时分同部码分多址（TD—SCDMA）关键技术专利分布中，其申请量位于前10的大部分是国内企业，如大唐、中兴通讯等公司，与国外同行企业相比占有绝对优势，尤其是从2005～2007年，该技术的申请量速度快速增长，但是2007年之后由于技术趋于成熟，专利申请量开始下滑。

从企业的经营和市场地位出发，可将企业的总体创新战略分为领先战略和跟随战略。

1. 领先战略

领先战略的目标是率先采用新技术并将新产品投入市场或采用新的商业模式，获取较大市场份额和利润，取得市场领导地位。追求企业产品、技术的先进性，领先竞争对手或占有绝对优势。

领先战略的条件：有很强的研发能力、技术优势，充足的研发经费，先进的试验手段、市场营销和技术服务能力，使产品的性能和质量都高于竞争对手。需要健全的知识产权管理制度、管理机构以及相应的人员。密切关注行业技术发展方向，要不断推出新产品、新技术。

领先战略中的专利策略：企业要关注本技术领域的基础专利（核心专利）、专利布局、专利组合和标准中的必要专利等。

核心专利是指不依附于其他专利的最原始专利，即在制造某个技术领域的某种产品必须使用的专利技术，而不能通过一些规避设计手段绕开的技术。通常判断核心专利的几个方面包括专利被引证的次数越多，则该专利越重要；专利的同族专利数量越多，则潜在的国际市场越大。还要关注专利诉讼信息。

专利布局是围绕核心专利，多方面申请相关的外围技术的专利，从而有效地阻止竞争对手申请相关专利或规避该专利技术。专利布局涉及哪些技术应该申请专利、何时申请专利以及如何搭配组合等。

专利组合是指单个企业或多个企业为了发挥单个专利不能或很难发挥的效应，而将相互联系又存在显著区别的多个专利进行有效组合而形成的一个专利集合体。

标准中的必要专利（Essential Patent）是指该专利技术是该标准所涉

及产品或服务所必备的技术，是专利权人独占的技术。

例 1：形成专利围墙。围绕一个核心产品，在某一技术点上进行改进和外围研发，提交几十项相关或改进的专利申请以保护一个新产品。如果核心专利是化合物，要围绕化合物提交该化合物的盐类等衍生物、合成方法的条件变化、剂型变化和新用途等的专利申请；还可以针对分析和检测方法申请专利。不仅可以防止技术跟随者直接仿造，而且也给竞争对手生产替代产品设置障碍。

例 2：移动通讯服务运营领域的专利布局。移动通讯服务的关键技术的专利申请涉及计费系统（计费系统自动测试方法及装置、在线计费系统补扣费用、在线计费系统充值、流媒体业务计费方法等）、客服系统（话单处理方法、话单采集和计费等）和增值服务系统（智能交互平台、视频提供系统及网络设备等）。

例 3：在可口可乐和百事可乐的激烈竞争中，可口可乐推出了一种极富个性的包装设计，即可口可乐专用玻璃瓶，并注册了专利。同时配以大量的平面和立体的广告宣传，只要你看到这个瓶子就会想到可口可乐，它成了可口可乐的形象。

1）技术领先战略

采用技术领先的企业通常拥有雄厚的技术实力，即有较强的应用研究与产品开发的技术力量，保证技术处于领先地位，有专门的研发机构、人员和资金投入，能高效、准确地定位市场需求，新产品进入市场快，且潜在利润较高，能先发制人。

实施技术领先战略的重点是：技术研发、技术保护和技术运营。技术保护涉及知识产权的保护，包括申请专利、注册商标、版权登记以及技术秘密等。技术运营涉及技术的实施、转让，知识产权的权利转让、许可，以及技术的入股等。

例 1：海信电器用领先的变频技术占据了国内变频空调市场的先机。[1]海信电器公司在 1995 年成立制冷研究所，开始了变频空调技术的引进与开发，很快突破并掌握了变频控制技术，1997 年以变频技术为切入点进入空调领域，成为最早推出变频空调的国内企业。

例 2：苹果公司的技术领先战略。在苹果公司的乔布斯时代，先是设

[1] 日本早已推出具有高效、节能和控温精度高的优点的变频空调，如三菱电机公司采用的 AS 变频器的变频空调。1998 年日本的变频空调市场占有率已达到 90%以上。

计生产高端的MP3 iPod，之后是高端手机iPhone，再之后是高端平板电脑iPad，基本上每一次在旧产品的市场趋近饱和的时候，苹果都会凭借它的创新力创造出新产品并重新占据市场。

2）商业模式领先战略

商业模式领先的企业一般拥有最大的市场份额，并依靠其价格、宣传力度，确定竞争的性质、在行业中的优势。采用商业模式领先的企业一般通过两种方式获取利润：一是把价格定在较高的水平上；二是通过平价政策赢得较大的市场份额，在较长时期内实现盈利。

① 商业模式的成本领先战略。

企业以低于竞争对手的成本向市场中最典型的消费者提供标准化的新产品或者服务，同时，面向较宽的细分市场或者客户群。在以低成本生产产品和提供服务的同时，保持有竞争力的差异化。

例1：福特公司曾采用的单一车型战略。1914年，福特公司提出简化部件，大批量生产，低价销售，只生产单一型号、单一色彩的T型车的战略，适应了当时多数人的消费水平，曾一度使小轿车成了大众的交通工具，为福特公司创造了巨额利润，在美国汽车行业占据了绝对优势，市场份额达到48%。

例2：三星集团的多品种领先战略。尽管三星集团的手机技术创新力超不过苹果公司，但是最近2年来，三星公司对其手机产品采用多品种和价格分布均匀的战略，产品销量超过苹果成为全球最大的智能手机厂商。在2012年第一季度，三星智能手机占据了一半的市场份额。

② 商业模式的差异化战略。

企业在成本可接受范围内，向某一特定细分市场或者客户群提供差异化的产品或服务，即企业向重视产品差异的顾客提供非标准化的产品或者服务。利用顾客对独特产品的依赖，其他企业一时又难以模仿来保持竞争优势。

例1：通用公司的差异化战略。20世纪，通用公司的迅速崛起得益于采用多品牌、多品种的产品差异化战略。在联合公司的框架下，建立产品和品牌的定位互不相同的相对独立的公司，产品如雪佛莱、卡迪拉克、别克等，分别满足不同社会阶层的顾客的需要。

例2：日本各电器公司的差异化战略。索尼、松下、三洋分别选择不同的差异化战略，使各自的电器产品始终居于领先地位。索尼每年开发上千种新产品，在品种上独领风骚；松下以优质的服务让顾客放心使用松下产品；三洋以“让顾客买得起”为原则，开发低成本的产品，使产品的价格差异化。

2. 跟随战略

跟随战略的目标是通过模仿或改进领先者的产品技术或服务，来获取市场份额和利润。密切关注市场动向，能不断推出新产品，防止技术落后被市场淘汰。

跟随战略的条件：有较高水平的技术开发能力、较强的市场营销能力，同时具有低成本能力，但缺乏技术独创能力和风险投资。需要强大的技术信息情报平台，及时做出市场评价和创新决策、跟踪新产品及时反应，尽力降低成本并提供较高质量的产品和保证较高质量的服务，具有高效的管理组织和决策机制。

跟随战略中的专利策略：采用防御型专利布局，用好失效专利。通过对核心专利进行改进，形成外围专利，达到与核心专利交叉许可的目的。

外围专利申请是围绕核心专利的改进专利。虽然外围专利的专利权人不能直接使用别人的核心专利，但是如果核心专利的专利权人具体实施的时候受到外围专利的阻碍，就可以形成交叉许可，为企业赢得利益。

例 1：对核心专利产品的原材料或产品用途进行改进的专利技术。

例 2：对核心专利产品的生产工艺进行改进的专利技术，如改进的进料工艺或包装工艺。

例 3：针对尼龙的产品专利，将与尼龙特性相似的聚合物申请专利。

除了用好失效专利，还可以选择性地对影响本企业产品的他人相关专利进行专利无效宣告请求。企业通过跟踪本技术领域的专利技术及其发展变化来不断筛选有用的专利技术，在相关专利失效后可以立即使用该技术。❶

1）技术跟随战略

采用技术跟随的企业通常研究能力较弱，但具有较强的产品开发和工程技术力量，制造的能力较强，复制或改进的产品具有一定的价格优势，有较大市场空间，由于不用承担技术创新研发的费用，生产成本与技术领先者相比有优势，企业可以取得高利润。❷

❶ 《专利法》规定：自国务院专利行政部门公告授予专利权之日起，任何单位或者个人认为该专利权的授予不符合本法有关规定的，可以请求专利复审委员会宣告该专利权无效。

❷ 改进产品或仿制品进入市场的时机：可能在产品生命周期的成长期或稍后一些时间内进入市场，大量投资于销量较大的定型产品或标准产品的生产设备，能取得经济上最合理的产量规模。如国内的运动服装企业、汽车制造企业、手机制造企业等。

实施技术跟随战略的重点：善于总结新产品领先者所犯错误和经验，开发出性能更好、可靠性更高的产品，吸引更多用户。所生产的产品有比较明显的差异化，尽量减少与领先公司的直接竞争。

例1：为普通手套增加触屏功能的专用手套。伴随苹果手机等触摸式电子产品的流行，冬天带普通手套无法使触屏产生感应，研发出在拇指、食指和中指指尖部分加入传导材料制成的感应型手套，可以既戴手套保暖又能顺畅地操作触屏。

例2：降低产品成本，替代进口产品。北京DL电气技术有限公司跟踪国外先进技术，结合自主研发并申请专利，实现高压大功率变频调速系统替代进口设备，使得产品价格比进口的价格降低了一半。

例3：争取与专利权人的专利交叉许可。美国戴尔公司（DELL）跟踪IBM（专利池中拥有2万件专利）的技术，开发核心技术的专利，7年后实现用43件美国专利与IBM交叉许可。

2）商业模式跟随战略

采用商业模式跟随战略的企业一般市场份额较小，更加强调利润率而不是市场占有率。在领先公司不关注的市场和潜在价值过于有限的市场，针对性地选择进行专业化发展，更加强调高附加值，更注重产品的质量而不是数量。跟随战略体现在：

① 更加仔细地细分市场。在企业特殊的力量能达到的水平保持相似性的竞争。尽可能采取与市场领先者的市场组合和细分市场相似的方式。

② 在产品和市场上都要有选择性地跟随。为了使直接竞争的可能性最小，在跟随的同时还要不断地发挥自己的创造性，留给自己比较宽松的发展空间，有些可能发展成为挑战者。如在规模上已是行业巨头的中国HW公司发展历程，在企业不具备创新能力或创新能力不足的情况下，尽可能学习和利用他人的先进技术，紧紧追随行业领先的国际巨头，以产品的商业应用为导向。

③ 产品进入市场的时机。可能在产品生命周期的形成期或成长期，也可能在产品的成熟期进入细分市场。如DGG彩棉服饰有限公司在产品成长时期，基于天然彩棉加工技术打开了彩棉服饰新市场，成为中国天然彩棉服饰的第一品牌。

（二）企业创新模式

创新模式是保证企业持续创新和发展的关键，包括突破式创新和渐进式创新及其组合。通常企业经过长期的渐进式创新才能上升到突破式创新。突破式创新常常伴随一系列的渐进式创新，并在一定时间内引起产业结构的变化。当渐进式创新无效时，就要寻找突破式创新。

为什么许多成功的、经营良好的企业要一直保持成功很困难？尽管有一些新技术可能比现有技术更简单、更便宜，但由于一些产业领先企业的大客户往往对新技术不感兴趣，使得企业认识不到颠覆性新技术的重要性，而对新技术视而不见。新的竞争者缺乏大客户的资源，会迅速寻找到突破性的技术来为行业中的小客户、利润较薄的客户或外围客户服务，逐步取代行业领先者而取得行业的主导地位。如小型钢铁厂在许多细分市场取代传统的大型钢铁厂。

在产品生命周期的成熟期仍能生存的企业，都需要开展适宜的创新并投入相应的资金。但是，不一定需要突破性的创新。突破式创新通常需要3年或更长时间，但是突破性创新为企业创造的价值远大于渐进式创新。

1. 突破式创新

突破式创新是以全新的方式呈现全新的产品或服务，资金需求大、技术难度大。可以是产品用途及其应用原理发生显著变化的创新，使企业在本技术领域保持技术或服务的领先地位。突破式创新面临的挑战是要经历多次试验，最后获得突破性技术。洛克菲勒曾提出，经济的成功不是来自于做别人做得很好的事情，而是来自于别人不能做，或者别人做不好的事情。美国企业具有突破性技术创新的优势。据统计，美国的技术创新有78%为突破式的技术，成为美国持续经济繁荣的主要动力。美国研究和开发的投入是世界上最高的，而且美国企业将研发资金的2/3用于产品创新，1/3用于过程创新。

突破式创新的组织管理是以雄厚资金、拥有大量高层次技术人员为基础，通常研发人员思维活跃、异质化强，不但有进取心，而且有较强技术能力。企业要拥有全新的知识体系，注重培养和使用思路敏捷、善于思考、勤于钻研的员工。

突破式的商业模式已经越来越频繁地进入现存市场领域。如阿里巴巴的B2B模式、亚马逊公司的图书在线销售、戴尔公司的计算机直销模式等。当公司发现新的商业模式远远优于原有的商业模式，公司可以考虑放弃原有的商业模式，并全力投入到新的商业模式当中。公司可以用新型商业模式拓展现有市场，也可以开辟新市场并服务于公司的主要消费市场。

例1：苹果公司的产品通过应用商店（App Store）成功转型。App

Store允许用户从iTunes Store或Mac App Store浏览和下载一些为了iPhone SDK或Mac开发的应用程序，包括游戏、日历等许多实用的软件，用户可以购买或免费试用，将这些应用程序直接下载到iOS设备（包括iPhone，iPod Touch和iPad）。App Store模式的商业价值在于为第三方软件的开发者提供了方便而又高效的产品销售平台，服务于手机用户对个性化应用的需求。App Store＋iPhone增加了终端产品iPhone的产品溢价，从而实现以iPhone提升苹果公司收益，使得苹果公司由纯粹的消费电子产品厂商向以终端为基础的完整的数字娱乐内容提供商转型。

例2：超导材料的发现，即某导体在一温度下，其电阻完全消失，呈超导状态。[1] 超导材料的零电阻特性可以用来输电和制造大型磁体，以最大限度地降低损耗。1953年11月17日授权了美国专利（US2659868，超导体的磁性控制）。需要控制极低的环境温度才能实现超导，该技术的商业化应用发展得较慢。美国、苏联、日本都建有超导磁流体发电机。

2. 渐进式创新

渐进式创新是在不进行重大改变和巨额投资的情况下，最大限度地改进现有产品或生产流程的方式的创新，能增加产品的附加值和差异化。渐进式创新在技术原理上没有重大变化，通过每个环节的变化累积和持续改进使企业获得竞争优势，可以防止企业由于竞争而失去市场份额、保持利润收入。渐进式创新不能使企业对现有技术和商业模式进行重大改变。通常经营普通产品和服务的企业采用渐进式创新。

渐进式创新的组织管理是企业要努力做得更好，将重点放在质量管理体系的构建和全面质量管理等方面，如ISO 9000、ISO 90001、六西格玛等。企业创造公平、安全、便于员工与管理层沟通的环境，制定激励所有员工创造性思维的综合方案并持续不断地予以支持，促使量变不断积累，产生质的飞跃。要听取直接从事生产的工程技术人员、工人或用户的建议，提高供应链的效率，通过消除没有附加值的活动来降低成本，使研究人员将精力投入到风险小、研发时间短的小产品上。

渐进式创新面临的挑战是只对现有产品扩展功能或传统技术的较小改变，会排除掉许多潜在的、有价值的改进，也会排除对新产品的开发设计。渐进性创新可以保持优势，但是很容易被突破性创新所取代。如由于

---

[1] 1911年，荷兰科学家卡末林—昂内斯（Heike Kamerlingh－Onnes）用液氦冷却汞，当温度下降到4.2K（－268.95℃）时，水银的电阻完全消失。

晶体管的出现使得致力于渐进性创新的电子管产品企业几近破产。渐进式创新的案例如下：

例1：在蒸汽机技术产生前，造船技术一直在不断改进船桨等技术，以提高航行速度。

例2：将散装运输变为集装箱运输，减少船只在码头的停留时间，提高运输效率。

例3：美国明尼苏达矿业和制造业公司（3M公司）开发生产的小型不干胶便笺，可贴在书页上，也可以不留痕迹地拆下来反复使用。每年的销售额达到3亿美元。

例4：舒适剃须刀逐渐改进技术的历程。1921年，Colonel Schick发明了弹匣往复式剃须刀。1961年，Schick首次在刀片的刀刃上加上一层特富龙（Teflon）涂层，用以改善舒适度。1970年，Wilkinson Sword注册了第一个黏合在塑胶外壳上的复合剃须刀片的专利，并且成为第一个复合刀头的专利产品制造商（至今，大多数剃须刀都采用这种可以整体置换的复合刀头）。1972年，Schick公司推出Super II双层润滑复合刀片剃须刀。2000年，Schick推出（Xtreme3）超锋，一种带有弹性刀头的3层刀片剃须刀。2006年，Schick推出（Quattro Titanium）创4纪钛，一种刀刃带钛金属镀层的剃须刀，能令刀片顺滑紧贴肌肤而不产生刺痛感。

总之，企业创新战略与创新模式相辅相成，企业创新领先战略常常伴随突破式的创新模式。企业创新跟随战略也会伴随突破式创新和渐进式创新。企业创新战略与创新模式的结合特点，见表1-3-1。

表1-3-1　企业创新战略与创新模式的结合特点

创新模式＼创新战略		领先战略	跟随战略
突破式创新	技术创新	新产品、新流程	对已有产品或流程的改进
	商业模式创新	较高的市场占有率	在产品生命周期的形成期或成长期，也可能在产品的成熟期进入细分市场
渐进式创新	技术创新	—	使得已有产品性能更好、可靠性更高
	商业模式创新	—	市场占有率低

四、商业模式创新的内容和方式

商业模式创新的目的在于将潜在的市场容量转化为企业现实的市场份额。商业模式的创新是企业以价值链为基础，通过为顾客创造价值和送达价值的方式来实现价值创造。企业在价值链上每一个环节的创新都可能变成一种成功的商业模式，包括对价值链的各个环节进行不断的细分，寻求可以增值的空间。实现商业模式创新要关注以下几个方面：

① 创新目标，即公司主营业务的市场需求。企业要根据对市场需求的分析选择恰当的营销策略来拓展现有市场或开辟新的市场，满足市场对产品或服务的需求。

② 明确的目标客户，即客户群的范围和规模。目标客户是具有相同需求或特征的购买者群体的集合，企业要了解顾客并使产品或服务满足目标客户的需求。

③ 实现商业模式创新的方式，即如何满足客户的价值需求。

（一）确定目标客户需要考虑的因素

公司要收集和分析细分市场的规模和成长性，保证新市场具有一定盈利、成长空间。

1. 细分市场的吸引力

公司应该进入比竞争者更具有优势，并且可以为顾客创造更大价值的细分市场。如果一个细分市场上的竞争者多，则该细分市场的吸引力低；替代产品的存在也会使该细分市场上的产品的利润减少。如果一个细分市场上的顾客相对于企业具有较强的议价能力，顾客就会试图降低价格，要求更多服务，则该细分市场的吸引力低。

例 1：西门子的医疗设备市场细分的 SMART 计划，即符合简单易用（Simple）、维护方便（Maintenance friendly）、价格适当（Affordable）、可靠耐用（Reliable）和及时上市（Timely to market）要求的产品。

西门子的高端 CT 机的功能先进、性能稳定，但是价格高。四维螺旋 CT 机的市场售价 1 600 万元人民币左右，定位在市级的大医院，销售额达到西门子医疗总销售额的 80%，但是忽略了县区级医院。中国政府的新医改计划重点支持约 2 000 所县级医院的建设，县级医院要求 CT 机产品的价格低、操作简单、便于维护。这些县级医院成为潜在基础医疗设备市场。从 2006 年起，西门子中国研发团队开始推行 SMART 的战略计划，目的是设计出一批符合 SMART 理念的产品，即根据中国现有的零配件基础来设计机型，达 80%的零部件在中国采购，降低了成本但是产品质量不打折扣。2007 年，西门子生产出符合县级医院心理价位的高速双层螺旋 CT 机 SOMATOM Spirit，其售价只要两三百万元人民币。

2. 评价细分市场的可行性

细分市场实质上是市场的重新瓜分。要重视客户的个性化需求。影响市场细分的因素多种多样，可以是地理区域、产品用户、人口分布等多个方面，也可以是技术方面的因素，如新产品的功能、替代品、类似的工艺等。分析细分市场的可行性要关注如下几个方面：

① 可营利性。企业所选定的细分市场容量是否足以使企业获利。关注整个细分市场的同时还要兼顾某些重要客户。

② 可进入性。企业是否具有产品进入优势和竞争优势来占领市场。所选定的细分市场必须与企业自身经营现状相匹配。

③ 差异性。细分后的市场是否使不同的客户群产生不同的反应。只有针对不同细分市场的客户制订不同的营销组合和营销方案才有效。如以年龄（老、中、青）为细分变量对运动服市场进行细分，要针对各个年龄群制订不同营销方案才能达到效果。

④ 相对稳定性。细分后的市场是否在一定时间内保持相对稳定，只有相对稳定的细分市场才能有足够的时间来获取市场价值。

（二）满足客户市场需求的方式

成熟公司已经拥有一套营利的商业模式，通常不愿意采用仅能带来微薄利润的新商业模式。新创业者或者行业的新进入者往往成为商业模式创新的发起者，如新生的亚马逊公司率先引进图书的在线销售模式。新的商业模式在市场上获得成功，对已有市场的份额会产生威胁，市场上已经在位的企业就要考虑采用新商业模式。

1. 创造市场

企业要根据消费者的实际需要，率先研制并生产出适销对路的产品并推向市场。通常需要开发新产品或运用新技术来开辟新市场。如为了满足市场的需求，推出将产品与运营整合在一起的服务。

例 1：即时通讯企业腾讯采用互联网思维，在 2002 年通过 QQ 和 QQ 群提供网络的真实社交服务。随着 2010 年移动互联网时代的到来，腾讯在 2011 年推出手机微信，通过不断更新版本来增加实时聊天、朋友圈等功能，还加入英文界面。2013 年全球用户超过 1 亿。

例 2：苹果公司与 U2 乐队合作生产 iPod 特别版，使顾客买到硬件和服务整合在一起的产品。

2. 市场渗透

在不改变现有产品的条件下，只要原有市场没有饱和，企业就可以利用自己在原有市场上的优势，挖掘市场潜力，提高市场占有率。当整个市场需求处于增长期时，通过市场渗透获取新的市场份额相对容易。如果市场需求处于稳定期，采用市场渗透的效果不明显。市场渗透有三种基本途径：

① 增加促销活动，提高销售量。如通过改为小包装或改用方便包装来方便购买和使用。对大量购买者实行特价优惠等。

② 寻找新顾客，开辟新的市场。争取原来不使用本产品的顾客成为购买者。如扩大产品广告宣传，试用促销等活动。

③ 完善售后服务，争取更多竞争对手的顾客购买自己的产品。如推出比竞争对手更完善的售后服务措施等。

3. 市场开发

市场开发是企业用现有产品或服务去打入新地区的市场，有下述三种途径：

① 扩大市场。改变提供产品或服务的路径，增加客户的覆盖面。一般通过增加或者缩减分销渠道的层次和环节，改变与分销商的合作形式，或者采用全新的分销渠道来提高分销的效率，使企业在原有市场的基础上，扩大市场规模。如使产品从地区市场走向全国市场，从国内市场走向国际市场。

例 1：戴尔公司的计算机直销模式。通过电话、邮件、互联网与顾客直接接触并提供“一对一”的服务。公司大力整合采购、装配和输出环节的资源，在方便顾客的同时也赢得了大量的市场份额。

② 为产品寻求新的细分市场。当企业进行市场细分时发现其产品还未触及某方面的顾客时，就可以调整目标客户。

例 1：美国杜邦公司生产的尼龙产品，最初只用于军用市场，如降落伞、绳索等。第二次世界大战后产品转入民用市场，企业开始生产尼龙衣料、窗纱、蚊帐等日用消费品，以后又继续扩展到轮胎、地毯市场，使尼龙产品系列进入多种形式的消费市场。

例 2：营养巧克力开发商的目标客户主要是运动员或运动爱好者，但是发现女性是潜在的目标客户群，公司仅微调了巧克力的成分，改变包装并加大广告宣传，使得市场销售额大增。

③ 确定新的价值定位。与客户沟通是了解客户并及时掌握顾客需求信息最为有效的方法。要尝试新产品，通过市场检验新产品来发现潜在的需求。

例 1：日本每年有超过 1 000 种软饮料上市，但是只有 1%能够坚持超过一年并正式进入市场。

4. 改变收入模式

通过改变企业的收入模式来实现商业模式的创新，包括以下几种收入途径：

① 改变创收方式。企业的创收方式多种多样，产品厂商可以通过直接销售产品获取收入，网络公司通过广告获取收入等。如麦当劳将租来的房产转租给加盟店，来获得利润。

② 优化创收的结构。根据企业资源和技术水平来调整企业收入的结构。如从集制造和产品流通服务为一体的公司转变为单一的产品生产商，与物流公司合作形成新的利润增长点。

③ 选择多样化的交易方式。企业可以通过信用交易、消费信贷、批发和零售交易或者竞标方式来扩大销售量。如互联网金融工具中阿里巴巴的“支付宝”，及其衍生的“余额宝”互联网货币基金理财产品。

④ 选择多样化的计费方式。如分期付款、捆绑定价或者广告计费的方式。如互联网门户网站根据广告的单击率向广告商收取广告费。

5. 发展协同商业模式

企业以顾客价值为中心，通过在更大范围内联合其他企业产生协同效应来促进商业模式的创新。其中一种方式是外包方式。如耐克公司本身仅进行产品设计和品牌营销，将产品生产和服务外包给其他企业，即采用 OEM（Original Equipment Manufacturer，代工生产）模式形成自身优势。发展协同商业模式需要考虑几个方面的问题：

① 了解顾客。及时掌握服务对象的详细信息可以增加服务的价值，提高服务效率。通过使用信息技术（如数据库管理平台），使顾客的需求信息及时进入服务系统中，可以根据每一位顾客的特定需要来提供服务；对顾客的历史和档案进行跟踪，提供个性化服务；还可以简化工作流程、减小工作量，消除工作中的重复劳动，保持服务的一致性和连贯性。

例 1：喜利得公司（Hilti）是国际知名电钻企业，一直以向建筑行业提供各类高端工业电钻著称，但近年来，全球激烈竞争使电钻成为低利的标准产品。喜利得发现用户使用复杂电钻的综合能力不强，经常造成工期延误。由此发现用户真正需要的不是拥有电钻，而是保证施工时电钻使用处于最佳状态。因此，喜利得将售卖电钻改为向用户出租电钻，并提供电钻的存放和维护等综合管理服务。喜利得公司的商业模式，从硬件制造商变为服务提供商，并把制造向第三方转移。

② 为同时需要几个服务供应者的客户提供一站式的服务。

例1：房地产中介公司，将银行贷款、房屋资质核查等一并为客户提供综合性服务，提高房屋销售效率。

例2：基于物联网的智能物流网络的货物快递业务。有效利用现有的物流体系，通过管理系统提升对物流的交通数据分析能力和管理能力，来实现智能调配物流公司、选择最优路线、最快速的集散中转，使快递的单位成本最低。

6. 利用互联网技术的营销和服务

伴随移动互联网技术的发展，新技术、新商业模式以全新的视角改变了曾经习以为常的商业观念，打散了传统的、一成不变的产业链。使得原来看似不可能的产业合作越来越多，使得“跨界”能力，即跨领域、跨产业合作能力已经成为最重要的生存能力。

例1：大唐创新港的“妈咪100分”是基于移动互联网的苹果iOS版本、安卓版客户端移动应用项目，以云平台为技术支撑和运维保障。以孕龄妇女和家庭为服务对象，帮助孕龄妇女和家庭解决在备孕、怀孕、产后等阶段遇到的一系列问题。该项目集合各级卫生行政部门、妇幼保健协会、妇幼保健机构各方力量，为医生和用户搭建了无障碍的沟通桥梁，用户可通过电话、图文及语音留言的方式与孕期医生进行在线或预约咨询。“妈咪100分”不仅建立了孕期知识体系，用户可以在平台上查找到对应阶段的信息，帮助并引导用户以正确方式处理遇到的健康问题，而且可以进行个性化定制服务，根据用户所处的不同阶段，匹配相关的医生，对各阶段的检查信息及准备事项进行提醒，及时发布绑定医院的通知等。

例2：电动汽车“斯特拉”的销售不靠广告，靠最早用户的良好体验口碑，利用互联网的参与感和口碑营销实现互联网预订、网上直销、排队，去掉中间环节。

五、技术创新的策略和实现技术创新的途径

技术创新是将科学管理、产品/流程创新、信息技术融为一体的完整

体系。按照创新内容将技术创新分为产品创新、流程创新以及整合信息技术的创新。技术创新成功与否的标准，主要看产品是否满足市场需求并获得商业利润。技术创新要以市场为导向，开发制造出具有高技术含量、高附加值、经济适用、顾客满意的新产品。突破式的流程创新引发产品创新，还常常伴随着生产所用原材料的改变和生产规模的变化。渐进式流程创新使产品的质量提高、生产成本下降。

产品生命周期（Product Life Cycle，简称 PLC）是一种新产品从开始进入市场到被市场淘汰的整个过程，要经历形成期（开发或引进）、成长期、成熟期、衰退期。在产品生命周期各阶段的特点有所不同：

产品生命周期的形成期，市场有待开发。为满足潜在客户的需求进行原创性的产品创新，技术本身处于发展变化的状态，产品的功能有待完善，R&D 投入较高，经济效益不一定很高。

产品生命周期的成长期，市场趋于稳定。从产品创新向工艺创新转变，大规模生产与市场需求结合良好的主导产品，使产品的创新率下降。将主导产品推向市场的企业有竞争优势。其他采用跟随战略的有较强技术实力和独特资源的企业，通过对主导产品进行技术改进和市场开发也能获得较大的利益。

产品生命周期的成熟期，市场需求稳定。产品趋于专业化的大规模生产。创新目标是降低成本和提高质量。“产品创新”空间减小，主要通过质量、成本以及个性化服务的持续改进来满足顾客的需要，“流程创新”的比重提高。

产品的生命周期已进入“快进”的年代。产品生命周期缩短是一个普遍现象，产品生命周期不仅在航空或制药业这样的技术密集型产业在缩短，而且在通常的食品及日用品业也在缩短。当今超市中 90%以上的新产品在上市两年后就会被撤下货架。如曾经美国最畅销的雪佛莱汽车的年销售量达 150 万辆。相比而言，到 1991 年虽然整个汽车市场变得更庞大，但当年最畅销的本田雅阁型车却只售出 40 万辆。

技术领先者，即企业在某项技术上领先但不一定在该项技术的市场上处于领先地位。企业要提升竞争优势和增强核心竞争力不仅要依靠技术性资源，包括引进高级的专业人员和专业技术，购买专利，在消化吸收他人的产品设计和工艺的基础上创新，而且还要关注其他领域的新技术、新材料、新工艺对提升本企业竞争优势的可能性。创新型企业不仅要通过市场分析来获得产品研发需求，而且要通过技术和产品研发来创造市场需求，引领整个行业创新发展，来实现技术研发、产品制造和市场营销的联动，如下图所示。

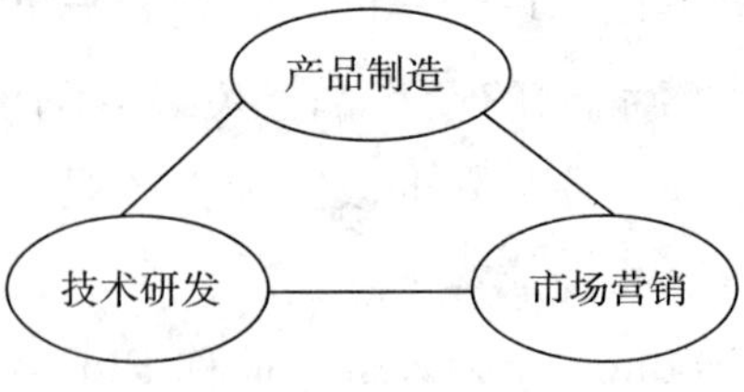

（一）产品创新的策略

市场需求和产业结构的变化是产品创新的动力。韦尔奇说过，如果你的产品没有竞争优势，那就干脆不要去竞争。产品创新包括新产品、更多功能的产品、更好性能的产品等。新产品具有新的原理、构思和设计，采用新的材料和部件，具有新的结构或性能、新用途等特点。如新剂型云南白药的生产，将云南白药粉剂变为喷剂，方便使用；生产更低能耗、更快速度的芯片等。

在产品生命周期的形成期，突破式的产品创新较多。在新产品开发阶段，生产技术还不够成熟，若采用突破性技术使产品满足大量的市场需求，就会推动产业的快速增长。

当某产品进入成熟期后，产品的销售额由稳步增长逐步达到饱和状态，利润达到最大值后开始下降，从而加剧市场竞争。实力雄厚的竞争者会占据市场，企业要通过技术创新维持其优势。较弱的竞争者被迫退出市场，企业要通过技术创新谋出路。通过技术创新开发替代产品的企业，要准确地抓住转产的最佳时机。

通常产品创新包括概念设计（形成构思、筛选构思和经济效益分析）、研究开发（功能设计、结构设计、工艺设计和技术性试验）、市场开发和批量生产几个环节。

例 1：索尼公司将晶体管引入到电子产品开发上，生产出日本第一台晶体管收音机，又生产出世界第一台晶体管电视机，实现了产品创新。

例 2：在民用相机市场，数码相机已经完全替代了胶片相机，有 130 多年历史的美国老牌感光胶片企业柯达完成产品结构的调整，并定位于商业和包装材料印刷领域。

例 3：政府发布了对汽车尾气排放的新规定。汽车厂或汽车发动机生产厂就要不断研制节油、燃烧效率高的发动机来供汽车配套使用才能保持市场竞争力。

产品创新策略主要包括如下三种情况。

1. 技术导向的产品创新

企业利用现有的新技术（含专利技术）或本企业现有的技术优势去开发新产品，如下图所示。

例 1：美国电报电话公司于 1947 年从实验室里发现半导体效应后，很快就开展其应用研究，于 1953 年开发出第一批晶体管，并用晶体管代替电子管制造收音机、电视机等产品，牢固地占领了全球市场。

例 2：康奈尔大学用于提高硅基电子设备的运行效率的应变硅技术。其核心技术包括将锗沉积到硅上，减少电子通行的阻碍，提高电路性能。经过近 10 年的试验以及数百万美元的投资，英特尔公司推出基于应变硅技术的奔腾 4 处理器。

例 3：组合技术的产品。闪盘是 USB 接口可以直接读写的闪存及相关电路及软件的总称，是基于 USB 接口、闪存芯片（Flash Memory）、存储介质，将 USB 接口技术和闪存技术组合到一起的无需驱动器的移动闪盘产品。

例 4：云计算技术的应用。由云计算衍生的管理和应用已经渗透到各行各业，如数据服务、平台支撑、信息管理、大数据存储等领域。各种移动互联网设备，包括智能手机、平板电脑等通过云计算应用的支持，实现数据的实时同步、异地存取等功能。

例 5：数字技术出现后，部分领域取代模拟技术。数字技术（Digital Technology）是指借助一定的设备将各种信息，包括：图、文、声、像等，转化为电子计算机能识别的二进制数字“0”和“1”后进行运算、加工、存储、传送、传播、还原的技术。由于在运算、存储等环节中要借助计算机对信息进行编码、压缩、解码等，故数字技术也称为数码技术。采用数码技术生产新产品，如数码电视、数码照相机、数码电话机等。

2. 市场导向的产品创新

据调查，60％～80％的重要创新是市场拉动的。企业要根据市场需求开发出满足市场需要的产品。首先进行市场调研和预测，研究开发适合于市场的产品，试生产后再投放市场，如下图所示。

例1：三星电子的成功在于了解客户需求。三星电子通过充分调研，掌握了细分顾客中根据功能选择产品的心理，设计出令多数用户怦然心动的产品，还不断推出满足世界各地不同用户需求的产品。三星电子把内存芯片、LCD以及A/V、计算机、信息通信设备、相机和其他单一产品等核心器件集成到整体解决方案中生产数字集成产品。即使售价高也有人买。

例2：XM公司的红米智能手机产品。根据市场调查：68%的用户使用中国移动卡，1 000元以下手机销量占61%。XM公司定位红米手机服务于大众用户，高性价比。2013年7月，XM公司的QQ空间发布红米手机，配置为4.7英寸显示屏，1.5GHz四核处理器，1GB RAM，130万像素前置摄像头和800万像素后置摄像头，这款手机的售价为799元。

例3：针对空气中直径小于等于2.5微米的可吸入悬浮颗粒（PM2.5）的空气净化器。随着大规模火力发电厂、钢铁厂、水泥厂和化工厂等工业生产的开发，燃料燃烧排放的污染物增加，以及汽车等交通工具拥有量快速增长导致尾气排放增加，形成主要的大气污染源。某些地区由于受风力、湿度等条件的影响，污染物不易扩散，容易积累到一个较高的浓度，而形成“雾霾天气”。最近，主要采用多层过滤网技术、等离子净化技术、光触媒技术等处理空气中PM2.5细微颗粒的设备应运而生。

3. 资源环境导向的产品创新

企业利用所在地的现有资源或发现新资源开发新产品。

例1：用新材料替换的产品，产生新效果。用新性能的塑料拉链代替金属的拉链，如“聚甲醛”塑料材料自润滑性强，用它做的拉链不但拉起来流畅，而且耐磨。

例2：页岩气的开发。页岩气是从页岩层中开采出来的一种天然气，是一种既能替代石油又能替代煤炭的能源，可以降低空气污染，其具有开采寿命长和生产周期长等优点。2011年3月16日，国家发改委发布了《页岩气发展规划（2011—2015年）》，一系列产业鼓励政策后续将出台。页岩气发展规划主要定位于勘探开发，到2020年可能才会实现商业化经营。2013年10月30日，国家能源局发布《页岩气产业政策》，将页岩气纳入战略性新兴行业，并规定页岩气出厂价格实行市场定价，还将对页岩气开采企业减免矿产资源补偿费、矿权使用费，研究出台资源税、增值税、所得税等税收激励政策。

“页岩气革命”源自美国，美国页岩气开采有80多年的历史，美国已进入页岩气开发的快速发展阶段，2008年底美国页岩气总产量占美国天然气总量的8%以上。中国的地质条件与美国有所差异，美国的资源主要在平原浅层，而中国的页岩气气层基本上埋藏于山区深层，美国的水力压裂技术和水平钻井技术的经验无法照搬，必须进行技术探索和技术创新。

例3：洗涤剂的系列产品。目前，洗涤剂产品包括液体洗涤剂、浓缩洗涤剂、超浓缩洗涤剂以及衣料不褪色洗涤剂等。但是鉴于生态环境保护的要求，企业应开始关注创新性的洗涤剂添加剂、乳化剂等的新技术。从原材料经济、适用、可回收的方面考虑，企业还要关注洗涤剂的包装材料及其用量。

（二）流程创新的策略

产品型的企业通过流程创新可以降低现有产品的成本、提高产品质量和生产效率，从而实现向用户提供高性能、高质量产品的目标。流程创新贯穿于企业研发、生产制造、采购和服务的每个阶段，如优化工艺流程、减少浪费、节约劳动力、改进服务等。通过改善流程的每个环节，使其产品与客户需求无缝对接。流程创新对员工的主动性、技能和合作能力等的要求较高，而企业也要从制度上激励员工解决日常问题的能力和智慧。

1. 优化工艺流程的流程创新

以制造过程为导向，通过自动生产产品的连续作业系统或将制品从一个阶段送到下一个阶段的连续加工或装配系统实现流程创新。

例1：福特汽车的装配流水线。用输送带将要装配的零件传送到装配工人的面前，每个工人只负责安装一个零件，这种连续作业推动了机械生产的流程创新。与由一个装配工人组装汽车的所有机械部件（包括自己去拿零件，安装车轮、弹簧、发动机、变速器等）相比，提高了产量和效率。

2. 提高产品质量、提高产率的流程创新

企业要在产品设计和制造中尽量采用标准件和通用件，在生产过程中及时学习先进技术，掌握新工艺，注重设计、工艺、材料、设备协调创新。要通过适时引进国际标准和国外先进的技术标准并消化吸收制定企业标准，来提高企业的技术水平。

例 1：3D 打印，即快速成形技术。3D 打印技术是一种以数字模型文件为基础，运用粉末状金属或塑料等可黏合材料，通过逐层打印的方式来构造物体的技术。原理是将计算机设计出的三维模型分解成若干层平面切片，然后由 3D 打印机把打印材料按切片图形逐层叠加，最终堆积成完整的物体。3D 打印技术最突出的优点是无需机械加工或任何模具，就能直接从计算机图形数据中生成任何形状的零件，从而极大地缩短产品的研制周期，提高生产率。使用该技术打印出了灯罩、首饰、根据球员脚型定制的足球靴、赛车零件、巧克力甜品等。

例 2：流程的标准化管理。通过流程的标准化，使得公司内部的各工作阶段之间顺利衔接，也可以使企业间的业务往来更加便捷。将客户需求转换成流程目标，在流程实施过程中引导流程的客户化响应。配套建立流程的检测、分析和评估体系。

3. 节约资源、降低成本的流程创新

面对自然资源耗竭的危机，这些资源的利用效率不断降低，成本逐年提高，利润逐年减少，需要提高资源利用率的创新。

例 1：针对二次采油后期的三次采油。三次采油是在不能进行注水开发油藏的情况下进行的一种强化采油技术。利用三次采油技术可以提升原油的采收率，对缓解油田产量下降压力，维持原油稳产具有重要的战略意义。三次采油技术提高原油采收率的主要原理是：通过注入水中的化学试剂来降低油水流度比，提高渗透率。需要研制开发廉价高效的表面活性剂，大幅度降低油水界面张力，从而提高采收率。微生物有较强的表面活性，微生物驱油法是三次采油法的重点发展方向之一。

例 2：一种高效、低成本的贝氏麦炼钢法。贝氏麦炼钢法将普通规模化的炼钢炉温提升到 1 540℃，使得炼钢时间大大缩短，成本降低到原有成本的 1/10。这种低价钢材促进了建筑业、汽车制造业等的大规模生产。

4. 维护生态平衡和环境质量的流程创新

我国处于工业化、城市化的快速发展时期，节约能源、保护环境成为实现经济可持续发展的重大命题之一。《国务院关于加快培育和发展战略性新兴产业的决定》中将节能环保产业列于七大战略性新兴产业的首位。

例 1：发电行业的节能环保和污水处理。发电行业既包括直流发电，也包括交流发电，除需要配套的各种电压变压器、交直流转换器、涡轮发电机等设备外，还需要污水处理设备。要不断改进发电技术，并对常规的污水处理技术，即物理技术（筛滤法、沉淀法等）、化学技术（吸附法、氧化还原法等）、生物技术（生物膜法等）进行改进。

（三）整合信息的技术创新策略

在不改变产品或流程的情况下，通过整合信息技术不仅可以使企业提高市场效率，还可以创造新业务。

① 提高市场效率。可以利用信息通信技术，加快产品生产与产品销售之间的业务信息传递速度，来提高产品的市场效率。

例 1：在啤酒的生产与销售中，利用在线信息反馈系统，销售商及时向批发商传递补货信息，可以避免订单堆积和大量的延迟交货。

例 2：麦当劳的餐厅运营系统利用流程创新，使餐厅能在短时间内准备更多的食物并缩短顾客等待时间。

① 麦当劳餐厅的传统工艺流程：按照顾客订单从批量生产的食品中取货再交付给顾客。流程图如下：

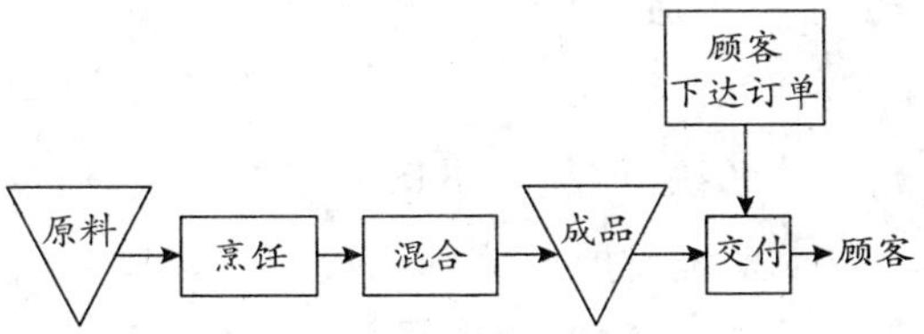

② 麦当劳餐厅的新工艺流程，缩短了顾客等待时间：根据顾客的订单为顾客定制食品并组合后交付给顾客。流程图如下：

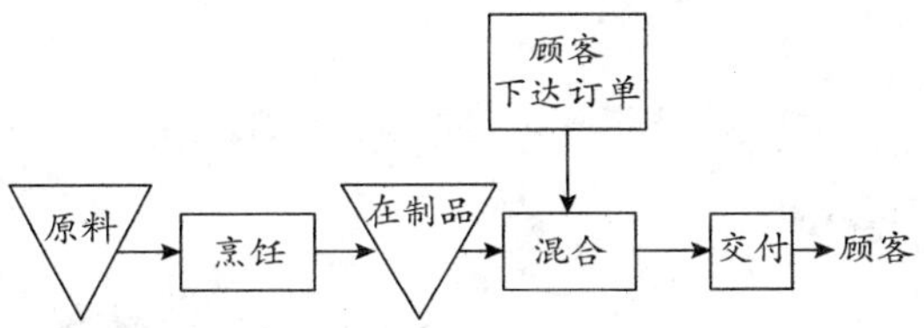

② 创造新兴产业。当今许多政府信息公开透明，并通过门户网站向社会开放，通过对公开数据的分析并将分析结果销售给相关用户的新兴产业已经应运而生。

例 1：数据咨询服务公司。美国政府主动公布了气象方面的数据信息并供下载，数据公司可以通过数据分析预测某一段时间的气候变化趋势，将数据分析结果售卖给农业等相关领域的公司。

（四）实现技术创新的途径

1. 企业自我研发

开展自我研发的企业要具备较高的自我研发能力，也就是具有一定的技术基础和系统集成能力，企业以自身的技术力量为基础进行创新。企业自我技术创新要有具体明确的研发对象和目标，需要寻找解决问题的方案。专利不仅能提高企业的创新能力，而且能使企业保持在所属领域的技术领先地位和竞争力。

当今人们已经根据大量的创新实践总结出几十种先进的技术创新方法和技术。其中，比较有代表性的是“TRIZ 理论”[1]（发明问题解决理论），该理论已经成为一套解决新产品开发实际问题的成熟的理论和方法体系。TRIZ 的研究成果表明，发明创新所依赖的知识有 95％以上是已知的知识体系，只要能合理地运用创新原理与法则，将各个领域的知识融会贯通，就能很好地解决问题并实现创新。TRIZ 理论已经在欧美和亚洲某些国家、地区的企业得到广泛应用，大大提高了创新的效率。据统计，应用 TRIZ 理论与方法，可以增加 80％～100％的专利数量并提高专利质量，可以提高 60％～70％的新产品开发效率。

TRIZ 理论提供了一种独特的创新思维方式，让使用者以超越个人经验的方式去跨学科地思考、研究，运用本行业知识并结合其他行业和领域凝练出的知识去有效地解决问题。TRIZ 理论的核心是技术进化原理，即通过解决冲突推动技术系统发展。该理论提出了消除冲突的发明创造原理（Inventive Principles）、发明问题解决算法（ARIZ，Algorithm for Inventive Problem Solving）及标准解（TRIZ Standard Techniques）。TRIZ 理论的核心是可供应用的 39 条标准冲突、40 条发明创造原理和提出的 76 种标准解。

① 阿利赫舒列尔（Alshuler）等提出 TRIZ 理论的 40 条发明创造原理，见表 1-5-1。

---

[1] “什么是 TRIZ 理论？TRIZ 理论是由苏联发明家阿利赫舒列尔（G. S. Altshuller）在 1946 年创立的，在他的领导下，前苏联的研究机构、大学、企业组成了 TRIZ 的研究团体，分析了世界近 250 万份高水平的发明专利，总结出各种技术发展进化遵循的规律模式，以及解决各种技术矛盾和物理矛盾的创新原理和法则，建立起 TRIZ 理论体系。”载 http：//wiki. mbalib. com/wiki/TRIZ％E7％90％86％E8％AE％BA。

表 1-5-1　TRIZ 理论的 40 条发明创造原理

序号	原理名称	序号	原理名称	序号	原理名称	序号	原理名称
1	分割	11	预先防范	21	跃过	31	多孔材料
2	抽取	12	等势	22	变害为益	32	改变颜色
3	局部性质	13	逆向作用	23	反馈	33	同质性
4	不对称	14	曲面化	24	中介物	34	抛弃与修复
5	联合	15	动态	25	自我服务	35	改变物体性质
6	多功能	16	未达到或超过的作用	26	复制	36	状态变化
7	嵌套	17	维数变化	27	替代物	37	热膨胀
8	配重	18	机械振动	28	机械系统的替代	38	强氧化
9	预先反作用	19	周期性作用	29	气压与液压结构	39	惰性介质
10	预先作用	20	连续有效作用	30	柔性壳体或薄膜	40	复合材料

② 阿利赫舒列尔（Alshuler）等提出 TRIZ 理论的 76 种标准解，可分为下述 5 类：

a. 不改变或仅少量改变已有系统包括 13 种标准解；

b. 改变已有系统包括 23 种标准解；

c. 系统传递包括 6 种标准解；

d. 检查与测量包括 17 种标准解；

e. 简化与改善策略包括 17 种标准解。

例 1：近几年来，国内市场对小型盾构机的需求逐年上升，美国和日本等国外企业生产的盾构机几乎统治了国内小型盾构机施工市场，为了迎合不断上升的市场需求，某公司引进海外研发团队，在地质适应性设计、刀盘及电液控制技术等方面取得突破，成功研发出某新型微型盾构机，打破了国外技术垄断，节约了巨额成本。同时促进和带动了机械、电气、液压、材料、测控等相关产业的发展，形成完整的相关配套产品的产业链。

2.（专利）技术开发

企业可以与高校、科研机构等联合完成（专利）技术开发，包括委托开发或合作开发技术。企业与被委托人之间就新技术、新产品、新工艺和新材料及其系统的研究开发订立技术开发合同，即委托开发合同或合作开发合同。企业从技术合作方引入技术，不断消化、吸收，利用创新的技术进行生产。如一汽轿车的奔腾、海马汽车的福美来二代、天津一汽的威系列轿车（威乐、威姿、威志）都是在引进车型平台的基础上不断改进的创新产品。

委托开发或者合作开发完成的技术秘密成果的使用权、转让权以及利益的分配办法，由当事人约定。没有约定或者约定不明确，依照《合同法》第61条的规定仍不能确定的，当事人均有使用和转让的权利，但委托开发的研究开发人不得在向委托人交付研究开发成果之前，将研究开发成果转让给第三人。

作为技术开发合同标的的技术已经由他人公开，致使技术开发合同的履行没有意义的，当事人可以解除合同。在技术开发合同履行过程中，因出现无法克服的技术困难，致使研究开发失败或者部分失败的，该风险责任由当事人约定。没有约定或者约定不明确，依照《合同法》第61条的规定仍不能确定的，风险责任由当事人合理分担。

1）委托开发

如果企业进行委托开发，就要与研究开发人就研究开发事项订立委托开发合同。

① 委托方（企业）的主要义务是：应当按照约定支付研究开发经费和报酬；提供技术资料、原始数据；完成协作事项；接受研究开发成果。

② 研究开发人的主要义务是：应当按照约定制定和实施研究开发计划；合理使用研究开发经费；按期完成研究开发工作，交付研究开发成果；提供有关的技术资料和必要的技术指导，帮助委托人掌握研究开发成果。

委托开发完成的发明创造，除当事人另有约定的以外，申请专利的权利属于研究开发人。研究开发人取得专利权的，委托人（企业）可以免费实施该专利。研究开发人转让专利申请权的，委托人享有以同等条件优先受让的权利。

2）合作开发

如果企业进行合作开发，就要与合作开发人就共同研究开发事项订立合作开发合同。合作开发合同的当事人应当按照约定进行投资，包括以技术进行投资；分工参与研究开发工作；协作配合研究开发工作。

① 合作开发完成的发明创造，除当事人另有约定的以外，申请专利的权利属于合作开发的当事人共有。当事人一方转让其共有的专利申请权的，其他各方享有以同等条件优先受让的权利。

② 合作开发的当事人一方声明放弃其共有的专利申请权的，可以由另一方单独申请或者由其他各方共同申请。申请人取得专利权的，放弃专利

申请权的一方可以免费实施该专利。

③ 合作开发的当事人一方不同意申请专利的，另一方或者其他各方不得申请专利。

例 1：国内汽车企业与国外公司合作，所用研发设计基本上采用委托外方研发的方式。2002 年底奇瑞开始同奥地利 AVL 公司合作研制发动机。在合作初期，以 AVL 公司设计为主导研发和生产了 4 款发动机，奇瑞通过合作，学习和消化掌握了发动机研发的全部技术，以奇瑞为研发主体开发出其余 14 款发动机。

例 2：2014 年 2 月诺基亚与 HTC 签订专利与技术合作协议，意味着诺基亚将停止对 HTC 的专利攻击策略。早在 2012 年诺基亚起诉 HTC 等公司在全球范围内侵犯了其 45 件专利权。

3. 购买（专利）技术

有明确的目标产品或技术更新需求的企业通过购买技术，可以减少研发投资的费用和风险。依靠本企业的科研力量与卖方的研究人员合力推动技术的创新或进行商业运营。从购买（专利）技术的目标出发将企业分为四类：

① 在某个具体的市场或者技术领域中开展业务，并且对卖方的（专利）技术感兴趣，或计划利用卖方的（专利）技术拓展业务的企业。

② 整合具体技术领域、技术应用或者行业的大量（专利）技术的企业。

③ 通过进一步研发或许可所购买的（专利）技术或者（专利）技术组合营利的企业。

④ 为了防御性目的购买（专利）技术并联合经营的企业。

例 1：上汽购买罗孚技术推出荣威轿车。通过并购国外汽车企业不仅能迅速获得知识产权和产品资源，还能够获得汽车制造技术与工艺技术。

4. 创立高技术公司

企业创立高技术公司的四种途径：

① 风险创业型。就是拥有科研成果的企业借助风险投资创办高技术公司，生产开发高技术产品。这是高技术企业最主要、最典型的方式。

② 产学研合作型。就是大学、科研机构与企业合作，由大学、科研机构提供高技术成果，企业提供生产条件，共同组成一个风险共担、利益共享的高技术联合体，其组成方式可以企业为主，也可以大学、科研机构为主。如清华大学创办的联想集团。

③ 技术植入型。就是大学、科研机构等将（专利）技术直接转让给企业，企业有偿引入高技术成果。

④ 外力嫁接型。就是企业通过引进高技术和资金与本企业的传统生产相结合，运用嫁接形式发展高技术企业，使输入的高技术更先进，风险投资能力更强。

例1：2014年1月，联想公司以29亿美元收购摩托罗拉移动，并将获得2 000多件专利。在智能手机领域由于专利少而处于被动地位的联想公司通过并购将成为全球第三大智能手机厂商。

5. 可以借鉴的美国经验

美国实力雄厚的大企业特别重视与大学的技术创新合作，美国大学的科研工作与生产紧密相连，大学一方面能够直接接触到生产领域中存在的各种科学技术问题，从而使科研更有针对性；另一方面也能够借此机会获得充足的科研经费加快科研进程。

1）美国企业与大学技术创新合作的主要形式

① 美国的合作研究中心。合作研究中心包括为两种形式：一是大学与企业联合申请，并共同承担由联邦政府资助的合作项目，如“小企业技术转让项目”和“宇航技术商业开发项目”等；二是会员制企业研究中心，企业每年向中心缴纳会员费，大学根据企业发展需求，组织力量开展科研，相关成果首先转让给会员企业。

② 美国大学创办的高技术公司。主要从事技术开发工作，这类公司能研发出很多实用性较大的科研成果，其转化为商品的速度也较快。这些高技术公司通过对那些有应用前景并能在较短时间内开发出的高技术产品的科研项目进行研究，加快了大学高科技成果向产品的转化过程。

③ 促进高新技术企业诞生的孵化器，高新技术创业服务中心。为了促进中小企业尤其是高新技术企业的发展，将技术资源、人力资源、基础设施和金融资本结合在一起的企业孵化器。它通过提供研究、生产、经营的场地，共享通讯、网络与办公等方面的设施，提供系统的培训和咨询、政策、融资、法律和市场推广等方面的支持，来降低或分摊创业企业的风险和成本，有的孵化器还设立初期的种子投资，提高企业成活率和成功率。

2）美国企业孵化器取得成功的原因和基本经验

① 政府的重视与支持。政府对孵化器的直接和间接投资占孵化器基本投资的51%～57%，但政府不干预孵化器在经营管理方面的自主权，不参与孵化器的运营。

② 企业化运作模式。在任何情况下，孵化器都必须像一个企业那样进行专业化的管理，提供综合性服务和必要设施，按照市场原则规范化运作。

③ 与风险投资紧密结合。孵化器与风险投资是一种伙伴关系，两者难以替代，但两者的结合则有利于孵化器向产业化发展，集团实际上就是这种结合的产物。

④ 高素质管理队伍。美国企业孵化器的经理都是公开招聘择优录用的。高素质的管理队伍是美国企业孵化器成功运作的保证。

第二章　企业技术创新中的知识产权

知识产权是指人们就其智力劳动成果所依法享有的专有权利，通常是国家赋予创造者对其智力成果在一定时期内享有的专有权或独占权。

一、知识产权的范围、特点

（一）知识产权的范围

知识产权可以分为工业产权、著作权和未公开信息（商业秘密）。

① 工业产权。工业产权包括专利、商标、工业品外观设计、服务标志、商业名称、地理标记（原产地名称）、制止不正当竞争的权利，以及植物新品种权和集成电路布图设计专有权等。下面具体介绍有关专利、商标、植物新品种、集成电路布图设计的内容：

a. 专利是指受到专利法保护的发明创造。专利权，即自然人、法人或其他组织依法对发明、实用新型和外观设计在一定期限内享有的独占实施权。

除法律特殊规定外，任何单位或者个人未经专利权人许可，都不得实施其专利，即不得为生产经营目的制造、使用、许诺销售、销售、进口其专利产品，或者使用其专利方法以及使用、许诺销售、销售、进口依照该专利方法直接获得的产品。

b. 商标是用以区别商品和服务不同来源的商业性标志，由文字、图形、字母、数字、三维标志、颜色组合或者上述要素的组合构成。商标权，即商标所有人对其注册商标在法定期限内享有的专有权。

商标注册人享有依法支配其注册商标并禁止他人侵害的权利，包括商标注册人对其注册商标的排他使用权、收益权、处分权、续展权和禁止他人侵害的权利。

c. 植物新品种是指经过人工培育的或者对发现的野生植物加以开发，具备新颖性、特异性、一致性和稳定性并有适当命名的植物品种。

除了法律特殊规定外，任何单位或者个人未经品种权所有人许可，不得为商业目的生产或者销售该授权品种的繁殖材料，不得为商业目的将该授权品种的繁殖材料重复使用于生产另一品种的繁殖材料。

d. 集成电路布图设计是指集成电路中至少有一个是有源元件的两个以上元件和部分或者全部互连线路的三维配置，或者为制造集成电路而准备的上述三维配置。其中集成电路，是指半导体集成电路，即以半导体材料为基片，将至少有一个是有源元件的两个以上元件和部分或者全部互连线路集成在基片之中或者基片之上，以执行某种电子功能的中间产品或者最终产品。集成电路布图设计权是自然人、法人或其他组织依法对集成电路布图设计享有的专有权。

② 著作权又称版权。著作权是指文学、艺术和科学作品的作者及其相关主体依法对作品所享有的人身权利和财产权利。

《著作权法》规定：中国公民、法人或者其他组织的作品，不论是否发表，依照本法享有著作权。

③ 商业秘密是不为公众所知悉、能为权利人带来经济利益、具有实用性并经权利人采取保密措施的技术信息和经营信息。商业秘密权是民事主体对属于商业秘密的技术信息或经营信息依法享有的专有权利。

商业秘密具有经济性、实用性和秘密性三个特征。商业秘密无需办理任何申请登记手续。[1]

（二）知识产权的特点

虽然知识产权的种类繁多，但是知识产权有如下三大特点：

① 地域性。依一国法律取得的权利只能在该国境内发生法律效力，受该国法律保护。如果一项发明创造只在中国获得专利权，那么专利权人仅在中国享有独占的专有权。

② 排他性，即独占性或专有性。只有权利人才能享有知识产权，除权利人同意或法律规定外，其他任何人不得使用该项知识产权。除非通过“强制许可”“合理使用”或者“征用”等法律程序，否则即构成侵权。即任何人未经专利权人许可不得以生产经营为目的制造、使用、许诺销售、销售、进口其专利产品，或者使用其专利方法，以及使用、许诺销售、销售、进口依照该专利方法直接获得的产品。

③ 时间性。法律对各知识产权保护规定了有效期。各国法律对各知识

---

[1] 在《反不正当竞争法》《合同法》和《劳动法》中都规定了保护商业秘密的条款。

产权分别规定了一定期限，期满后则权利自动终止。

例1：发明专利权的保护期限为20年，自申请日起算。注册商标的有效期为10年，自核准注册之日起计算。注册商标有效期满，可以申请续展。中国、美国、日本等国家对保护期的规定基本一致。

二、主要专利类型和专利合作条约（PCT）专利申请

（一）中国的专利

中国国家知识产权局专利局受理专利申请。中国专利包括发明、实用新型和外观设计3种类型。自申请日起，中国发明专利权的期限为20年，实用新型和外观设计专利权的期限均为10年。对发明专利申请采用实质审查制，对实用新型专利申请和外观设计专利申请采用初步审查制。

① 发明。专利法所称的发明是指对产品、方法或者其改进所提出的新的技术方案。

技术方案是对要解决的技术问题所采取的利用了自然规律的技术手段的集合。技术手段通常是由技术特征来体现的。

未采用技术手段解决技术问题，以获得符合自然规律的技术效果的方案，不属于发明专利保护的客体。如科学发现、智力活动的规则和方法、疾病的诊断和治疗方法、动物和植物品种、用原子核变换方法获得的物质。

② 实用新型。专利法所称实用新型，是指对产品的形状、构造或者其结合所提出的适于实用的新的技术方案。所述产品应当是经过产业方法制造的，有确定形状、构造且占据一定空间的实体。产品的构造可以是机械构造，也可以是构成产品的元器件之间的确定连接关系线路构造。如对凸轮形状、刀具形状作出的改进。

未经人工制造的自然存在的物品不属于实用新型专利保护的客体。如自然存在的雨花石等。

③ 外观设计。专利法所称外观设计，是指对产品的形状、图案或者其结合以及色彩与形状、图案的结合所作出的富有美感并适于工业应用的新设计。富有美感是指在判断是否属于外观设计专利权的保护客体时，关注的是产品的外观给人的视觉感受，而不是产品的功能特性或者技术效果。适于工业应用是指该外观设计能应用于产业上并形成批量生产。

外观设计是产品的外观设计，其载体应当是产品。如对平面印刷品的

图案、色彩或二者的结合做出的主要起标识作用的设计不能被授予专利权。不能重复生产的手工艺品、农产品、畜产品、自然物不能作为外观设计的载体。

《专利法》第22条规定："授予专利权的发明和实用新型，应当具备新颖性、创造性和实用性。新颖性，是指该发明或者实用新型不属于现有技术，也没有任何单位或者个人就同样的发明或者实用新型在申请日以前向国务院专利行政部门提出过申请，并记载在申请日以后公布的专利申请文件或者公告的专利文件中。创造性，是指与现有技术相比，该发明具有突出的实质性特点和显著的进步，该实用新型具有实质性特点和进步。实用性，是指该发明或者实用新型能够制造或者使用，并且能够产生积极效果。"

不授予专利权的情形。根据《专利法》第5条规定：对违反法律、社会公德或者妨害公共利益的发明创造，以及违反法律、行政法规的规定获取或者利用遗传资源，并依赖该遗传资源完成的发明创造，不授予专利权。如"一种赌博工具及其使用方法"不能被授予专利权。

《专利法》第25条规定不能被授予专利权的客体：科学发现；智力活动的规则和方法；疾病的诊断和治疗方法；动物和植物品种；用原子核变换方法获得的物质；对平面印刷品的图案、色彩或者二者的结合作出的主要起标识作用的设计。对动物和植物品种的生产方法，可以授予专利权。

（二）美国的专利

美国专利商标局受理专利申请和商标申请。《美国专利法》规定了专利的授权条件：发明属于保护的客体；具有实用性；具有新颖性；具有非显而易见性。美国专利申请包括三种主要类型：

① 实用专利（Utility Patent），即发明专利。《美国专利法》第10节对发明专利的规定：凡发明或发现任何新颖而适用的方法、机器、制造品、物质的组分，或其任何新颖而适用的改进者，可以按照本法所规定的条件和要求取得专利权。

从1995年6月8日起，发明专利的保护期限为自申请日起20年。

② 植物专利（Plant Patent）。《美国专利法》第15节对植物专利的规定：任何人发明或发现和利用无性繁殖培植出独特而新颖的植物品种给予保护。本法有关发明专利的规定，除另有规定者外，适用于植物专利。[1]

---

[1] 1970年的美国《植物品种保护法》规定：有性繁殖或者块茎繁殖的植物品种，只要符合新颖性就可以获得保护。育种者向"植物品种保护局"提出保护申请，经审查后获得植物品种保护证书。

植物专利的保护期限为自申请日起 20 年。

③ 外观设计专利（Design Patent）。《美国专利法》第 16 节对外观设计专利的规定：任何人发明制造品的新颖、独创和装饰性的外观设计者，均可按照本法所规定的条件和要求取得对于该项外观设计的专利权。本法关于发明专利的规定，除另有规定外，适用于外观设计专利。

从 1994 年起，外观设计专利的保护期限为自授权日起 14 年。

（三）欧洲的专利

欧洲专利局只受理发明专利申请，[1] 通过《欧洲专利公约》建立缔约国间共同的授予发明专利的法律制度。[2] 欧洲专利公约成员国的公民只要向欧洲专利局提出一个专利申请，并指定要求得到保护的国家，在授权后就可以在指定的国家得到专利保护。

一般在收到欧洲专利被正式授权的通知后，申请人就必须在指定国名单中选择生效国，通知欧洲专利局该专利在哪些国家生效。根据各生效国的规定，一般都需要在授权公告起 3 个月内将此项欧洲专利的全部内容翻译成该国的语言，并提交给该生效国，以便此项欧洲专利在该国生效。

《欧洲专利公约》规定了授予欧洲专利的条件，包括任何技术领域的所有发明，是新的、有创造性步骤并能在工业中应用。为了排除非技术发明，《欧洲专利公约》还非穷举式列举了不属于发明的情形，如发现科学理论和数学方法、智力行为、比赛规则等。

欧洲专利的保护期限为 20 年，自申请日起算。

（四）日本的专利

日本对发明创造进行保护的法律涉及《日本专利法》（日语称“特許法”）、《日本实用新型法》（日语称“实用新案法”）、《日本外观设计法》（日语称“意匠法”）分别保护发明权、实用新型权和外观设计权。

① 专利。《日本专利法》第 2 条规定对发明的保护客体：利用自然法则的高度创作的技术思想。《日本专利法》第 29 条还规定了授予专利权的条件，即对新颖性、创造性和实用性的规定。

从 1995 年 7 月 1 日起，发明专利的保护期限为 20 年，自申请日起算。

---

[1] 欧共体内部市场协调局（OHIM）负责外观设计和商标的注册。欧共体外观设计是指根据欧共体外观设计条例（CDR）规定的条件，在欧共体内部市场协调局（OHIM）获得注册的，在欧盟范围内有效的外观设计。注册制欧共体外观设计的最初注册有效期为 5 年，但有效期可以续展，续展期为 5 年，最长续展期可达 25 年。

[2] 李明德、黄晖、闫文军主编：《欧盟知识产权法》，法律出版社 2010 年 5 月第 1 版。

② 实用新型。《日本实用新型法》规定了对实用新型的保护客体：利用自然法则对物品的形状、构造或者它们的结合作出的技术思想的创作。

从 2005 年 4 月 1 日起，日本实用新型专利申请采用登记制。保护期限为 10 年，自登记日起算。

③ 外观设计。《日本外观设计法》规定了对外观设计的保护客体：物品的形状、图案、色彩或是它们的组合，通过视觉产生美感。物品的一部分如果能够给看者以美感的话，也可以被授权。

日本外观设计的保护期为 20 年，自登记日起算。

（五）专利合作条约（PCT）的专利申请

《专利合作条约》（PCT）于 1970 年缔结，1979 年修正，并于 1984 年和 2001 年修订。对《巴黎公约》（1883 年）的缔约国开放。通过该条约规定，凡属缔约国国民或居民的任何人提交一件“国际”专利申请，即可在为数众多的国家中的每一个国家同时要求对发明进行专利保护。一般可以向申请人作为国民或居民的缔约国的国家专利局提出申请，但申请人也可以选择向位于日内瓦的世界知识产权组织（WIPO）国际局提出申请。如果申请人是加入《欧洲专利公约》《专利和工业品外观设计哈拉雷议定书》（《哈拉雷议定书》）、经修订的《与非洲知识产权组织的创造有关的班吉协定》或《欧亚专利公约》的缔约国的国民或居民，亦可分别向欧洲专利局（EPO）、非洲地区工业产权组织（ARIPO）、非洲知识产权组织（OAPI）或欧亚专利局（EAPO）提交国际申请。

PCT 体系是专利申请体系，不是专利授权体系，不存在 PCT 专利。只有发明可以通过 PCT 申请专利、实用新型和其他类似的权利保护。[1]

通过 PCT 途径提出的国际申请的流程分为两个阶段：

① 国际阶段。包括国际申请的提交、国际检索、国际公布、国际初步审查（根据申请人的要求）。

② 国家/地区阶段。由申请人要求进入国家/地区阶段的国家局、地区局做出授予专利的决定。

PCT 规定的程序对申请人的好处。国家申请提出后 12 个月内按照 PCT 规定提交国际申请，要求优先权，申请人还可以根据国际检索报告或书面意见，评估其发明被授予专利权的可能性，还可以在国际初步审查期间对国际申请作出修正以符合要求。在完成国际阶段程序后，在 30 个月内

---

[1] 外观设计和商标不能通过 PCT 途径获得保护。

进入国家阶段。

中国国家知识产权局是PCT体系专利申请的受理局、国际检索单位和初步审查单位。

三、专利的运营

专利运营是打造企业核心竞争力的必要手段。专利运营是指各类市场主体依法获得、拥有专利，并在生产经营中有效利用专利，推动专利资产的货币化，来实现专利价值的活动。[1] 在美国等西方发达国家，专利运营已形成一个相对完整的产业链，其中有大型发明投资基金，也有中小型专利运营公司，还有知识产权管理方案服务提供以及综合性交易平台等。企业的专利运营包括通过专利转让、许可、诉讼等方式获得财产收益的行为。

例1：高盛集团所采用的专利运营方式。[2] 高盛采取的策略主要是通过专利许可而获利。主要有三种方式：

① 自主研发并获得专利。这种方式需要以较强的技术研发能力和较高的资金投入作为保障。自主研发所获得的专利在技术与应用的整体性方面体现出较大的优势，也是高盛集团得以在相关产业居于领先地位的核心要素。

② 购买专利。这一方式虽然不足以提升高盛集团的自主创新能力，但仍为其专利运营的重要部分。借助遍布全球的分支机构、准确全面的投资咨询信息以及雄厚的财力保障，高盛集团对大量有价值的专利进行了收购，在各国持有数量不等的核心专利。

(3) 通过协作获得专利。这种方式可以视为是上述两种方式的结合，即高盛可以借助其技术、资金等多方面优势与他人协作获取专利，各取所需。最终是通过该项专利获得相应利益。

(一) 专利权转让

专利权转让合同是指专利权人作为转让方，将其发明创造专利的所有

---

[1] “国际专利运营新势力”，载 http://www.chinaipmagazine.com/journal－show.asp?id=1528。

[2] “且看高盛的专利运营模式”，载 http://www.cipnews.com.cn/showArticle.asp?Articleid=20779。

权或持有权移交受让方，受让方支付约定价款所订立的合同。[1] 专利权转让合同签订前，应当制作可行性分析报告。可行性研究是对项目的所有内容，进行深入调查、分析和研究，提出具体的而且是可行的项目实施方案。可行性研究一般包括：市场需求与市场分析；产品及销售预测、生产规划、生产规模；组织与管理费用；实施进度；财务与经济的分析评价等。

《专利法》第10条规定："专利申请权和专利权可以转让……转让专利申请权或者专利权的，当事人应当订立书面合同，并向国务院专利行政部门登记，由国务院专利行政部门予以公告。专利申请权或者专利权的转让自登记之日起生效。"即当事人之间进行专利权转让而订立的书面合同应当向国家知识产权局登记，由国家知识产权局予以公告。专利申请权或者专利权的转让自登记之日起生效。

专利权可以全部转让，也可以部分转让，即让与人与受让人共同享有专利权。

专利转让合同的条款应当由双方当事人约定，一般可以包括下列内容：

① 转让专利的名称；

② 被转让专利的内容、范围以及所处的法律状态；

③ 转让专利履行的计划、进度、期限、地点及方式；

④ 技术文件以及技术情报的交付与保密；

⑤ 转让费及支付方式；

⑥ 专利权被撤销或被宣告无效的处理以及风险责任的承担；

⑦ 过渡期条款；

⑧ 违约金或者赔偿的计算方式；

⑨ 争议的解决办法；

⑩ 双方约定的其他条款。

当我国企业进行跨国专利权转让时，要依据《技术进出口管理条例》的相关规定向国务院外经贸主管部门获得技术出口许可证。

例1：2011年8月中旬，谷歌花费125亿美元收购摩托罗拉移动，这意味着谷歌拥有摩托罗拉移动的1.7万件专利权和7 500件专利申请权，

---

[1] 技术转让合同包括专利权转让合同、专利申请权转让合同、技术秘密转让合同、专利实施许可合同。技术转让合同应当采用书面形式。

将能帮助谷歌的安卓操作系统抵御来自其他科技巨头的专利诉讼。

例2：诺基亚向美国智财权管理公司Pendrell出售了125项内存技术专利和专利申请。[1] 2013年3月25日美国智财权管理公司Pendrell宣布从Nokia收购了125项专利，主要都是电子设备的基础储存技术，以SD卡为主的及其他嵌入式快闪记忆体等多种储备应用技术。[2] 其中有81项专利是被Nokia宣布为标准的必要专利。

Pendrell收购Nokia这些专利后，成立了一家名为赫尔辛基存储技术（Helsinki Memory Technologies，HMT）的子公司，继续推动创新技术。同时，Pendrell也与Nokia达成协议，未来HMT将对从Nokia收购来的专利以及未来由HMT开发的新技术许可给Nokia使用。

（二）专利许可使用

专利许可是指专利权人将其所拥有的专利技术许可他人实施的行为。在专利许可中，专利权人成为许可方，被允许实施的人成为被许可方，许可方与被许可方要签订专利实施许可合同。

专利实施许可合同是指专利权人、专利申请人或者其他权利人作为让与人，许可受让人在约定的范围内实施专利，受让人支付约定使用费所订立的合同。根据《专利法实施细则》第15条和《专利实施许可合同备案管理办法》专利实施许可合同中的当事人应当在合同生效日起3个月内到国家知识产权局或地方知识产权局办理备案。

① 专利实施许可合同的种类。按照许可范围将专利实施许可合同分为：独占实施许可合同、排他实施许可合同、普通实施许可合同等，还包括分实施许可和交叉实施许可。[3]

a. 独占实施许可。是指在一定期间以及专利权有效地域范围内，专利权人只许可一个被许可人实施其专利，而且专利权人自己也不得实施该专利。

b. 排他实施许可（独家许可）。是指在一定期间以及专利权有效地域范围内，专利权人只许可一个被许可人实施其专利，但是专利权人自己有权实施该专利。

---

[1] “大公司的专利商业模式”，载http：//www.hfszip.com/display.asp?id=638。

[2] 诺基亚在内存技术和移动设备的研发上一直是全球领先。诺基亚的专利广泛应用于全球超过400个品牌的8 000多种电子设备，包括手机、笔记本电脑、MP3播放器、平板电脑、数码相机、录像机、打印机、机顶盒等。据估计，这些存储技术专利组合在2013年全球市场上的价值超过120亿美元。另外，据预测，2018年SD卡的市场价值将超过210亿美元。

[3] 尹新天著：《中国专利法详解》，知识产权出版社2011年3月版，第174页。

c. 普通实施许可（一般许可或非独占许可）。是指在一定期间以及专利权有效地域范围内，专利权人许可他人实施其专利，同时保留许可第三人实施该专利的权利。专利权人自己可以实施，被许可人可以同时有若干家。

d. 分实施许可。是指基本许可的被许可人依照与专利权人的约定，再许可第三人实施同一专利。被许可人与第三人订立的实施许可必须得到专利权人的同意。

e. 交叉实施许可。是指两个专利权人互相许可对方在约定的时间、地域、范围内实施自己的专利。如果二者的技术效果或者经济效益差距较大，也可以约定由一方给予另一方以适当的补偿。

通过交叉许可，企业可以实现专利的等价交换，并可以节省研究开发经费、避免市场风险。

② 专利实施许可合同的条款。应当由双方当事人约定，一般应包括下列内容：

a. 专利技术的内容和专利的实施方式；

b. 实施许可合同的种类；

c. 实施许可合同的有效期限和地域范围；

d. 技术指导和技术服务条款；

e. 专利权瑕疵担保和保证条款；

f. 专利许可使用费用及其支付方式；

g. 违约责任以及违约金或者赔偿损失额的计算方法；

h. 保密条款；

i. 争议的解决；

j. 违约的处理规定；

k. 双方约定的其他条款。

除了上述内容外，还可以就当事人双方认为必要的其他事项进行约定。如不可抗力条款；专利技术改进成果的归属；争议的解决办法；关键名词和术语的解释等。

③ 专利实施许可合同的形式。

a. 专利权人单独对外许可。专利权人单独作为许可方与他人签订专利实施许可合同。

例 1：IBM 在 2012 年获得 6 478 项美国专利，连续 20 年成为获美国专利最多的公司。IBM 每年获得约 10 亿美元的专利许可收入，扩大了进入新业务领域的自由度。

例2：2003～2011年，微软与全球各大企业签署了600多个专利技术许可协议，其中还包括其竞争对手。通过专利许可奠定的合作策略，对微软继续保持领先优势非常重要。

b. 形成专利池。专利池是由两个或两个以上专利权人之间达成协议，将作为交叉许可客体的专利权放入“一揽子”许可中，互相交叉许可或者相互优惠使用彼此的专利技术，或共同向第三方联合许可其专利的集合体。

由于社会分工越来越细，产业链延伸，使得每个产业涉及的厂商众多，上下游企业之间的技术关联度也越来越高，一项产品所涉及的专利也越来越多。专利池有利于消除专利交叉许可的障碍，还可以汇集某一行业的专利技术对外进行一站式许可，降低交易成本、减少专利纠纷、降低诉讼成本等。

成为专利池中专利的条件：专利池中的专利必须是有机联系的有效专利，即互补、有竞争关系、不构成垄断。

例1：著名的专利池是对MPEG－2技术标准进行管理的MPEG LA，[1] 包括哥伦比亚大学、富士通公司、朗讯、索尼等成员。

例2：苹果曾联合EMC、爱立信、微软、RIM以及索尼等公司共同组成竞购联盟，击败了包括英特尔和Google在内的竞争对手，对北电网络出售的专利组合提出竞购，最终以45亿美元的价格获得了这批专利组合。这些专利技术包括无线、无线4G、数据网络、光纤、语音、互联网以及半导体技术专利。

（三）专利的侵权诉讼

未经专利权人许可实施其专利，即侵犯其专利权。专利侵权的处理方式：

① 由当事人协商解决。如果专利权正在被实施或即将实施侵权行为，专利权人可以发函告知对方，要求对方立即停止侵权，并可要求其承担赔偿损害等责任。

---

[1] “MPEG LA公司是提供全球技术许可替代方案的领先企业，它能够让用户通过一次性交易就可在世界范围内获得某项技术标准或平台所需的多项专利权，而无需和专利持有者逐一谈判获得专利许可证。MPEG LA公司最初的MPEG－2数字视频压缩许可计划曾帮助产生了消费电子行业历史上应用最广泛的标准。MPEG LA公司是独立的授权管理人，与各标准机构无关，与各专利持有人无附属关系。”载 http：//zhidao. baidu. com/link? url＝78aZMHdDf6e _ rbdKPR3TcLrAkOsVYE－yiPTddj6DlSOfsLzGyk4QQvA9jQXrxfGousk－QexcoAVq _ Gcima9O－a。

② 向专利行政机关投诉。当事人不愿协商或者协商不成的，专利权人或者利害关系人可以请求管理专利工作的部门处理。管理专利工作的部门是由省、自治区、直辖市人民政府以及有实际处理能力的设区的市人民政府设立的管理专利工作的部门，一般为省或市级的知识产权局。

③ 向有管辖权的人民法院起诉。专利诉讼中，专利权人可以要求法院判令侵权人停止侵权，并赔偿损失。侵犯专利权的赔偿数额按照权利人因被侵权所受到的实际损失确定；实际损失难以确定的，可以按照侵权人因侵权所获得的利益确定。权利人的损失或者侵权人获得的利益难以确定的，参照该专利许可使用费的倍数合理确定。赔偿数额还应当包括权利人为制止侵权行为所支付的合理开支。权利人的损失、侵权人获得的利益和专利许可使用费均难以确定的，人民法院可以根据专利权的类型、侵权行为的性质和情节等因素，确定给予一万元以上一百万元以下的赔偿。

国际上一些大跨国公司通过专利侵权诉讼达到占有市场、寻求商业合作的目的，使专利成为商业伙伴甚至竞争对手之间的合作纽带。

例 1. 美国苹果公司（下称苹果）与韩国三星公司（下称三星）之间就智能手机的专利侵权产生纠纷。[1] 2012 年 8 月下旬，美国加州圣何塞地区法院陪审团裁决三星侵犯苹果 6 件专利权，赔偿 10.5 亿美元。三星侵犯苹果的 6 件专利包括：与 iPhone 设计相关的 2 件专利，与图标设计相关的 1 件专利，与缩放图片相关的 1 件专利，与多点触控放大文件相关的 1 件专利以及文件边缘反弹效果相关的 1 件专利。苹果已寻求法院对三星的 8 款智能手机颁布禁售令。

此裁定意味着，三星必须停止侵权行为。三星只有对涉及侵权的产品进行改进，使其技术不落在苹果专利的保护范围内，才能不在美国市场被禁售。

国内手机厂商应该及早认识到自身在拥有核心技术专利的不足，要积极寻求以专利授权或许可的方式避免相关纠纷，谨慎选择合作伙伴。

（四）专利资本化和融资

专利资本化和融资包括通过专利技术入股、专利质押、专利保险等拓展专利的无形资产价值。据报道，国家知识产权局从 2008 年开展知识产权质押融资试点工作以来，专利权质押金额累计达到 638 亿元，年均增长

[1] “苹果三星之战凸显专利之重”，载 http://www.sipo.gov.cn/mtjj/2012/201310/t20131023_831274.html。

112%。2013 年专利权质押金额达 254 亿元，比上年增长 80%。2013 年全国有 530 家企业对 1 855 件专利投保专利保险，保额达 6 438 万元。[1]

1. 专利技术投资入股

《公司法》(2006 年 1 月 1 日施行）规定：设立有限责任公司时股东的出资方式可以是知识产权（非货币财产应当评估作价)。以有效期内的专利技术入股须对专利技术的价值进行评估，然后由专利权人依据设立公司的合同和章程到专利局办理专利权转移于被投资公司的登记和公告手续，工商登记机关凭专利权转移的手续确定以专利技术入股的股东的完成股东投资义务的履行。对于以专利实施许可入股和以专利申请权入股的股东，应以其他投资方式履行其投资义务。

股东入股设立公司的程序是先由股东签订合同，制定章程，确定股东的出资额和出资方式。股东一旦在合同和章程上签字，即受章程约束，必须履行章程规定的出资额度和出资方式的义务。

专利权被撤销或被宣告无效的专利权，没有财产价值，因此，一旦入股的专利权被撤销或被宣告无效，以专利技术入股的股东有资本填充义务，以保护公司债权人的利益。

2. 专利质押融资

专利质押贷款是指用专利技术作为质押，从银行获得贷款。国家知识产权局专利局于 2010 年 8 月 26 日发布了《专利权质押登记办法》(2010 年 10 月 1 日起施行)。该办法规定以专利权出质的，出质人与质权人应当订立书面质押合同。当事人应当向国家知识产权局申请专利权质押登记，经审查合格的，国家知识产权局在专利登记簿上予以登记，并向当事人发送《专利权质押登记通知书》。质权自国家知识产权局登记时设立。

申请专利权质押登记应提交下列文件：

① 出质人和质权人共同签字或者盖章的专利权质押登记申请表；

② 专利权质押合同；

③ 双方当事人的身份证明；

④ 委托代理的，注明委托权限的委托书；

⑤ 其他需要提供的材料。

---

[1] “知识产权局：2013 年专利权质押金额达 254 亿元”，载 http：//finance.china.com.cn/news/gnjj/20140107/2103462.shtml。

专利权质押合同应当包括与质押登记相关的内容如下：

① 当事人的姓名或者名称、地址；

② 被担保债权的种类和数额；

③ 债务人履行债务的期限；

④ 专利权项数以及每项专利权的名称、专利号、申请日、授权公告日；

⑤ 质押担保的范围。

例1：2013年7月，北京银行与普天信息技术研究院共同签署一单2亿元的知识产权融资服务合作协议，[1] 创下北京市企业单笔专利质押贷款新纪录。此前，专利抵押贷款通常只有几十万元到几百万元的额度。

作为创新驱动型企业，普天信息技术研究院在推广应用我国TD—SCDMA标准工作中，自主研发的科研成果已有800多件专利获得授权。但面对最新的4G通信技术研发，企业亟需大笔资金。金融资本不仅帮助专利滚动产生专利，而且产生更多利润。普天信息技术研究院此次抵押的正是此前获得的部分关键专利技术，贷款资金用于研发下一代通信技术专利。高新技术专利让银行和企业都能获得更稳定的利润。

除了上述的专利技术入股和专利质押融资外，专利金融的形式还包括专利保险、专利拍卖等。

（五）专利与技术标准中的必要专利

技术标准以科学、技术和实践经验的综合成果为基础，必须反映当时该领域科技发展的水平。专利不仅是受法律保护的发明创造，也是具体的技术方案，在一定程度上反映了科学技术的发展水平。对于标准中所涉及的专利，从国际标准化组织和我国国家标准化管理委员会的规定中可以看出，几乎所有的标准化组织都不负责对标准中所采用专利的内容和效力进行确认。为了降低交易成本和统一市场秩序，标准化组织希望对专利权人的许可行为有一定的约束，使其在公平、合理、非歧视的基础上进行许可（FRAND原则）。如果一项或多项专利被纳入到某一标准中，则接受该标准的所有成员都需要使用该专利，但是需要得到专利权人的许可。

例1：美国高通公司是专门经营专利技术和技术标准的公司，利用标

---

[1] “七银行将提供260亿授信贷款”，载http：//bjrb.bjd.com.cn/html/2013－07/31/content_95149.htm。

准中的知识产权，抵御竞争对手。高通目前拥有通讯领域涉及 3G 和 4G 的专利近 4 000 件，其中大多数是核心专利，其他通讯企业难以规避。高通公司每年 110 亿美元收入的三分之一来自专利许可，高通公司还向所有生产 CDMA 相关通讯产品的企业收取 CDMA 的入门费，向全球 70 多个国家和地区的 160 多个品牌的通讯企业收取专利许可费。随着 4G 网络的部署，高通有机会获得更多专利许可费。

1. 标准中专利权滥用的情况

第一种情况是：部分专利权人在参与标准制定过程中不事先披露专利权，故意隐瞒其专利权状况，等到该标准正式发布后，再要求专利保护，收取高额的专利许可费或起诉标准的使用者侵犯了其专利权，构成专利权的滥用。

第二种情况是：对于在企业联合专利许可的基础上自发形成的事实标准，企业联盟既是标准制定者，又是标准使用者或推行者，在确定必要专利时，为了追求个别垄断性企业或某个企业联盟的经济利益，就有可能将非必要专利引入专利池中，构成专利权的滥用。

第三种情况是：如果涉及标准产品的某些专利权人拒绝将其技术向第三人进行专利许可，那么该标准涉及的专利权人就会垄断市场，构成专利权的滥用。

例 1：美国高通公司拥有全球通讯行业的霸主地位，高通公司向中国企业收取的专利许可费明显高于向苹果等跨国企业收取的费用。2014 年初中国国家发展和改革委员会根据举报，针对高通公司专利许可费用过高并涉嫌垄断的行为依法展开反垄断调查。❶

因此，在采用国际标准制定国家标准的过程中，以及用户在采用标准生产产品的过程中，为了防止专利权的滥用，避免经济损失，有必要判断标准中的专利是否为必要专利。

2. 技术标准中必要专利的判断标准

必要专利（Essential Patent）是指该专利技术是该标准所涉及产品或服务所必备的技术，是专利权人独占的技术。首先要通过相关的标准数据库检索标准中的专利信息，然后根据需要判断标准所采用的专利是否为必要专利。在标准的与本专利相关的文件，如“声明”中，如果有“在无

❶ “‘高通案’昭示中企技术创新刻不容缓”，载 http：//www.iprchn.com/Index_NewsContent.aspx?newsId=68940。

歧视基础上以合理的期限和条件谈判专利许可”的表达，则要对该专利技术的有效性、不可替代性进行判断。在确定标准中所采用专利为必要专利的基础上，还要关注该专利技术的同族专利的数量，并对其相应内容是否相同进行判断，为在不同国家或地区签署专利许可合同进行前瞻性的准备。

① 必要专利的有效性判断，即判断所涉及专利是否在保护期内维持有效，在行为发生地是否有专利保护。通常发明专利的保护期为20年，实用新型专利的保护期为10年，均从专利申请日起算。如果专利超过了保护期，则专利无效。

各个国家或地区的知识产权组织均规定，在获得专利权后，在保护期内如果不按时缴纳年费，则该专利无效。

在获得专利权后，如果有人提出该专利权无效的请求，并且专利权全部无效的决定生效的，则该专利无效。

根据专利保护的地域性原则，如果使用标准中所述专利技术的行为发生地所在的某些国家、地区、政府间知识产权组织没有授予该技术专利权，则该技术不受专利保护。可以通过相关的知识产权官方网站，用专利文献号检索得到相关信息。

② 必要专利的不可代替性判断，即判断所涉及专利的时间上的不可替代和不被改进技术替代。该专利技术必须与当时要生产的产品或使用的方法有直接的联系，生产产品时必然要用到该专利技术，而不能用其他技术或专利替代。但是，随着技术的发展，用新技术替代该专利技术也是可能的。不被改进技术替代的情况：具有全新技术方案的开创性专利可以不依赖其他专利而单独实施，是技术发展的基础技术，可以成为该技术领域的必要专利。可以根据被后来的专利文献所引用的情况来确认开创性的必要专利是否可被替代。开创性的必要专利被引用的越多，则越不可被替代；开创性的必要专利被引用的跨越时间越长，则越不可被替代。

③ 关注必要专利的同族专利。如果在标准中采用了专利技术并公开了其专利文献号，不但要清楚该专利技术的同族专利数量及其地域性分布，还要比较同族专利与本专利的权利要求范围是否相同，这样有利于全面了解世界范围的与本专利相关的专利保护状况，增强专利许可的预见性，以确定在特定的国家或地区是否还要对同族专利进行专利许可。

3.《国家标准涉及专利的管理规定（暂行）》的相关内容

中国的《国家标准涉及专利的管理规定（暂行）》（下称《规定》）[1] 首次规范了国家标准涉及专利的相关问题，其中包括专利信息的披露、专利实施许可、强制性国家标准涉及专利的特殊规定等方面的内容。

① 在专利信息披露方面。《规定》要求在国家标准制修订的任何阶段，参与标准制修订的组织或者个人应当尽早向相关全国专业标准化技术委员会或者归口单位披露其拥有和知悉的必要专利，同时提供有关专利信息及相应证明材料，并对所提供证明材料的真实性负责。

② 在专利实施许可声明方面。《规定》明确提出，除了披露必要专利外，专利权人或者专利申请人还应当作出专利实施许可声明，其可以声明同意在公平、合理、无歧视基础上，免费或者收费许可任何组织或者个人在实施该国家标准时实施其专利，也可以不同意按照以上两种方式进行专利实施许可。没有获得专利权人或者专利申请人作出的同意许可的声明，国家标准中就不得包括基于该专利的条款，除非该标准是强制性的国家标准。

③ 在强制性国家标准涉及专利方面。《规定》还提出，强制性国家标准一般不涉及专利。强制性国家标准确有必要涉及专利，且专利权人或者专利申请人拒绝做出《规定》中规定的专利实施许可声明的，应当由国家标准化管理委员会、国家知识产权局及相关部门和专利权人或者专利申请人协商专利处置办法。

涉及专利或者可能涉及专利的强制性国家标准批准发布前，国家标准化管理委员会应当对标准草案全文和已知的专利信息进行公示，公示期为30天；依申请，公示期可以延长至60天。任何组织或者个人可以将其知悉的其他专利信息书面通知国家标准化管理委员会。

四、知识产权的国际条约

我国主要加入的知识产权条约包括《巴黎公约》（1984年加入）、《伯尔尼公约》（1992年10月15日加入）。我国于2001年底加入世界贸易组

---

[1] 由国家标准化管理委员会、国家知识产权局联合制定的《国家标准涉及专利的管理规定（暂行）》自2014年1月1日起施行。目的是为规范国家标准管理工作，鼓励创新和技术进步，促进国家标准合理采用新技术，保护社会公众和专利权人及相关权利人的合法权益，保障国家标准的有效实施。

织（WTO），开始受到《与贸易有关的知识产权协议》（TRIPs 协议）的约束。

（一）《巴黎公约》

《巴黎公约》的原则和规定。《巴黎公约》，即《保护工业产权巴黎公约》，缔结于 1883 年，由 11 个国家在巴黎缔结的保护工业产权公约，在适用的过程中不断地进行了修改和完善。宗旨是协调成员国间有关工业产权的保护问题，以各成员国内立法为基础进行保护。公约在尊重各成员的国内立法的同时，规定了各成员国必须共同遵守的几个基本原则，以协调各成员国的立法，使之与公约的规定相一致。《巴黎公约》第 1 条第 2 款中明确规定了工业产权的保护对象有专利、实用新型、工业品外观设计、商标、服务标记、厂商名称、货源标记或原产地名称和反不正当竞争等。《巴黎公约》的三大原则：

① 国民待遇原则。在工业产权保护方面，公约各成员国必须在法律上给予公约其他成员国相同于其本国国民的待遇；即使是非成员国国民，只要他在公约某一成员国内有住所，或有真实有效的工商营业所，亦应给予相同于本国国民的待遇。但是这一权利不包括程序上的权利。

② 优先权原则。发明、实用新型和工业品外观设计的专利申请人以及商标注册的申请人，从首次向成员国之一提出申请之日起，可以在一定期限内（发明和实用新型为 12 个月，工业品外观设计、商标为 6 个月）以同一内容向其他成员国提出申请，而以第一次申请的日期为以后提出申请的日期。其条件是，申请人必须在成员国之一完成了第一次合格的申请，而且第一次申请的内容与日后向其他成员国所提出的专利申请的内容必须完全相同。优先权的作用在于保护首次申请人，使他在向其他成员国提出同样的注册申请时，不会由于两次申请日期的差异而被第三者钻空子抢先申请注册。

③ 独立性原则。专利权与商标权的独立。专利申请和注册商标的条件，由每个成员国的本国法律决定，各自独立。对成员国国民所提出的商标注册申请，不能以申请人未在其本国申请、注册或续展为由而加以拒绝或使其注册失效。在一个成员国正式注册的商标与在其他成员国注册的商标无关。同一发明在不同国家所获得的专利权彼此无关，即各成员国独立地按本国的法律规定驳回、撤销、终止某项发明专利权，不受其他成员国对该专利权处理的影响。

《巴黎公约》的其他有关规定，如专利强制许可原则、商标的使用、商标权的转让、展览会的临时保护、工业产权维护方面的宽限期、发明人的署名权、驰名商标的特别保护（1925年海牙文本写入）、制止不正当竞争权利（1900年布鲁塞尔文本首次写入）等。

（二）《伯尔尼公约》

《伯尔尼公约》，即《保护文学和艺术作品伯尔尼公约》，缔结于1886年。经过不断地修订产生了五个文本，最近的是1971年的巴黎文本。1967年起由世界知识产权组织负责。宗旨是协调版权保护的地域性与国际规则，“尽可能有效和尽可能一致地保护作者对其文学艺术作品所享有的权利”。公约保护的作品范围是缔约国国民的或在缔约国内首次发表的一切文学艺术作品。公约保护作者的精神权利（作者的署名权和修改权）和经济权利。《伯尔尼公约》的基本原则为国民待遇原则、自动保护原则和独立保护原则，以公约特别规定的作者所享有的各项权利作为最低保护标准。

① 国民待遇原则。任何一成员国公民的作者，或者在任何一成员国首次发表其作品的作者，其作品在其他成员国应受到保护，此种保护应与各国给予本国国民的作品保护相同。

② 自动保护原则。作者在成员国中享受和行使该国的法律给予其本国国民的权利不需要履行任何手续。但是非成员国的国民的作者最初在一个成员国内出版作品，该成员国对这一作品的保护可以只限于作者系其国民的国家对这种作品给予保护的程度。

③ 独立保护原则。各成员国依据本国法律对外国作品予以保护，不受作品来源国版权保护的影响。

《伯尔尼公约》规定的主要保护期限。文学艺术作品为作者有生之年加50年；电影作品为作品公映后50年期满，如果作品摄制完成后50年内未公开放映，则自作品摄制完后50年期满；匿名作品（没有署名的作品）和署笔名的作品为作品发表之日起50年；摄影和实用艺术作品为作品完成之日起25年；对公约生效时保护期未满的作品给予保护，即有追溯力；允许缔约国对某些条款有保留。

公约附件为关于发展中国家的特别条款：发展中国家出于教育和科学研究的需要，可以在公约规定的限制范围内，按照公约规定的程序，发放翻译或复制有版权作品的强制许可证。

（三）《与贸易有关的知识产权协议》（TRIPs）

《与贸易有关的知识产权协议》（Agreement On Trade－related Aspects of Intellectual Property Right，简称 TRIPs 协议），于 1995 年 1 月 1 日起生效，是关贸总协定乌拉圭回合谈判的 21 个最后文件之一，由同时成立的世界贸易组织管理。宗旨是加强知识产权的国际保护，减少国际贸易的扭曲和障碍，以促进国际经济和贸易的发展。TRIPs 协议规定世界贸易组织成员对于知识产权协议不得保留。

TRIPs 协议的内容涉及知识产权的各个领域，包括著作权及其相关权利、商标、地理标记 、工业品外观设计、专利、集成电路布图设计、对未公开信息的保护和对许可合同中限制竞争行为的控制。《与贸易有关的知识产权协议》的重要原则：

① 国民待遇原则。对于知识产权保护，每一成员给予其他成员国民的待遇不得低于给予本国国民的待遇。

② 最惠国待遇原则。对于知识产权保护，一成员给予任何其他国家或地区（包括非 WTO 成员）国民的任何利益、优惠、特权或豁免，应立即无条件地给予所有其他成员的国民。

TRIPs 协议明确规定，当成员之间就本协议的执行发生争端时，应当按照世界贸易组织《关于争端解决规则与程序的谅解》进行协商和解决，其为知识产权保护的争端提供了一整套程序，如争端的发起、磋商、争端解决小组的裁定、上诉和执行有关裁定的监督等。根据规定，如果败诉方不执行或没有完全执行争端解决机构的裁定，争端解决机构可以授权胜诉方采取不同程度的贸易制裁措施，直到败诉方完全执行世界贸易组织的有关协议。[1]

TRIPs 协议强化了知识产权执法程序和保护措施；强化了协议的执行措施和争端解决机制，把履行协议保护产权与贸易制裁紧密结合在一起。设置了“与贸易有关的知识产权理事会”作为常设机构，监督本协议的实施。

（四）其他相关知识产权条约

除了上述的条约外，相关知识产权条约还包括《专利合作条约》《商标国际注册马德里协定》及其议定书、《工业品外观设计国际注册海牙协定》《尼斯协定》《原产地名称保护》《世界版权公约》《保护录音制品制作者防止未经许可复制其录音制品公约》（日内瓦公约）《保护表演者、音像

---

[1] “李明德：世界贸易组织与知识产权”，载 http：//www.iprcn.com/IL _ Lwxc _ Show.aspx? News _ PI=1736。

制品制作者、广播组织国际条约》（罗马公约）《成立世界知识产权组织公约》等。[1]

五、中国的知识产权海关保护

知识产权海关保护，指海关依法禁止侵犯知识产权的货物进境或者出境的措施。国际上将知识产权海关保护称为“知识产权的边境措施”。《知识产权海关保护条例》于1995年首次颁布，并于2004年、2010年进行了修订。

该条例规定：海关为禁止侵犯知识产权的货物进出口，对与进出口货物有关并受中华人民共和国法律、行政法规保护的商标专用权、著作权和与著作权有关的权利、专利权依照国家有关规定实施保护，也对奥林匹克标志和世界博览会标志实施保护。

知识产权海关保护的程序通常包括3个方面：知识产权海关保护备案、提出扣留侵权嫌疑货物的申请和海关对侵权嫌疑货物的处理。

海关采取的措施包括扣留即将进出口的侵权嫌疑货物、对货物的侵权状况等进行调查、对侵权货物的收发货人进行处罚、没收和处置侵权货物等。

海关对知识产权的保护分为两种模式：依申请保护（海关根据知识产权权利人的申请，对侵权嫌疑货物采取予以扣留的措施）和依职权保护（海关在对进出口货物的监管过程中，对其发现的侵犯知识产权的进出口货物主动采取的扣留和调查处理的措施）。

六、美国的337调查

根据1930年《美国关税法》第337条[2]的规定，又叫“进口贸易中的不公平贸易行为条款”。美国国际贸易委员会（United States International Trade Commission，USITC）可以对进口产品侵犯美国知识产权的不公平贸易行为以及一般进口贸易中的不公平贸易行为发起调查并采取制裁措

---

[1] 世界知识产权组织知识产权与遗传资源、传统知识和民间文艺政府间委员会，目前只形成了知识产权与遗传资源的合并文件草案。

[2] 现被汇编在《美国法典》第19编第1337条，19U. S. C. §1337（a），Unlawful activities；covered industries；definitions。

施。此类调查一般称为“337调查”。337调查大部分都是针对专利或商标侵权行为，少数调查还涉及版权、外观设计以及集成电路布图设计侵权行为等。其他形式的不公平贸易包括侵犯商业秘密、假冒经营、虚假广告、违反反垄断法等。

USITC是美国国内一个独立的准司法联邦机构，拥有对与贸易有关事务的广泛调查权。其职能主要包括：以知识产权为基础的进口调查，并采取制裁措施；产业及经济分析；反倾销和反补贴调查中的国内产业损害调查；保障措施调查；贸易信息服务；贸易政策支持；维护美国海关税则。

在程序法方面，337调查主要适用《美国联邦法规汇编》关于USITC调查的有关规定、《USITC操作与程序规则》《联邦证据规则》中关于民事证据的规定、《行政程序法》中关于行政调查的有关规定等。337调查的主要程序包括：申请、立案、应诉、听证前会议、取证、听证会、行政法官初裁、委员会复议并终裁、总统审议。如果任何一方当事人对USITC的裁决结果不服，可以向美国联邦巡回上诉法院提起上诉。

从申请人资格看，337调查的申请人是美国知识产权权利人，无论其是美国人（企业）还是外国人（企业），申请时只需证明美国国内产业存在，[1] 无需证明损害。从审理时限看，337调查的程序比较快捷，一般在12～18个月内结束。

从制裁措施看，337调查的制裁措施主要是排除令、禁止令、扣押和没收令，这些措施在涉案知识产权的有效期内将一直生效。337调查可以针对特定被告发布有限排除令，也可以不针对特定被告，不区分产品来源地而发布普遍排除令，被实施了排除令的外国产品将不能进入美国。从程序看，337调查程序中设置了为期60天的总统审议期，如美国总统未在USITC裁决作出后60日内基于政策因素予以否决，则USITC的裁决将成为最终决定。

任何人都可以通过USITC的官方网站（http：//info. usitc. gov/sec/dockets. nsf）查询到申请书的相关内容，包括原告、被告以及诉由等信息。此外，还可以通过USITC的EDIS系统（http：//edis. usitc. gov）查询非保密版的申请书、所附证据及其他相关调查文件。在获知337调查案件的预警信息后，企业应迅速通过有关进出口商会、行业协会、律师或商

[1] 申请人的主体资格的限制，见19U. S. C. §1337（a）3。

务部进出口公平贸易局了解并核实申请书及相关附件的内容，结合申请书中的涉案产品描述及涉案知识产权的说明，与本企业的对美出口产品进行分析对比，来确认本企业是否涉案。

例 1：2011 年 7 月，拥有 2 万件专利的 Inter Digital 公司指控中兴通讯、华为、诺基亚侵犯其专利，要求启动 337 调查并发布排除令，禁止被诉公司在美国销售 3G 移动设备。中兴通讯和华为积极应诉。2013 年底，美国国际贸易委员会（USITC）作出最终裁定，三家公司没有侵犯 Inter Digital 原告所起诉的七项中的六项专利权，其余一项也被认定为专利无效，不违反 337 条款。

第三章 专利信息基础知识

牛顿说过："如果说我比别人看得更远些，那是因为我站在了巨人的肩膀上"。经济史学家内森·罗森伯格说："建立一个技能和技术的知识库，这对于技术变革和创新是必要的。确切地说，正是由于技能和技术知识库，才解决了越来越多的行业中普遍存在的问题，所以知识库在新技术知识的传播中扮演了中心的角色。将某一行业中所遇到的问题的解决方法添加到技能和技术知识库中，做一些小的改动并重新设计，就可以解决相关行业的有关技术问题。"据世界知识产权组织统计，世界上创新成果的70％～90％都出现在专利文献中，充分利用专利信息可以节约60％的研发时间及40％的研发经费。国际经济暨发展组织的统计结果表明：有80％以上的科技知识被描述在专利文件中，而大部分的专利技术并没有被记载在其他刊物中。一种新产品的开发，实际上60％来自文献，30％来自样品，另外5％来自原材料等因素，自身的研究实际上也就5％左右。

可以看出：对专利申请所公开的发明内容进行改进，即对在产品和工艺上的持续技术改进是实现发明创造的捷径。企业对于专利信息的需求已不再是简单检索和获取专利文献，而是挖掘专利信息中内在的信息，通过了解技术发展趋势、分析竞争对手的技术水平，以提高研发起点，提高制定企业专利竞争战略等的水平。

一、专利信息的特点

专利信息是指以专利文献作为主要内容或以专利文献为依据，经分解、加工、标引、统计、分析、整合和转化等信息化手段处理，并通过各种信息化方式传播而形成的与专利有关的各种信息的总称。专利数据库是以互联网或局域网为平台的大型专利信息服务系统，利用该系统不但可以从专利文献、专利公报、专利申请检索报告等专利信息中，找到专利申请的保护范围、技术方案等，还可以找到发明人信息、申请人/专利权人信息、申请区域信息、技术分类信息、技术进展信息、技术发展方向信息等。

专利信息的数量巨大，目前可查阅的专利文献已经超过 9 000 万件。专利数据库的信息更新快，通常是周更新或月更新。内容完整、格式统一。专利信息不仅提供大量的技术信息，而且还包含法律信息、经济信息和战略信息。

① 技术信息。每件专利文献都公开一项专利申请的发明创造的技术主题，所属技术领域，技术背景，技术解决方案（通常为产品、方法、设备、用途等方面的解决方案），具体实施方式等。

② 法律信息。涉及专利申请的权利要求范围，法律状态的有效性、地域性，权利人，可有效保护时间等。

③ 经济信息。通过对大量专利文献信息的分析，了解企业自身和竞争对手在国内外市场上所占的市场份额、核心技术竞争力、技术发展态势等。

④ 战略信息。通过互联网专利信息检索系统和分析工具，有针对性地对电子化和网络化的专利文献信息进行检索和分析，为国家经济科技发展政策和企业经营发展战略提供有效依据。

二、专利文献的编号和文献种类标识代码

专利文献是指各国家、地区、政府间知识产权组织在审批专利过程中按照法定程序产生的出版物，以及其他信息机构对上述出版物加工后的出版物。

“中国专利文献”是指国家知识产权局（SIPO）按照法定程序公布的专利申请文件和公告的授权专利文件。

“单行本”是指国家知识产权局专利局对公布的专利申请文件和公告的授权专利文件定期编辑出版而形成的出版物。单行本的类型包括发明专利申请单行本、发明专利单行本以及实用新型专利单行本和外观设计专利单行本。发明和实用新型单行本的具体内容包括扉页、权利要求书、说明书[1]、说明书附图，实用新型均应有说明书附图，其扉页由著录项目、摘要、

[1] 说明书应当包括几个部分（在每一部分前面写明标题）：技术领域、背景技术、发明内容、附图说明、具体实施方式，说明书无附图的，说明书文字部分不包括附图说明及其相应的标题。

摘要附图组成，若说明书无附图的，则没有摘要附图，样页见图 3-2-1、图 3-2-2、图 3-2-3、图 3-2-4 和图 3-2-5。外观设计专利单行本的具体内容包括扉页、彩色外观设计图片或照片以及简要说明，其扉页由著录项目、指定图片或照片组成，样页见图 3-2-6、图 3-2-7 和图 3-2-8。

(19) 中华人民共和国国家知识产权局

(12) 发明专利申请

(10) 申请公布号 CN 102216444 A
(43) 申请公布日 2011.10.12

(21) 申请号 200980146151.5

(22) 申请日 2009.11.19

(30) 优先权数据
0806467 2008.11.19 FR

(85) PCT申请进入国家阶段日
2011.05.18

(86) PCT申请的申请数据
PCT/IB2009/007681 2009.11.19

(87) PCT申请的公布数据
WO2010/058294 EN 2010.05.27

(83) 生物保藏信息
CNCM I-3741 2007.04.06

(71) 申请人 达能日尔维公司
地址 法国巴黎

(72) 发明人 艾格尼丝·默尼耶
弗洛伦特·拉兰纳　凯瑟琳·尼科勒
阿特姆·赫列布尼科夫
克里斯特勒·盖伊

(74) 专利代理机构 北京集佳知识产权代理有限公司 11227

代理人 顾晋伟　韩宏星

(51) Int. Cl.
C12N 1/20 (2006.01)
A23C 9/123 (2006.01)
A23C 9/127 (2006.01)

权利要求书 1 页　说明书 3 页　附图 3 页

(54) 发明名称
德氏乳杆菌的降低血胆固醇菌株

(57) 摘要
本发明涉及具有降低血胆固醇特性的德氏乳杆菌 (Lactobacillus delbrueckii) 新菌株，及其用于生产降低血胆固醇的发酵产品（尤其是乳产品）的用途。

CN 102216444 A

图 3-2-1　发明专利申请的扉页样页

(19)中华人民共和国国家知识产权局

(12)发明专利

(10)授权公告号 CN 102216444 B

(45)授权公告日 2013.06.19

(21)申请号 200980146151.5

(22)申请日 2009.11.19

(30)优先权数据

0806467 2008.11.19 FR

(85)PCT申请进入国家阶段日

2011.05.18

(86)PCT申请的申请数据

PCT/IB2009/007681 2009.11.19

(87)PCT申请的公布数据

WO2010/058294 EN 2010.05.27

(83)生物保藏信息

CNCM I-3741 2007.04.06

(73)专利权人 达能日尔维公司

地址 法国巴黎

(72)发明人 艾格尼丝·默尼耶

弗洛伦特·拉兰纳 凯瑟琳·尼科勒

阿特姆·赫列布尼科夫

克里斯特勒·盖伊

(74)专利代理机构 北京集佳知识产权代理有限公司 11227

代理人 顾晋伟 韩宏星

(51)Int.Cl.

C12N 1/20(2006.01)

A23C 9/123(2006.01)

A23C 9/127(2006.01)

(56)对比文件

JP 2001097870 A,2001.04.10,

CN 1552845 A,2004.12.08,

李勇 等. 优良乳酸发酵剂选择的初步探讨.《实验报告与理论研究》.2008,第11卷(第5期),

徐成勇 等. 酸奶发酵剂和乳酸菌生物技术育种.《中国生物工程杂志》.2004,第24卷(第7期),55-59.

YOUICHI TAMAI,等.Effects of Milk Fermented by Culturing with Various Lactic Acid Bacteria and a Yeast on Serum Cholesterol Level in Rats.《Journal of Fermentation and Bioengineering》.1996,第81卷(第2期),

审查员 白鸽

权利要求书1页 说明书4页 附图3页

(54)发明名称

德氏乳杆菌的降低血胆固醇菌株

(57)摘要

本发明涉及具有降低血胆固醇特性的德氏乳杆菌(Lactobacillus delbrueckii)新菌株,及其用于生产降低血胆固醇的发酵产品(尤其是乳产品)的用途。

CN 102216444 B

图3-2-2 发明专利的扉页样页

CN 102216444 B　　**权　利　要　求　书**　　1/1 页

1. 德氏乳杆菌乳酸亚种（Lactobacillus delbrueckii subspecies lactis）菌株，于 2007 年 4 月 6 日以编号 I-3741 保藏于法国国家培养物和微生物保藏中心（CNCM，Collection Nationale de Cultures deMicroorganismes）。

2. 乳酸发酵剂，其包含权利要求 1 的德氏乳杆菌乳酸亚种菌株，所述菌株与一种或更多种其它乳酸菌菌株相组合。

3. 权利要求 2 的乳酸发酵剂，其特征为所述其它乳酸菌菌株选自属于如下物种的菌株：德氏乳杆菌保加利亚亚种（Lactobacillus delbrueckiibulgaricus）和嗜热链球菌（Streptococcus thermophilus）。

4. 包含 CNCM I-3741 菌株细菌的发酵产品。

5. CNCM I-3741 菌株用于获得引起血胆固醇水平降低的产品的用途。

6. 根据权利要求 5 的用途，其中所述产品引起 LDL 胆固醇水平降低。

图 3-2-3　权利要求书的样页

CN 102216444 B　　**说　明　书**　　1/4 页

德氏乳杆菌的降低血胆固醇菌株

技术领域

[0001]　本发明涉及具有降低血胆固醇特性的德氏乳杆菌（Lactobacillusdelbrueckii）新菌株。

背景技术

[0002]　据报道，某些发酵乳产品可发挥降低血胆固醇的作用。这些作用尤其依赖于这些产品中属于某些给定物种的乳酸菌之特定菌株的存在。它们尤其是肠球菌（例如粪肠球菌（Enterococcus faecium，申请 EP0101209）或蒙氏肠球菌（Enterococcus mundtii，PCT 申请 WO 2007/108583））菌株、双歧杆菌菌株（PCT 申请 WO 2007/029773）（Xiao 等，J Dairy Sci，86，2452-61，2003）和乳杆菌菌株。

[0003]　在乳杆菌中，仅在少数物种中鉴定出降低血胆固醇的菌株，如干酪乳杆菌（Lactobacillus casei）（Brashears 等，J Dairy Sci，81，2103-10，1998；Kapila & Sinha，Indian J Med Sci，60，361-70，2006；Kawase 等，J DairySci，83，255-63，2000）、发酵乳杆菌（Lactobacillus fermentum）（Gilliland &Walker，J Dairy Sci，73，905-11，1990；Pereira 等，Appl Environ Microbiol，69，4743-52，2003），并且特别是嗜酸乳杆菌（Lactobacillus acidophilus）（Gilliland 等，Appl Environ Microbiol，49，377-81，1985；Lin 等，J DairySci，72，2885-99，1989；Gilliland & Walker，J Dairy Sci，73，905-11，1990；Gupta 等，Int J Food Microbiol，29，105-9，1996；Anderson & Gilliland，JAm Coll Nutr，18，43-50，1999）。

[0004]　另一方面，乳杆菌的其它种，尤其是德氏乳杆菌至今都被认为缺乏降低血胆固醇的作用，所述德氏乳杆菌是在发酵乳产品生产中最广泛使用的物种之一，因为它和嗜热链球菌（Streptococcus thermophilus）一起构成传统的“酸乳共生”。

[0005]　因此，已表明传统的酸乳（通过用德氏乳杆菌和嗜热链球菌发酵而获得）不具有通过用嗜酸乳杆菌和嗜热链球菌（Akalin 等，J Dairy Sci，80，2721-5，1997）发酵所获得的乳产品以及用长双歧杆菌（Bifidobacteriumlongum）（Xiao 等，J Dairy Sci，86，2452-61，2003）发酵所获得的乳产品的降低血胆固醇的作用。还报道，对无菌小鼠施用德氏乳杆菌诱导粪便胆固醇排泄的降低，但不改变血液或肝脏的胆固醇水平。当对载脂蛋白 E 缺陷的小鼠（ApoE 敲除小鼠）施用德氏乳杆菌时，没有观察到对粪便、肝脏或血液胆固醇的作用（Portugal 等，Braz J Med Biol Res，39，629-35，2006）。

发明内容

[0006]　本发明人现已分离出了德氏乳杆菌菌株，出乎意料的是，该菌株具有降低血胆固醇的特性。该菌株还具有在乳中生长的能力，并具有通常用于酸乳生产的德氏乳杆菌的增殖能力。因此，该菌株可以方便地用于发酵乳产品的生产，尤其是酸乳的生产。

[0007]　因此，本发明提供了德氏乳杆菌乳酸亚种（Lactobacillus delbrueckiisubspecies lactis）菌株，其于 2007 年 4 月 6 日以编号 I-3741 保藏于

3

图 3-2-4　说明书的样页

CN 102216444 A　　说 明 书 附 图　　1/3页

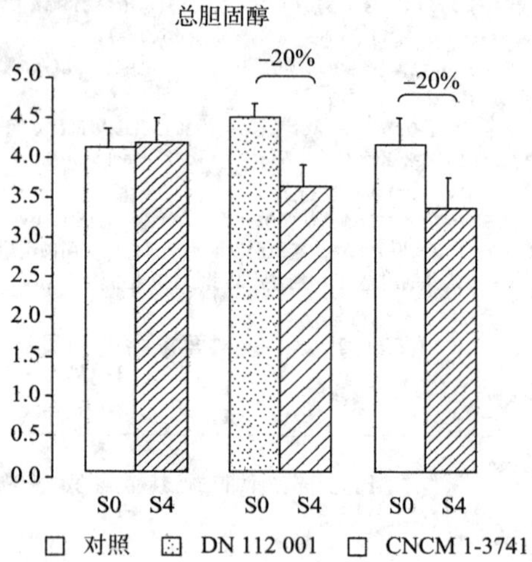

图1

图 3-2-5　说明书附图的样页

(19) 中华人民共和国国家知识产权局

(12) 外观设计专利

(10) 授权公告号 CN 301618231 S
(45) 授权公告日 2011.07.20

(21) 申请号 201030038409.5

(22) 申请日 2010.01.04

(73) 专利权人 陈锡炼
地址 312500 浙江省新昌县羽林街道拔茅村
金三角 4 号

(72) 设计人 陈锡炼

(51) LOC(9) Cl.
23-02

图片或照片 7 幅　简要说明 1 页

(54) 使用外观设计的产品名称
扁形毛巾挂钩

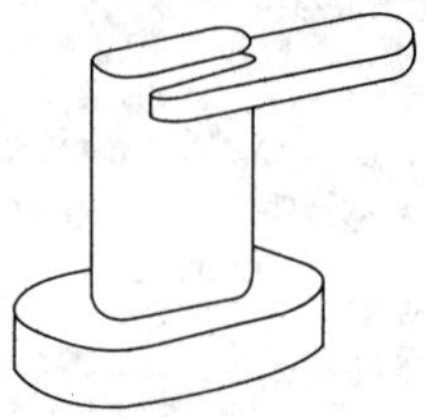

立体图

CN 301618231 S

图 3-2-6　外观设计专利的扉页样页

CN 301618231 S　　　　**外观设计图片或照片**　　　　1/1 页

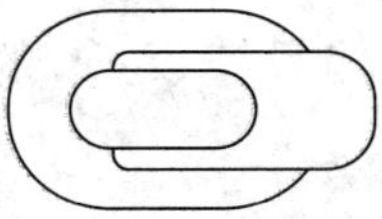

主视图

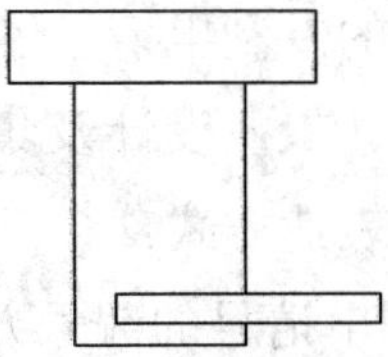

俯视图

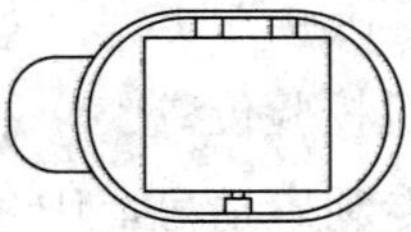

后视图

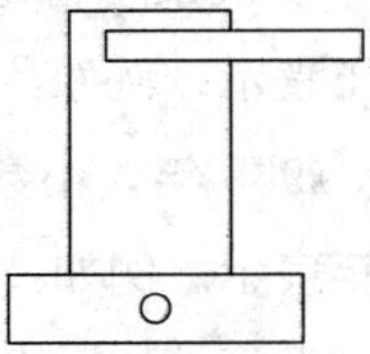

仰视图

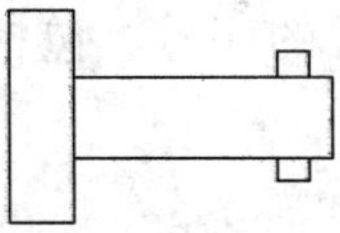

左视图

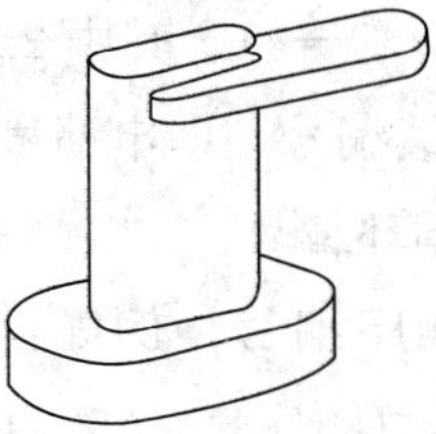

立体图

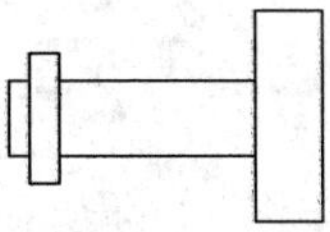

右视图

图 3-2-7　外观设计专利的外观设计图片或照片样页

CN 301618231 S　　　　**简　要　说　明**　　　　1/1 页

本外观设计产品为浴室用金属挂件。

图 3-2-8　外观设计专利的简要说明样页

（一）专利文献的编号

专利文献的编号包括专利申请号（受理专利申请的编号）和专利文献号（公布或公告专利文献的编号）。各国家、地区、政府间知识产权组织在制定各自的专利申请号体系时，均采用 WIPO 制定的 ST. 13《专利、补充保护证书、工业设计及集成电路布图申请的编号建议》❶ 的统一标准。有如下几种表达方式：

1. 专利申请号的编号方式

① 按年编号，即申请号由年代和当年申请序号组成。年代分为公元年、本国纪年以及某一特定数字三种。

用公元年表示。例如：2003 年以前的中国专利申请号，CN 85100463.6。其中 85 表示 1985 年，小数点后的数字是计算机校验位。

本国纪年表示。例如：2000 年以前的日本专利申请号，JP 特愿昭 57－183216。其中昭 57 相当于昭和 57 年，即 1982 年。

用某一特定数字表示。例如：1995 年以前的德国专利申请号，DE 2514787.9－41。其中 25 表示 1975 年。

② 连续编号，即申请号的组成仅为连续编排的序号，包括按总顺序编号和多年循环编号。

按总顺序编号。例如：苏联的专利申请号，3276099/29－12。其中 3276099 是总顺序号，29－12 是审查部门代码。

多年循环编号。例如：美国的专利申请号，06/463217。其中 06 是系列码，463217 是申请序号。

2. 专利文献号的编号方式

各国家、地区、政府间知识产权组织在制定各自的专利文献号体系

---

❶ ST. 13《专利、补充保护证书、工业设计及集成电路布图申请的编号建议》的基本内容，如 4.（A）～（E）：

（A）申请号应包括以下表示申请号最低限度含义内容的两个元素：一是年代指示，是 4 位数字组合，按照公历指示提出申请之年；二是识别每个申请的顺序号，除下述（C）的规定应遵守外，编号序列中顺序号数字的为数由各工业产权局视其需求确定，为使顺序号具有规定的长度，必要时可在数字前方补 0；

（B）希望申请号组成中指示工业产权类型的各工业产权局，应当使用下列字母代码，并置于年代指示之前：

（i）“a”用于发明专利申请；（ii）“v”用于植物专利申请；（iii）“s”用于外观设计专利申请；（iv）“u”用于实用新型申请；（v）“c”用于补充保护证书申请；（vi）“f”用于工业设计申请；（vii）“q”用于与工业设计申请不同编号系列的工业模型申请；（viii）“t”用于集成电路布图设计申请；（C）～（E）略。

时，均采用 WIPO 制定 ST. 6《对公布的专利文献编号的建议》[1] 的统一标准。有如下几种表达方式：

① 连续编号。例如：美国的专利文献号，从 1836 年第 1 号排起，US 6674332 B1。欧洲的专利文献号，EP 1123452 A1。

② 按年编号，即文献号由年代和当年所公开文献的序号组成。例如：日本特许公开每年从第 1 号排起，JP 2004－103245 A。

③ 沿用申请号。例如：1989 年前的中国专利文献号，CN 88100001A。德国的专利文献号，DE 102005041711 A1。

（二）中国专利申请号

中国专利申请号是指国家知识产权局受理一件专利申请时给予该专利

---

[1] ST. 6《对公布的专利文献编号的建议》的基本内容，如 13～14：

13. 下列建议用于向希望修改现有编号体系或启用新的公布专利文献编号体系的工业产权局提供指导：

（a）公布号应当仅由数字组成；

（b）数字总数量最多不超过 13 个，由各工业产权局根据需要确定；满足这些需求的数字位应尽可能短；

（c）赋予公布的专利文献号码（根据 WIPO 标准 ST. 16 的第一公布级），至少在一年或更长的时间内应按数字顺序递增；

（d）赋予源自一件申请的第二次或其后公布的专利文献的号码，应与源自该申请第一次公布专利文献时所赋予的号码相同。例 1，1/2002/000002 应当被用于第一公布级（即一件申请满 18 个月公布），授权专利的公布，以及源自同一件专利申请的任何修正文献的公布。要完整识别一件专利文献，参见 WIPO 标准 ST. 1；

（e）该号码应当仅用于源自同一件申请的专利文献。例 1，当相同的编号序列被用于一种以上的工业产权种类（如发明专利和实用新型），或者一个国家或组织内的一个以上地区局时，相同的公布编号只能使用一次；

（i）为创建满足唯一性要求的文献号码，各局可能会使用一位或两位数字的附加标识符，例 1，如果需要，用于指示工业产权的种类或地区局。任何附加标识符都必须在上述 13（b）段要求的最大数字位之内。WIPO 标准 ST. 16 代码，在按照 WIPO 标准 ST. 1 建议使用时，应遵照所建议的方式提供公布级信息。WIPO 标准 ST. 16 还提供了仅与专利文献有关的工业产权种类信息；

（ii）当一件申请衍生出若干附加申请时（如一件要求了国内优先权的申请，一件在先申请的继续申请，一件分案申请等），这些附加申请应被考虑为独立申请，因此应被赋予不同的公布号；

（f）如果认为适合，专利文献的公布年可以作为公布号的一部分；在这种情况下，该公布号可以由年、流水号和上述（e）段所说的附加标识符（如有必要）组成；

（i）关于年，年应当按照公历用 4 位数字表示并位于流水号之前；

（ii）关于流水号，按照上述（e）段的含义，用于所有专利文献公布的最大 7 位流水号应是唯一的；

（iii）各部分的构成顺序应为：a 标识符（如需要）；b 年（如认为适合）；c 流水号；

（g）当公布号以可视形式表达时，为了提高易读性：

（i）标识符、年代指示和流水号可以用斜线或破折号相互分开；

（ii）流水号可以通过逗号、圆点、空格归并成数字组。

14. 值得注意的是，关于 WIPO 标准 ST. 3 的双字母代码和 WIPO 标准 ST. 16 的专利文献种类代码都不是公布号的组成部分。然而，这两种代码连同文献出版日期（INID 代码（40）至（48），如果适用）一起与公布号组合，可以构成一个专利文献的完整标识。在这种情况下，应遵照 WIPO 标准 ST. 10/B 的规则。

申请的一个标识号码。专利申请号与校验位联合使用，校验位位于专利申请号之后，在专利申请号与校验位之间使用一个下标单字节实心圆点符号作为间隔符。

中国专利申请号（12位阿拉伯数字+1个校验位）包括申请年号、申请种类号和申请流水号三个部分，❶ 如下图所示。年号采用4位公元纪年。申请种类号用1位数字表示，所使用数字的含义规定如下：1——发明专利申请；2——实用新型专利申请；3——外观设计专利申请；8表示进入中国国家阶段的PCT发明专利申请；9表示进入中国国家阶段的PCT实用新型专利申请。具体样例见表3-2-1。

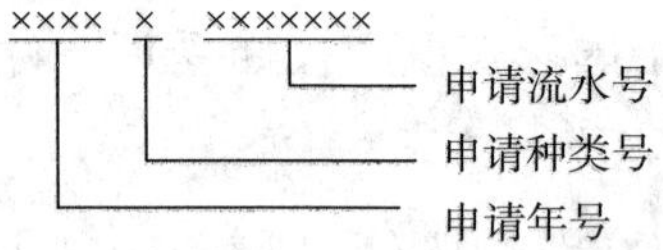

2003年起，中国专利申请号由用8位阿拉伯数字升至用12位阿拉伯数字表示，其中申请年号由2位阿拉伯数字升至4位阿拉伯数字，申请流水号由5位阿拉伯数字升至7位阿拉伯数字。

（三）中国专利文献号

中国专利文献号是指国家知识产权局按照法定程序，在专利申请公布和专利授权公告时给予的文献标识号码。基于一件专利申请形成的专利文献只能获得一个专利文献号，该专利申请在不同程序中公布或公告的专利文献种类由相应的专利文献种类标识代码确定。

中国专利文献号包括申请种类号和文献流水号两个部分，❷ 如下图所示。申请种类号用1位阿拉伯数字表示。所使用的数字含义规定如下：1——发明专利申请；2——实用新型专利申请；3——外观设计专利申请。具体样例见表3-2-1。

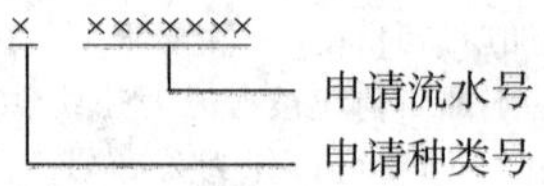

2007年起，中国专利文献号由用7位阿拉伯数字升至用9位阿拉伯数字表示。❸ 之前，从1985年有中国专利文献起，经历了1989年、1993年、

---

❶ 按照中国知识产权行业标准《专利申请号标准》（ZC 0006—2003）的规定，2003年起申请号的年号由2位阿拉伯数字升为4位阿拉伯数字，申请流水号由5位阿拉伯数字升为7位阿拉伯数字。

❷ 2012年12月16日实施的中国知识产权行业标准《中国专利文献号》（ZC 0007—2012）代替《专利文献号标准》（ZC 0007—2004）。

❸ 中国专利文献号从7位升为9位。发明、PCT申请公布号自23卷29期（2007.07.18）开始执行，三种专利的授权公告号自23卷35期（2007.08.29）开始执行。

2003年、2007年和2010年的多次专利文献号的调整，具体变化请参见《专利信息与利用》（第2版）[1] 的第3章。

（四）中国专利文献种类标识代码

中国专利文献种类标识代码是指国家知识产权局为标识不同种类的专利文献规定使用的字母编码，或者字母与数字的组合编码，[2] 具体样例见表3-2-1。2010年4月起，中国专利文献种类标识代码如下：

发明专利申请公布说明书：A；

发明专利说明书：B；

实用新型专利说明书：U；

外观设计专利授权公告：S；

更正文献种类标识代码：

扉页更正：A8，B8，U8，S8；

全文更正：A9，B9，U9，S9。

从1985年有中国专利文献起，经历了多次专利文献种类标识代码的调整，具体变化请参见《专利信息与利用》（第2版）[3] 的第3章。

表3-2-1　中国专利申请号、专利文献号、专利文献种类标识代码样例

专利文献名称	申请号	专利文献号、文献种类标识代码	说明
发明专利申请	200910261247.8	102102675 A	不同专利申请应顺序编号
进入中国国家阶段的PCT发明专利申请	201180063006.8	103313636 A	—
发明专利申请（扉页更正）	200910261247.8	102102675A8	同一专利申请沿用首次赋予的专利文献号（9位或7位）
发明专利申请（全文更正）	200880012439.9	101960299 A9	
发明专利	00811004.2	1399818 B	同一专利申请的授权公告号沿用首次赋予的专利文献号（9位或7位）
	200710179617.4	101184265 B	
发明专利（扉页更正）	00811004.2	1399818 B8	
发明专利（全文更正）	200710179617.4	101184265 B9	

[1] 李建蓉主编：《专利信息与利用》（第2版），知识产权出版社2011年7月版，第59页。

[2] 2012年12月16日实施的中国知识产权行业标准《中国专利文献种类标识代码》（ZC 0008—2012）代替《专利文献种类标识代码标准》（ZC 0007—2004）。早在2010年4月出版的中国专利文献已经开始使用与现行行业标准相同的文献种类标识代码。

[3] 李建蓉主编：《专利信息与利用》（第2版），知识产权出版社2010年7月版，第53页。

续表

专利文献名称	申请号	专利文献号、文献种类标识代码	说明
实用新型专利	201020587480.3	201908404 U	不同专利申请应顺序编号
进入中国国家阶段的 PCT 实用新型专利申请	201190000642.1	203182114 U	—
实用新型专利（扉页更正）	201020587480.3	201908404U8	同一专利申请的授权公告号沿用首次赋予的专利文献号（9 位或 7 位）
实用新型专利（全文更正）	200920240610.3	201529462U9	
外观设计专利	201030122479.7	301558470S	不同专利申请应顺序编号
外观设计专利（扉页更正）	201030122479.7	301558470 S8	同一专利申请的授权公告号沿用首次赋予的专利文献号（9 位或 7 位）
外观设计专利（全文更正）	201030295455.3	301471528S9	

（五）欧洲专利文献种类标识代码

带有检索报告的欧洲专利申请单行本（未经实质审查尚未授予专利权）：A1；

不带检索报告的欧洲专利申请单行本（未经实质审查尚未授予专利权）：A2；

单独出版的检索报告：A3；

对国际申请检索报告所做的补充检索报告：A4；

欧洲专利申请单行本扉页更正：A8；

欧洲专利申请单行本全文更正：A9；

欧洲专利单行本（经实质审查授予专利权）：B1；

经异议程序修改后再次出版的欧洲专利单行本：B2；

经限制性程序修改后再次出版的欧洲专利单行本：B3；

欧洲专利单行本扉页更正：B8；

欧洲专利单行本全文更正：B9。

欧洲专利申请公开单行本扉页样页见图 3-2-9、欧洲专利授权单行本扉页样页图 3-2-10。

其他国家、地区、政府间知识产权组织的专利文献种类标识代码，参见《专利信息与利用》（第 2 版）[1] 的第 3 章。

---

[1] 李建蓉主编：《专利信息与利用》（第 2 版），知识产权出版社 2010 年 7 月版，第 80 页。

(19) Europäisches Patentamt / European Patent Office / Office européen des brevets

(11) **EP 2 071 491 A1**

(12) **EUROPEAN PATENT APPLICATION**

(43) Date of publication:
17.06.2009 Bulletin 2009/25

(51) Int Cl.:
G06K 9/00 (2006.01) *G08G 1/16* (2006.01)

(21) Application number: **08021636.9**

(22) Date of filing: **12.12.2008**

(84) Designated Contracting States:
AT BE BG CH CY CZ DE DK EE ES FI FR GB GR HR HU IE IS IT LI LT LU LV MC MT NL NO PL PT RO SE SI SK TR
Designated Extension States:
AL BA MK RS

(30) Priority: **14.12.2007 JP 2007323762**

(71) Applicant: **Hitachi Ltd.**
Chiyoda-ku
Tokyo 100-8280 (JP)

(72) Inventors:
- **Higuchi, Mirai**
  Tokyo 100-8220 (JP)
- **Muramatsu, Shoji**
  Tokyo 100-8220 (JP)
- **Yokota, Soichiro**
  Tokyo 100-8220 (JP)
- **Monji, Tatsuhiko**
  Tokyo 100-8220 (JP)

(74) Representative: **MERH-IP**
Matias Erny Reichl Hoffmann
Paul-Heyse-Strasse 29
80336 München (DE)

(54) **Stereo camera device**

(57) A stereo camera device includes: plural picture image taking sections, an image correction section 31 which makes correction of picture images taken, a parallax calculating section 32 which calculates parallax, an amount of dislocation between the left and right images, and an image recognition section 33 which carries out image recognition processing using both the image taken and the calculated parallax, or either of them. The stereo camera device further includes: a processing area setting up section which sets up the image area to be processed and reduction ratio differently depending on the driving environment of the vehicle on which the stereo camera device is mounted, wherein, by using the image area and the reduction ratio set up by the processing area setting up section, the image correction section 31 makes correction to the picture image, the parallax calculating section 32 calculates parallax, and the image recognition section 33 carries out processing of image recognition.

FIG.2

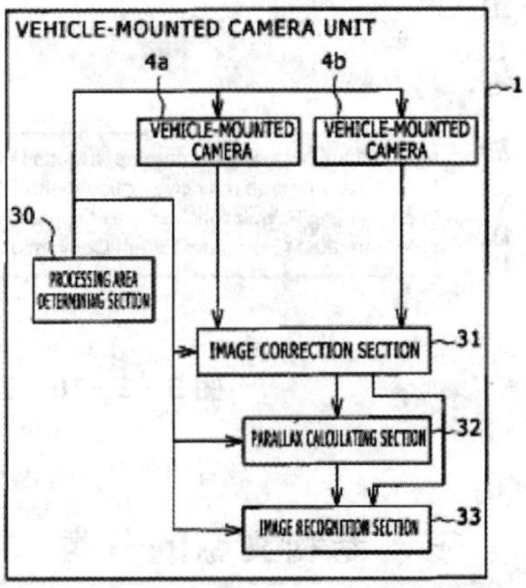

EP 2 071 491 A1

Printed by Jouve, 75001 PARIS (FR)

图 3－2－9　欧洲专利申请公开单行本扉页样页

(19) Europäisches Patentamt / European Patent Office / Office européen des brevets

(11) EP 2 071 491 B1

(12) EUROPEAN PATENT SPECIFICATION

(45) Date of publication and mention of the grant of the patent: **01.08.2012 Bulletin 2012/31**

(51) Int Cl.: *G06K 9/00* (2006.01) *G08G 1/16* (2006.01)

(21) Application number: **08021636.9**

(22) Date of filing: **12.12.2008**

(54) **Stereo camera device**
Stereokameravorrichtung
Dispositif de caméra stéréo

(84) Designated Contracting States: **DE FR GB IT**

(30) Priority: **14.12.2007 JP 2007323762**

(43) Date of publication of application: **17.06.2009 Bulletin 2009/25**

(73) Proprietor: **Hitachi Ltd.**
Chiyoda-ku
Tokyo 100-8280 (JP)

(72) Inventors:
- **Higuchi, Mirai**
Tokyo 100-8220 (JP)
- **Muramatsu, Shoji**
Tokyo 100-8220 (JP)
- **Yokota, Soichiro**
Tokyo 100-8220 (JP)
- **Monji, Tatsuhiko**
Tokyo 100-8220 (JP)

(74) Representative: **MERH-IP**
Matias Erny Reichl Hoffmann
Paul-Heyse-Strasse 29
80336 München (DE)

(56) References cited:
EP-A- 0 957 642 **EP-A- 1 662 459**
US-A1- 2002 030 735

EP 2 071 491 B1

Note: Within nine months of the publication of the mention of the grant of the European patent in the European Patent Bulletin, any person may give notice to the European Patent Office of opposition to that patent, in accordance with the Implementing Regulations. Notice of opposition shall not be deemed to have been filed until the opposition fee has been paid. (Art. 99(1) European Patent Convention).

Printed by Jouve, 75001 PARIS (FR)

图 3-2-10 欧洲专利授权单行本扉页样页

三、专利文献的分类

(一) 国际专利分类(IPC 分类)

专利分类的主要目的是建立有利于检索的专利申请文档，可以用于进行不同技术主题的专利文献检索。针对发明和实用新型的国际通用的专利分类体系是“国际专利分类”(International Patent Classification，IPC)，2009 年起，每年更新一版。

获取英文国际专利分类表（IPC）的网址：http：//www. wipo. int/classifications/ipc/en。

获取中文国际专利分类表（IPC）的网址：http：//www. sipo. gov. cn/wxfw/zlwxxxggfw/zsyd/bzyfl/。

1. IPC 分类表的等级结构

国际专利分类表包括了与发明专利有关的全部技术领域，将不同的技术领域概括成 8 个部（分类表等级结构的最高级），用英文 A～H 表示。IPC 分类体系是由高至低依次排列的等级式结构，设置的顺序按部、分部、大类、小类、大组、小组进行划分。其中，由技术范围所构成的分部是为了帮助使用者对部的内容有一个概括性的了解，帮助使用者了解技术领域的归类情况，起到信息的指引作用。分部没有类号。

① 部。用大写英文字母 A～H 表示 8 个部的类号，每个部的类名如下：

A. 人类生活必需；

B. 作业；运输；

C. 化学；冶金；

D. 纺织；造纸；

E. 固定建筑物；

F. 机械工程；照明；加热；武器；爆破；

G. 物理；

H. 电学。

② 大类。每一个部按不同的技术领域分成若干个大类，每一大类的类名对它所包含的各个小类的技术主题作一个全面的说明，表明该大类所包括的主题内容。每一个大类的类号由部的类号和在其后加上两位阿拉伯数字组成。如 A44 服饰缝纫用品；珠宝。

③ 小类。每一个大类包括一个或多个小类。每一小类的类名对它所包含的各个组的技术主题作一个全面的说明，表明该小类所包括的主题内容。每个小类类号是由大类类号加上一个大写字母组成。如 A21B 食品烤炉；焙烤用机械或设备。

④ 组。大组所包括的技术主题范围只限于它所从属的小类的有效范围内，并受所有相关参见或附注的影响。小组作为最基本的分类单位，它的技术主题范围仅限于它所从属的大组范围内或比它等级高的小组的技术主题范围内，并受所有相关参见或附注的影响。

每个组的类号由小类类号加上用斜线分开的两组阿拉伯数组成。每个大组的类号由小类类号、1～3 位数字、“/” 及 “00” 组成。如 A43B5/00 运动鞋。每个小组的类号由其小类类号、所属大组类号的 1～3 位数字、“/” 及非 “00” 以外的至少两位数字组成。如 A43B 5/02 • 足球鞋。

一个完整的分类号由代表部、大类、小类和大组或小组的类号构成，如下图所示。

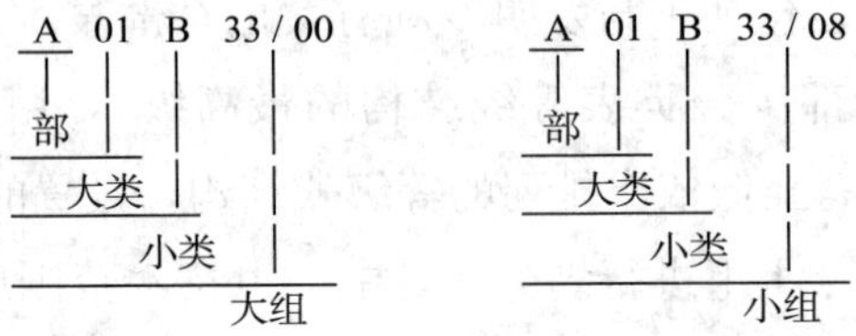

2. 类名的解读

分类表位置中的类名，可以通过使用一个短语或连接在一起的几个相关短语指明它们所需指明的内容。小组的等级由类名前的圆点数决定，不由小组的编号决定。缩排点数越多，分类号的等级越低。解读时，小组类名必须依赖并且受限于其所缩排的上位组的类名。

例 1：同级小组的类名之间不相关。

A01B 1/00　手动工具（Hand tools）

A01B 1/16 • 拔草工具（Tools for uprooting weeds）

A01B 1/24 • 处理草地或草坪用（for treating meadows or lawns）

解读 A01B 1/24 的类名为：处理草地或草坪用的手动工具。

例 2：小组类名与所缩排的上位组的类名均相关。

A63H3/00 玩偶

A63H3/36 •零件

A63H3/38 • •玩偶的眼睛

A63H3/40 • • •会动的

解读 A63H3/40 小组的类名为：玩偶零件中的活动的玩偶眼睛。

3. IPC 分类表中影响分类位置范围的内容

① 附注。附注是对分类表中某一个部分的特殊词汇、短语进行解释或分类位置的范围进行说明，或说明有关技术主题是如何分类的，指示分类规则等。

例 1：分类位置范围的定义或解释。

B31 的附注 2。本类不包括：直接由纸浆制作的纸品，这类纸品应分入 D21J。

例 2：指出有关技术主题如何分类。

H01 基本电气元件的附注 1。凡其他类目中存在的，只包括一个单一工艺如干燥、涂敷的加工工序分入有关该工艺的类目中。

例 3：指示分类规则。

A01N25/00 大组前的附注 2。在 A01N27/00—A01N65/00 组中，如无相反指示，将有效成分分入最后适当位置。

② 参见。参见是在括号内的短语，其指出技术主题包含在分类表另外的一个或几个位置上，用于限制范围（指明不包含的范围）、指示优先（对于相同等级的分类号）或指引作用。

例 1：限制范围。

A41G 1/00 人造花、水果、叶子或树（人造圣诞树入 A47G 33/06）

可理解为在 A41G 1/00 的范围不包括人造圣诞树。

例 2：指示优先。

A01K31/00 禽类的房舍

A01K31/06 · 笼

A01K 31/07 ··移动式笼（31/08 优先）

A01K 31/08 ··折叠式笼

将既移动又折叠的禽舍分类在 A01K 31/07。

4. 分类的内容和方法

对每一件发明专利申请或者实用新型专利申请的技术主题进行分类，应当给出完整的、能代表发明或实用新型的发明信息的分类号，并尽可能对附加信息进行分类，将最能充分代表发明信息的分类号排在第一位。

发明信息是专利申请的全部文本（如权利要求书、说明书、附图）中代表对现有技术的贡献的技术信息，对现有技术的贡献的技术信息是指在专利申请中明确披露的所有新颖的和非显而易见的技术信息。附加信息本身不代表对现有技术的贡献，而是代表对检索可能有用的信息，其中包括引得码所表示的技术信息。附加信息是对发明信息的补充。如组合物或混合物的成分，或者是方法、结构的要素或组成部分，或者是已经分类的技术主题的用途或应用方面的特征。

技术主题可以是方法、产品、设备或材料，其中包括这些技术主题的使用或应用方式。应当以最宽泛的含义来理解这些技术主题的范围。

① 方法。如聚合、发酵、分离、成形、输送、纺织品的处理、信息的处理和传输的方法等。

② 产品。如化合物、组合物、织物、制造的物品。

③ 设备。如化学或物理工艺设备、各种工具、各种器具、各种机器、各种执行操作的装置。

④ 材料。如组成混合物的各种组分。混凝土的组成材料是水泥、沙石、水。

分类的方法。对于一件专利申请，首先应当确定其技术主题所涉及的发明信息和附加信息，然后给出对应于发明信息和附加信息的分类号。

5. 分类的原则

IPC 的分类原则包括整体分类、功能分类或应用分类和多重分类。

1）整体分类

应当尽可能地将技术主题作为一个整体来分类，而不是对其各个组成部分分别进行分类。但如果技术主题的某组成部分的本身代表了对现有技术的贡献，那么该组成部分构成发明信息，也应当对其进行分类。如将一个较大系统作为整体进行分类时，若其部件或零件是新颖的和非显而易见的，则应当对这个系统以及这些部件或零件分别进行分类。

例 1：由中间梁、弹性密封件、横托梁、支撑弹簧、横托梁密封箱等组成的转臂自控式桥梁伸缩缝装置，其特征是每根横托梁……

按桥梁伸缩缝装置的整体分类，分入 E01D19/06 伸缩缝的布置、修建或连接。

如果横托梁是新颖的和非显而易见的，还应将横托梁分入 E04C3/02 托梁；大梁，桁梁或桁架式结构，如预制的；过梁；横档……

例 2：固体垃圾的处理系统，由输入装置及分拣、粉碎、金属回收、塑料回收和肥料制造肥等设备组成。

按固体垃圾的处理系统整体分类，分入 B09B3/00 固体废物的破坏或将固体废物转变为有用或无害的东西。

如果粉碎设备是具有新颖性或非显而易见性，或者对检索有意义，则同时给出分类号 B02C21/00 带有或不带材料。

2）功能分类和应用分类

(1) 功能分类

若技术主题在于某物的本质属性或功能，且不受某一特定应用领域的限制，则将该技术主题按功能分类。

如果技术主题涉及某种特定的应用，但没有明确披露或完全确定，若分类表中有功能分类位置，则按功能分类；若宽泛地提到了若干种应用，则也按功能分类。

例 1：特征在于结构或功能方面的各种阀，其结构或功能不取决于流过的特定流体（例 1 润滑油）的性质或包括该阀的任何设备，按功能分类，分入 F16K 阀；龙头；旋塞；致动浮子；通风或充气装置。

例 2：特征在于其化学结构的有机化合物的技术主题，按功能分类，分入 C07 有机化学。

例 3：装有绕活动轴转动的圆盘切刀的切割机械，按功能分类，分入 B26D1/157。

（2）应用分类

若技术主题属于下列情况，则将该技术主题按应用分类。

① 技术主题涉及“专门适用于”某特定用途或目的的物。“专门适用于”是指本质上专门为某一物而设计。

例 1：专门适用于嵌入人体心脏中的机械阀，按应用分类，分入 A61F 2/24 心脏瓣膜。

② 技术主题涉及某物的“特殊用途或应用”。“特殊用途或应用”是指某一个特定的用途或应用，还不知道是否能用于其他用途或应用。

例 1：香烟过滤嘴，按应用分类，分入 A24D3/00（烟油滤芯，如过滤嘴、过滤插入物）。

③ 技术主题涉及将某物加入到一个更大的系统中。

例 1：把板簧安装到车轮的悬架中，按应用分类，分入 B60G 11/02（仅有板簧的）。

（3）既按功能分类又按应用分类

若技术主题既涉及某物的本质属性或功能，又涉及该物的特殊用途或应用，或其在某较大系统中的专门应用，则既按功能分类又按应用分类。

例 1：涂料组合物，既涉及组合物的成分，又涉及专门的应用，则既按功能分类，分入 C09D 101/00 至 C09D 201/00 的适当分类位置，又按应用分类，分入 C09D 5/00。

例 2：布置在汽车悬架中的板簧，如果板簧本身是新颖的和非显而易见的，则应按功能分类，分入 F16F1/18；如果这种板簧在汽车悬架中的布置方式也是新颖的和非显而易见的，则还应按应用分类，分入 B60G11/02。

（4）特殊情况

① 应当按功能分类的技术主题，若分类表中不存在该功能分类位置，

则按适当的应用分类。

例 1：线缆覆盖层的剥离器。分类表中不存在覆盖层的剥离器的功能分类位置，经判断其主要应用于电缆外皮的剥离。按应用分类，分入 H02G1/12。

② 应当按应用分类的技术主题，若分类表中不存在该应用分类位置，则按适当的功能分类。

例 1：电冰箱过负荷、过电压及延时启动保护装置。分类表中不存在电冰箱专用的紧急保护电路装置的应用分类位置，经判断其为紧急保护电路装置。按功能分类，分入 H02H 小类。

③ 当技术主题应当既按功能分类，又按应用分类时，若分类表中不存在该功能分类位置，则只按应用分类；若分类表中不存在该应用分类位置，则只按功能分类。

例 1：适用于畜拉车照明用的发电机，该发电机装有可调速比齿轮箱，并可方便地和车轮配合。分类表中不存在畜拉车照明用的发电机的应用分类位置，则只按功能分类，分入 H02K7/116。

3）多重分类

分类的主要目的是检索，根据技术主题的内容，可以赋予多个分类号。

① 当专利申请涉及不同类型的技术主题，并且这些技术主题构成发明信息时，应当对不同类型的技术主题分别给出分类号。技术主题既涉及产品又涉及产品的制造方法，如果分类表中产品和方法的分类位置都存在，则对产品和方法分别进行分类。

② 当技术主题涉及功能分类和应用分类二者时，则既按功能分类又按应用分类。

③ 对检索有用的附加信息，也尽可能采用多重分类或与引得码组合的分类。

④ 技术主题的多方面分类。技术主题的多方面分类代表一种特殊类型的多重分类，是指以一个技术主题的多个方面为特征进行的分类。在分类表中由附注指明采用“多方面分类”的分类位置。[1]

例 1：在小组 G11B 7/252 中，使用多方面分类。

G11B 7/24 • 按所选用的材料或按结构或按形式区分的记录载体

---

[1] 如果对以其固有的结构和其特殊的应用或特性为特征的技术主题进行分类，若只依据一个方面对这类技术主题进行分类，会导致检索信息的不完全。

G11B 7/241 • • 以材料的选择为特征

G11B 7/252 • • • 不同于记录层的层

附注

在小组 G11B 7/252 中，使用多方面分类，所以如果技术主题的特征在于其不止包含一个小组的方面，该技术主题应分类在这些小组的每一个中。

G11B 7/253 • • • • 底层

G11B 7/254 • • • • 保护性外涂层

当技术主题涉及不同于记录层的底层和保护性外涂层时，要对底层和保护性外涂层分别进行分类，分入 G11B7/253 和 G11B7/254。

（二）联合专利分类（CPC 分类）

联合专利分类（Cooperative Patent Classification，简称 CPC）是欧洲专利局（EPO）和美国专利商标局（USPTO）共同开发、管理和维护的一个对发明和实用新型的分类体系。CPC 是协调 EPO 的 ECLA 分类体系[1]和 USPTO 的 UC 分类体系[2]的新分类方案。2013 年 1 月 1 日起，EPO 和 USPTO 在专利审查和数据库中正式使用 CPC。[3]

1. CPC 分类的特点

CPC 以 ECLA 分类（建立在 IPC 基础上，具有与 IPC 相似的主体结构）为基础，既包括部、大类、小类、大组和小组，还包括 EPO 以前的 ICO（Indexing Code），条目总数超过 25 万个。目前已经发布了完整的 CPC 体系的分类定义，以及 CPC 与 ECLA、IPC 的对照索引表。

2. CPC 分类号的格式

CPC 分类号的形式类似于 IPC，但是比 IPC 分类得更细。CPC 是将 ECLA 分类表中“/”后的字母转换成纯数字。IPC 分类号与 CPC 分类号一一对应，如果遇到 IPC 中不存在的分类号，则 CPC 另外添加数字，来代替 ECLA 的字母和数字部分，并且用大括号来标记类名（{…}）。

---

[1] ECLA 是欧洲专利局的内部分类体系，是在 IPC 基础上的进一步细分。EPO 正式公布的专利文献都给出 IPC 分类号，但是审查员的检索和审查都使用 ECLA 分类号。

[2] UC 是美国专利商标局专利检索和审查中使用的官方分类体系。USPTO 正式公布的专利文献都给出 IPC 分类号，但不是按照 IPC 分类表直接给出的，而是先给出 UC 分类号，然后按照 UC—IPC 对照表转换的 IPC 分类号。

[3] 自 2013 年 1 月 1 日起，德温特世界索引（WPI）数据库，也加入了 CPC 分类号的检索入口。

例 1：IPC、ECLA 和 CPC 分类号的对照实例。

IPC	ECLA	CPC
A01B1/22	A01B1/22	A01B1/22
	A01B1/22A	A01B1/222
	A01B1/22A2	A01B1/225

例 2：CPC 分类表实例。

A47D1/00 儿童椅（椅子通常入 A47C）

A47D1/002 • ｛可调的｝

A47D1/004 • • ｛高度上｝

3. CPC 分类表的获取途径

如果需要完整的 CPC 分类表，可以通过以下方式获取：

① EPO 的官网，网址：http：//www. epo. org/searching/essentials/classification/cpc. html 或 http：//worldwide. espacenet. com/classification? locale=en _ EP。可以获取分类表或检索 CPC 分类号。

② USPTO 的官网，网址：http：//www. uspto. gov/web/patent/classification/index。可以获取 CPC 分类表。

③ 欧美联合分类网站，网址：http：//www. cpcinfo. org 或 http：//www. cooperativepatentclassification. org/index. html。不仅可以获取 CPC 分类表、分类定义等相关信息，还可以获取在线培训课程和下载出版物。

（三）外观设计的分类

有些国家或地区采用不同的外观设计分类。主要包括以下几种情况：

1. 国际外观设计分类

世界知识产权组织（WIPO）公布的国际通用的外观设计分类体系是国际外观设计分类（洛迦诺分类 Locarno Classification，LOC）。最新的第 9 版洛迦诺分类表从 2009 年 1 月开始使用，共有 32 个大类，219 个小类，7 024 个条目。中国采用国际外观设计分类。

一个完整的外观设计国际分类号由大类号和小类号构成：

例 1：17—03

17　　乐器（大类号：17；大类类名：乐器）

17—03弦乐器（小类号：17—03；小类类名：弦乐器）

获得国际外观设计分类（洛迦诺分类）的网址：http：//www. wipo. int/classifications/nivilo/locarno/index. htm? lang=EN。

2. 欧洲洛迦诺分类

欧共体内部市场协调局（OHIM）采用欧洲洛迦诺分类，在洛迦诺分类的基础上，其分类条目超过11 000个。

获得欧洲洛迦诺分类表的网址：https：//oami. europa. eu/ohimportal/en/eurolocarno。

3. 美国的外观设计分类

美国的外观设计分类表包括33个大类，每个大类被分成若干小类，在分类表中用“缩位点”更进一步反映分类等级和上下位关系。分类号的表达形式为大类/小类，如D01/116冰淇淋球或杯。

获得美国外观设计分类表的网址：http：//www. uspto. gov/web/patents/classification/selectnumwithtitle. htm。

4. 日本的外观设计分类

日本外观设计分类表包括部（13个部，以字母A—N表示（不含I））、大类（1位数字）和小类，共有5 000多个类目。分类号的表达形式为“部大类—小类”，如H 5—40 物品的用途。

获得日本外观设计分类的网址：http：//www. jpo. go. jp/shiryou/s _ sonota/isyou _ bunrui. htm。

四、专利公报

专利公报是国家知识产权局公开有关中国专利申请的审批状况及相关法律法规信息的定期出版物。专利局编辑出版的专利公报有发明专利公报、实用新型专利公报和外观设计专利公报。专利公报以期刊形式发行，同时以电子公报形式在国家知识产权局政府网站上公布，或者以专利局规定的其他形式公布。三种专利公报每周各出版一期。

（一）发明专利公报

发明专利公报包括发明专利申请公布、国际专利申请公布、发明专利权授予、保密发明专利、发明专利事务、索引（申请公布索引、授权公告索引）。

发明专利事务公布专利局对发明专利申请和发明专利作出的决定和通知，包括：实质审查请求的生效，专利局对专利申请自行进行实质审查的决定，发明专利申请公布后的驳回，发明专利申请公布后的撤回，发明专利申请公布后的视为撤回，视为放弃取得专利权，专利权的全部（或部分）无效宣告，专利权的终止，专利权的主动放弃，专利申请（或专利）权利的恢复，专利申请权、专利权的转移，专利实施的强制许可，专利实施许可合同的备案，专利权的质押、保全及其解除，专利权人的姓名或者名称、地址等著录事项的变更，文件的公告送达，专利局的更正及其他有关事项等。

发明索引分申请公布索引和授权公告索引两种。每种索引又分国际专利分类号索引、申请号索引（或者专利号索引）、申请人索引（或者专利权人索引）和公布号/申请号（授权公告号/专利号）对照表索引。

保密发明专利只公告保密专利权的授予和保密专利的解密，保密专利公告的著录事项包括：专利号、申请日、授权公告日等。保密发明专利解密后，在专利公报的解密栏中予以公告，出版单行本。

（二）实用新型专利公报

实用新型专利公报包括实用新型专利权授予、保密实用新型专利、实用新型专利事务和授权公告索引。

实用新型专利事务公布专利局对实用新型专利申请和实用新型专利作出的决定和通知，包括：专利权的全部（或部分）无效宣告，专利权的终止，专利权的主动放弃，避免重复授权放弃实用新型专利权，专利权的恢复，专利权的转移，专利实施的强制许可，专利实施许可合同的备案，专利权的质押、保全及解除，专利权人的姓名或者名称、地址等著录事项的变更，文件的公告送达，专利局的更正及其他有关事项等。

实用新型授权公告索引包括国际专利分类号索引、专利号索引、专利权人索引和授权公告号/专利号对照表索引。

保密实用新型专利只公告保密专利权的授予和保密专利的解密，保密专利公告的著录事项包括：专利号、申请日、授权公告日等。保密实用新型专利解密后，在专利公报的解密栏中予以公告，出版单行本。

（三）外观设计专利公报

外观设计专利公报包括外观设计专利权的授予、外观设计专利事务和授权公告索引。

外观设计专利事务公布专利局对外观设计专利申请和外观设计专利作出的决定和通知，包括：专利权的全部（或部分）无效宣告，专利权的终止，专利权的主动放弃，专利权的恢复，专利权的转移，专利实施许可合同的备案，专利权的质押、保全及其解除，专利权人的姓名或者名称、地址等著录事项的变更，文件的公告送达，专利局的更正及其他有关事项等。

外观设计授权公告索引包括外观设计分类号索引、专利号索引、专利权人索引和授权公告号/专利号对照表索引。

五、检索报告

（一）专利审查检索报告

专利局审查员在审查每一件发明专利申请时，都要进行文献检索。检索是发明专利申请实质审查程序中的一个关键步骤，其目的在于找出与申请的主题密切相关或者相关的现有技术中的对比文件，或者找出抵触申请文件和防止重复授权的文件，以确定申请的主题是否具备专利法第22条第2款和第3款规定的新颖性和创造性，或者是否符合专利法第9条第1款规定的同样的发明创造只能授予一项专利权。审查员除在专利文献中进行检索外，还应当检索非专利文献。检索用非专利文献主要包括：电子或纸件等形式的国内外科技图书、期刊、索引工具及手册等。

检索报告用于记载检索的结果，特别是记载构成相关现有技术的文件。审查员在检索报告中清楚地记载检索所用的技术领域、数据库以及基本检索要素及其表达形式（如关键词、分类号等）。在检索报告中，审查员采用下列符号来表示对比文件与所申请权利要求的相关程度：

X：单独影响权利要求的新颖性或创造性的文件；

Y：与检索报告中其他Y类文件组合后影响权利要求的创造性的文件；

A：背景技术文件，即反映权利要求的部分技术特征或者有关的现有技术的文件；

R：任何单位或个人在申请日向专利局提交的、属于同样的发明创造的专利或专利申请文件；

P：中间文件，其公开日在申请的申请日与所要求的优先权日之间的文件，或者会导致需要核实该申请优先权的文件；

E：单独影响权利要求新颖性的抵触申请文件。

检索报告的获取途径：部分国家、地区、政府间知识产权组织官网的免费专利信息检索数据库可以获得检索报告。如国家知识产权局的网站、美国专利商标局的网站、欧洲专利局的网站等。中国知识产权局专利局的审查检索报告采用专利局规定的表格，专利审查检索报告样表，见图3-5-1a。欧洲专利局的审查检索报告，见图3-5-1b。

（二）专利查新检索报告

公众检索服务机构，受当事人的委托，对已申请专利但尚未授权的技术，或打算提交申请专利的完整技术方案进行世界范围的专利检索和非专利文献检索，评价该技术的新颖性和创造性，出具检索报告。专利查新检索报告的样表，见图 3-5-2。

专利审查检索报告

申请号: 2012104186941	申请日: 20121029	检索类型: 首次检索
申请人: 东北农业大学	最早的优先权日:	
权利要求项数: 9	说明书段数: 50	
审查员确定的IPC分类号: C07K1/14,C12P7/08,A23L1/308,C12R1/865		
审查员确定的IPC分类号: CNABS，VEN，DWPI，CJFD，CNKI，GOOGLE，PUBMED，南瓜蛋白，燃料乙醇，膳食纤维，无水乙醇，乙醇，碱提，NAOH，水溶性，水不溶性，东北农业大学，杨昱，王丽波，梁宗言，徐雅琴，CUCURBITA MOSCHATA，PROTEIN，FUEL BIOETHANOL，ETHANOL，DF，DIETARY FIBER，WATER-SOLUBILITY，C07K1/14，C12P7/08，A23L1/308，C12R1/865，C07K1/00，C12P7/00。		

专利对比文献

类型	国别	文献号	公开日期	IPC分类号	涉及权利要求项	相关页数	文献类别
A	CN	102180991	20110914	C08B37/06	1-9	全文	A
A	CN	102524698	20120704	A23L1/308	1-9	全文	A
Y	CN	101195835	20080611	C12P7/08	1-9	权利要求1	A
A	CN	101455240	20090617	A23D9/02	1-9	全文	A
Y	CN	1830486	20060913	A61P35/00	1-9	说明书第6-7段	A

期刊对比文献

类型	期刊文摘名称	卷号	期号	发行日期	作者	标题	涉及权利要求项	相关页数
Y	《食品与发酵科技》	第45卷	第04期	20090825	邵焕霞	胡萝卜渣中膳食纤维提取工艺研究	1-9	摘要、第55页引言、第56页1.3实验方法

书籍对比文献

类型	书名	卷号	版本号	出版日期	作者	标题	涉及权利要求项	参考页数

表格填写说明事项：

1. 审查员实际检索领域的 IPC 分类号应当填写到大组和/或小组所在的分类位置。
2. 期刊或其他定期出版物的名称可以使用符合一般公认的国际惯例的缩写名称。
3. 相关文件的类型说明：

X：一篇文件影响新颖性或创造性；

Y：与本报告中的另外的 Y 类文件组合而影响创造性；

A：背景技术文件；

R：任何单位或个人在申请日向专利局提交的、属于同样的发明创造的专利或专利申请文件。

P：中间文件，其公开日在申请的申请日与所要求的优先权日之间的文件；

E：抵触申请。

审 查 员：　　　　　　　　　　审查部门：

年　月　日

图 3-5-1a　国家知识产权局专利局的专利审查检索报告样表

EP 2 071 491 A1

Europäisches Patentamt
European Patent Office
Office européen des brevets

EUROPEAN SEARCH REPORT

Application Number
EP 08 02 1636

DOCUMENTS CONSIDERED TO BE RELEVANT

Category	Citation of document with indication, where appropriate, of relevant passages	Relevant to claim	CLASSIFICATION OF THE APPLICATION (IPC)
X	US 2002/030735 A1 (YAMADA MASAHIRO [JP]) 14 March 2002 (2002-03-14) * abstract * * paragraph [0044] * * paragraph [0050] * * paragraph [0059] * * paragraphs [0064], [0065] * * paragraph [0069] * * paragraphs [0073] - [0075] * * paragraphs [0099] - [0101] * * figure 5 * -----	1	INV. G06K9/00 G08G1/16
A	EP 1 662 459 A (FUJITSU LTD [JP]) 31 May 2006 (2006-05-31) * abstract * * paragraphs [0003] - [0013] * * paragraphs [0032], [0038] * * paragraphs [0042], [0048] * -----	1-8	
A	EP 0 957 642 A (FUJI HEAVY IND LTD [JP]) 17 November 1999 (1999-11-17) * abstract * -----	1-8	TECHNICAL FIELDS SEARCHED (IPC) G06K G08G G06T

The present search report has been drawn up for all claims

1

Place of search	Date of completion of the search	Examiner
Munich	18 March 2009	Turina, Andreas

CATEGORY OF CITED DOCUMENTS

X : particularly relevant if taken alone
Y : particularly relevant if combined with another document of the same category
A : technological background
O : non-written disclosure
P : intermediate document

T : theory or principle underlying the invention
E : earlier patent document, but published on, or after the filing date
D : document cited in the application
L : document cited for other reasons

& : member of the same patent family, corresponding document

EPO FORM 1503 03.82 (P04C01)

图 3－5－1b　欧洲专利局的审查检索报告样表

专利查新检索报告

项目名称： 委托方： 委托日期： 编号：

A.检索种类 ☒查新

B.检索依据的技术资料（见附件）

C.检索确定的主题分类（IPC 第 版）

D.检索的国际专利分类领域（IPC 第 版）

E. 检索工具

检索用专利文献

☐ 国际专利文献数据库（INPADOC）	☐ 德温特世界专利索引数据库（DWPI）
☐ 中国专利文摘数据库（CNABS/CPRSABS）	☐ 世界专利文摘库（SIPOABS）
☐ 化学物质登记数据库（REGISTRY）	☐ 美国化学文摘（CA/CAPlus）
☐ 基因序列数据库（DGENE/USGENE/PCTGENE）	☐ 其它：________

检索用非专利文献

☐ 中国知网系列数据库（CNKI）	☐ 万方数据知识服务平台
☐ 汤森路透ISI Web of Knowledge平台	☐ 国家图书馆非专利期刊
☐ 荷兰医学文摘库（EMBASE）	☐ 美国工程索引库 EI）
☐ 英国科学文摘库（INSPEC）	☐ 其它：________

F.使用的中文与外文检索关键词

G.相关专利文献

类型*	公开号/公告号	公开/公告日	分 类 号	相 关 部 分	涉及的权利要求

H.相关非专利文献

类型*	书名、期刊或文摘名称（包括卷号或期刊号）	文 章 标 题	相关部分	涉及的权利要求

X：单独一篇与权利要求相关的文件；

Y：和检索报告中其它Y类文献组合与权利要求相关的文件；

A：反映相关现有技术的文件；

R：在申请日或申请日后公开的同一申请人的属于同样的发明创造的专利或专利申请文件以及他人在申请日向专利局提交的、属于同样的发明创造的专利申请文件；

P：中间文件，其公开日在申请的申请日与所要求的优先权日之间的文件，或者会导致需要核实该申请优先权的文件；

E：抵触申请文件。

I.检索意见：

有关权利要求与现有技术相关程度的评述：

检索员： 审核员：

检索单位： （盖章）

年 月 日

图 3-5-2 专利查新检索报告的样表

六、专利权评价报告

专利权评价报告是人民法院或者管理专利工作的部门审理、处理专利侵权纠纷的证据，主要用于人民法院或者管理专利工作的部门确定是否需要中止相关程序。[1] 国家知识产权局根据专利权人或者利害关系人的请求，对相关实用新型专利或者外观设计专利进行检索，并就该专利是否符合专利法及其实施细则规定的授权条件进行分析和评价，作出专利权评价报告。专利权评价报告不是行政决定，因此专利权人或者利害关系人不能就此提起行政复议和行政诉讼。

《专利法实施细则》第56条规定，授予实用新型或者外观设计专利权的决定公告后，《专利法》第60条规定的专利权人或者利害关系人可以请求国务院专利行政部门作出专利权评价报告。请求作出专利权评价报告的，应当提交专利权评价报告请求书，写明专利号。每项请求应当限于一项专利权。

专利权评价报告包括反映对比文件与被评价专利相关程度的表格部分，以及该专利是否符合专利法及其实施细则规定的授予专利权条件的说明部分。实用新型专利权评价报告的样表，见图3-6-1。外观设计专利权评价报告的样表，见图3-6-2。

① 表格部分应当清楚地记载检索的相关内容和对比文件的相关度。对于实用新型专利权评价报告，其表格部分的填写参见本节的专利审查检索报告。对于外观设计专利权评价报告，其表格部分应当清楚地记载检索的领域、数据库、由检索获得的对比文件以及对比文件与外观设计专利的相关程度等内容。

② 说明部分应当记载和反映专利权评价的结论。对于不符合专利法及其实施细则规定的授予专利权条件的被评价专利，还应当给出明确、具体的评价意见。

例1：外观设计专利评价报告的结论所包括的内容：

① 比较被检索对象和对比文件的产品类别。

② 整体观察被检索对象和对比文件，客观地认识其外观特征。

---

[1] 《专利法》第61条第2款规定，专利侵权纠纷涉及实用新型专利或者外观设计专利的，人民法院或者管理专利工作的部门可以要求专利权人或者利害关系人出具由国家知识产权局作出的专利权评价报告。

实用新型专利权评价报告

<table>
<tr><td>专利号：ZL</td><td>申请日：____年__月__日</td><td>优先权日：____年__月__日</td></tr>
<tr><td>授权公告日：____年__月__日</td><td colspan="2">实用新型名称：</td></tr>
<tr><td>专利权人：</td><td colspan="2">请求人：</td></tr>
<tr><td>请求日：____年__月__日</td><td colspan="2"></td></tr>
<tr><td>评价报告总计____页</td><td colspan="2">附有报告中引用的各相关文件的副本____份</td></tr>
<tr><td colspan="3">本专利权评价报告不是行政决定，当事人不能就本专利权评价报告提起行政复议和行政诉讼。</td></tr>
<tr><td colspan="3">评价所针对的文本
□与授权公告一并公布的专利文件
□由生效的无效宣告请求审查决定维持有效的专利文件，其中涉及第________号无效宣告请求审查决定</td></tr>
<tr><td colspan="3">检索针对的权利要求：
□全部权利要求________；
□权利要求________未被检索，因为其主题不符合专利法第2条第3款的规定；
□权利要求________未被检索，因为其主题属于专利法第5条或第25条规定的范围；
□权利要求________未被检索，因为其主题不具备实用性；
□权利要求________未被检索，因为说明书未对其主题作出清楚、完整的说明，以致于所属技术领域的技术人员不能实现；
□权利要求________未被检索，因为________；</td></tr>
</table>

<table>
<tr><td colspan="6">A. 主题的分类（IPC）</td></tr>
<tr><td colspan="6">B. 检索领域</td></tr>
<tr><td colspan="6">C. 在检索时查阅的电子数据库（数据库的名称和/或使用的检索式）</td></tr>
<tr><td colspan="6">D. 相关文件</td></tr>
<tr><td>类型*</td><td>文献号或书名
（包括期刊卷号/期号）</td><td>公开/出版/
发行日期</td><td>类别</td><td>相关部分</td><td>相关的权利要求</td></tr>
<tr><td></td><td></td><td></td><td></td><td></td><td></td></tr>
</table>

<table>
<tr><td colspan="4">□其余的相关文件，参见续页 I。</td></tr>
<tr><td colspan="2">＊引用文件的专用类型：
“X” 单独影响权利要求的新颖性或创造性的文件；
“Y” 与报告中其他 Y 类文件组合影响权利要求创造性的文件；
“R” 任何单位或个人在申请日向专利局提交的、属于同样的发明创造的专利文件；</td><td colspan="2">“A” 背景技术文件，即反映权利要求的部分技术特征或者有关的现有技术文件；
“E” 单独影响权利要求新颖性的抵触申请文件；</td></tr>
<tr><td colspan="4">E. 关于是否符合授予专利权条件的评价结论；专利权评价意见</td></tr>
<tr><td colspan="4">1. 初步结论：
□全部权利要求________未发现存在不符合授予专利权条件的缺陷。
□全部权利要求________不符合授予专利权条件。
□权利要求________不符合授予专利权条件，权利要求________未发现存在不符合授予专利权条件的缺陷。
具体结论如下：
□权利要求________属于专利法第 5 条规定的不授予专利权的范围。
□权利要求________属于专利法第 25 条规定的不授予专利权的范围。
□权利要求________不符合专利法第 2 条第 3 款的规定。
□权利要求________不具备专利法第 22 条第 4 款规定的实用性。
□说明书不符合专利法第 26 条第 3 款的规定。
□权利要求________具备专利法第 22 条第 2 款规定的新颖性。
□权利要求________不具备专利法第 22 条第 2 款规定的新颖性。
□权利要求________具备专利法第 22 条第 3 款规定的创造性。
□权利要求________不具备专利法第 22 条第 3 款规定的创造性
□权利要求________不符合专利法第 26 条第 4 款的规定。
□权利要求________不符合专利法实施细则第 20 条第 2 款的规定。
□权利要求________不符合专利法第 33 条或实施细则第 43 条第 1 款的规定。
□权利要求________不符合专利法第 9 条的规定。</td></tr>
<tr><td colspan="4">2. 专利权评价意见：</td></tr>
<tr><td>专利权评价报告专用章</td><td>审查员：</td><td>审核员：</td><td>完成日期：　年　月　日</td></tr>
</table>

图 3-6-1　实用新型专利权评价报告的样表

外观设计专利权评价报告

<table>
<tr><td>专利号：ZL</td><td>申请日：____年__月__日</td><td>优先权日：____年__月__日</td></tr>
<tr><td>授权公告日：____年__月__日</td><td colspan="2">外观设计名称：</td></tr>
<tr><td>专利权人：</td><td colspan="2">请求人：</td></tr>
<tr><td>请求日：____年__月__日</td><td colspan="2">形式审查合格日：____年__月__日</td></tr>
<tr><td>评价报告总计_____页</td><td colspan="2">□附有报告中引用的各相关文件的副本__份</td></tr>
<tr><td colspan="3">本专利权评价报告不是行政决定，当事人不能就本专利权评价报告提起行政复议和行政诉讼。</td></tr>
<tr><td colspan="3">评价所针对的文本
□与授权公告一并公布的专利文件
□由生效的无效宣告请求审查决定维持有效的专利文件，其中涉及第________号无效宣告请求审查决定</td></tr>
<tr><td colspan="3">检索针对的外观设计：
□全部外观设计________；
□外观设计________未被检索，因为其主题属于专利法第五条或第二十五条规定的范围；
□外观设计________未被检索，因为不属于专利法第二条第四款规定的客体；
□外观设计________未被检索，因为其图片或者照片未清楚地显示要求专利保护的产品的外观设计。</td></tr>
</table>

<table>
<tr><td colspan="6">A. 外观设计的类别</td></tr>
<tr><td colspan="6">B. 检索领域</td></tr>
<tr><td colspan="6">C. 在检索时查阅的电子数据库（数据库的名称和/或使用的检索式）</td></tr>
<tr><td colspan="6">D. 相关文件</td></tr>
<tr><td>类型*</td><td>文献号或书名
（包括期刊卷号/期号）</td><td>公开/出版/
发行日期</td><td>类别</td><td>相关部分</td><td>涉及的外观设计</td></tr>
<tr><td></td><td></td><td></td><td></td><td></td><td></td></tr>
<tr><td colspan="6">其余的相关文件，参见续页 I。</td></tr>
</table>

<table>
<tr><td>* 引用文件的专用类型：
“X”单独导致外观设计专利不符合专利法第二十三条第一款和/或第二款规定的现有设计文件；
“Y”与报告中其他现有设计文件结合导致外观设计专利不符合专利法第二十三条第二款规定的现有设计文件；
“R”在申请日向专利局提交的属于同样的发明创造的外观设计专利文件；</td><td>“A”背景文件，即反映外观设计的部分设计特征或者有关的现有设计文件；
“E”与外观设计专利相同或实质相同的抵触申请文件；
“P”中间文件，其公开日在外观设计专利的申请日与所要求的优先权日之间的文件，或者会导致需要核实外观设计专利优先权的文件。</td></tr>
<tr><td colspan="2">E. 关于是否符合授予专利权条件的初步结论以及对初步结论的具体说明和解释</td></tr>
<tr><td colspan="2">2. 初步结论：
□全部外观设计未发现存在不符合授予专利权条件的缺陷。
□全部外观设计不符合授予专利权条件。
□该外观设计的________不符合授予专利权条件，该外观设计的________未发现存在不符合授予专利权条件的缺陷。
具体的不符合授予专利权条件的缺陷如下：
□外观设计__________属于专利法第五条第一款规定的不授予专利权的范围。
□外观设计__________属于专利法第二十五条第一款第六项规定的不授予专利权的范围。
□外观设计__________不符合专利法第二条第四款的规定。
□外观设计__________不符合专利法第二十三条第一款的规定。
□外观设计__________不符合专利法第二十三条第二款的规定。
□外观设计__________不符合专利法第九条的规定。
□外观设计__________不符合专利法第二十七条第二款的规定。
□外观设计__________不符合专利法第三十三条或实施细则第四十三条第一款的规定。</td></tr>
<tr><td colspan="2">3. 对初步结论的具体说明和解释：</td></tr>
</table>

专利权评价报告专用章	审查员：	审核员：	完成日期： 年 月 日

图 3-6-2 外观设计专利权评价报告的样表

③ 比较被检索对象和对比文件在外观特征上的相同点和不同点。

④ 分析被检索对象和对比文件的相同点与不同点对外观设计整体视觉效果的影响。

⑤ 检索结论一被检索对象与对比文件应属于相同（近似）/不相似的外观设计。

七、专利分析报告

企业所需要的专利分析报告，特别是技术分析报告不仅是对一个技术领域作总体了解，还要涉及一个产品或技术方案的侵权风险分析、技术先进性研究、专利规避性设计等与产品和技术相关的各个方面。该类专利分析报告往往需要得出一些硬性结论，在报告中需要说明数据收集的准确性、相关技术的先进性、比对技术的侵权风险性，作出的结论如果有些差错或不确定性，可能会导致产品开发决策的失误和发生侵权风险。由于专利分析过程存在很多不确定性，其中检索数据库的选择、对技术的理解、检索词的设定、检索式的构建，以及相关数据的筛选都会对分析结果产生影响。

产业专利分析报告要以专利信息为基础，结合技术、市场、产业政策、法律法规等公开信息对重点产业进行多维度分析，涉及关键技术、主要申请人、重要发明人、重点产品等。还可以包括专利诉讼、并购、产业联盟、专利池等专利运营信息。

第四章　服务于技术创新的专利信息检索概述

专利信息检索涉及专利技术的研发、专利申请、专利无效、专利诉讼、专利转让/许可等一系列程序。专利信息已经成为国家、行业和企业跟踪科学技术进展，开展科学研究，了解竞争者技术水平，开发新产品、新技术商品化，技术转让/许可等的重要信息来源。

通过检索和分析专利信息，企业可以掌握相关技术领域的现有技术现状、预测技术发展趋势，了解竞争对手的专利布局，拓宽思路、抓住研发重点、避免重复研发等；企业还可以判断即将投资的项目是否有市场前景，是否有同行业的技术竞争优势。在递交专利申请文件前，通过检索专利文献和非专利文献找出用于判断专利申请是否具有专利性的对比文件，预判可获得专利权的可能性，或针对找到的对比文件修正拟提交专利申请的保护范围。企业技术创新离不开专利信息检索。

一、专利信息检索的基本类型

（一）专利技术信息检索

通过专利技术信息检索可以得到与课题研究/科研立项、技术创新研发的技术主题相关的专利信息和技术解决方案；可以通过分析本技术领域的相关专利申请看清市场布局；可以比较专利技术，以避免在技术引进/出口目的地的专利侵权，或判断专利申请的新颖性或创造性；还可以发现某技术领域的重要发明人和竞争对手，分析出技术发展趋势和专利产品的市场趋势等。专利技术信息的获取途径：

① 各国家、地区、政府间知识产权组织官网的免费专利信息检索数据库。如中国国家知识产权局（SIPO）的“专利检索与服务系统”，欧洲专利局（EPO）的专利信息检索数据库“Espacenet - worldwide patent search”等。

② 商业数据库。如美国汤森路透公司的“德温特世界专利索引数据

库”（WPI 数据库）；美国化学文摘社（CAS）编辑出版的《化学文摘》收录了世界范围化学化工文献的 98%，主要筛选与化学化工有关的专利信息和非专利文献信息。

（二）专利法律状态检索

通过专利法律状态检索可以了解某专利申请是否在某国家或地区被授予专利权、授权专利是否有效、专利权人是否变更等信息，以及失效原因，还包括不同公布级文献的公布时间和公布类型等数据。专利权转移数据库供人们查询专利权转移信息，通常包括专利号、专利出让人名称、专利受让人名称、专利权转移生效时间等数据。

专利法律状态信息的获取途径主要是各国家、地区、政府间知识产权组织官网的法律状数据库。如中国国家知识产权局的“中国专利查询系统”，欧洲专利局的专利申请信息查询系统“Register Plus”等。

（三）同族专利检索

通过同族专利的检索可以了解某专利申请的地域分布情况，避免在其他国家或地区的产品出口侵权纠纷，可以找到小语种专利申请文件的英文文本，还可以了解不同的国家、地区、政府间知识产权组织的审查员对该专利的审查意见和检索报告。

专利族是具有共同优先权的，在不同的国家、地区、政府间知识产权组织分别申请、公布或者批准的内容相同的或者基本相同的一组专利文献。专利族中的每件专利文献，互为同族专利。同族专利数据库通常包括同一专利族中各个同族专利的文献号、公布种类、公布时间等数据。

同族专利信息的获取途径。如欧洲专利局（EPO）的“Espacenet - worldwide patent search”，印度国家信息中心的 INPADOC 同族专利数据库等。

例 1：美国的优先权申请日为 1985 年 1 月 14 日，申请号为 690915 的专利族。

专利族：

US4588244A（申请日：1985 年 1 月 14 日）
JP61198582A（申请日：1985 年 11 月 30 日）
GB2169759A（申请日：1986 年 1 月 3 日）
CA1231408A1（申请日：1986 年 1 月 7 日）
FR2576156A1（申请日：1986 年 1 月 13 日）

（以上）互为同族专利

如果在标准中采用了专利技术并公开了其专利文献号，不但要清楚该专利技术的同族专利数量及其地域性分布，还要判断同族专利与本专利的权利要求范围是否相同，这样有利于全面了解与本专利相关的世界范围的专利保护状况，增强专利许可的预见性。

（四）专利引文检索

通过专利引文检索可以了解技术的发展趋势、发现技术的最新研究进展、识别竞争对手的专利保护策略。从被引程度判断关键技术，利用专利引证关系找到核心专利的更多外围专利。专利引文（Patent Citation）包括专利说明书的背景技术等部分记载的该发明参考的在先技术信息，以及专利审查员在对专利申请审查时检索现有技术出具的检索报告中的技术信息，包括专利文献和非专利文献。专利引文数据库供人们查询该专利引用其他文献的相关信息，以及该专利被引用的相关信息。

专利引文信息的获取途径。主要国家、地区、政府间知识产权组织官网的专利数据库。如中国国家知识产权局的“专利检索与服务系统”，欧洲专利局的“Espacenet—worldwide patent search”等。

例 1：发明专利的授权文本扉页上著录项目标识代码（56）标注的专利审查对比文件信息。参见图 3－2－2 和图 3－2－10。

（五）专利新颖性、创造性检索

通过专利新颖性、创造性检索可以预判拟申请专利的技术方案的可专利性或找到请求宣告他人专利权无效的对比文件。专利局审查员在审查每一件发明专利申请时，都要进行文献检索。检索是发明专利申请实质审查程序中的一个关键步骤，其目的在于找出与申请的主题密切相关或者相关的现有技术中的对比文件，或者找出抵触申请文件和防止重复授权的文件，以确定申请的主题是否具备《专利法》第 22 条第 2 款和第 3 款规定的新颖性和创造性，或者是否符合《专利法》第 9 条第 1 款规定的同样的发明创造只能授予一项专利权。

检索用 PCT 最低文献量。《专利合作条约（PCT）实施细则》第 34 条规定国际检索单位至少要具备符合“最低限度的文献”规定的可用于审查检索用的专利文献。该规定包括最低限度专利文献和最低限度非专利文献两个部分。PCT 最低文献量是指 1920 年以来，美国、英国、法国、德国、瑞士、韩国、中国[1]、欧洲专利局和世界知识产权组织出版的专利说明书，

---

[1] 2012 年 7 月 1 日，中国专利文献被正式纳入《专利合作条约》（PCT）最低文献量，成为 PCT 成员国审查专利申请时的必检文献。

日本和俄罗斯的英文摘要的专利文献，及讲英语、法语、德语、西班牙语的国家不要求优先权的专利文献（即澳大利亚、奥地利和加拿大出版的专利文献属于PCT最低文献量），以及近5年的100多种科技期刊。在我国，除应检索PCT最低文献量之外，还应检索中国的科技期刊。

① 发明的新颖性，是指该发明或者实用新型不属于现有技术；也没有任何单位或者个人就同样的发明或者实用新型在申请日以前向专利局提出过申请，并记载在申请日以后（含申请日）公布的专利申请文件或者公告的专利文件中。

如果在检索中发现，有一篇现有技术文献中的技术特征与专利申请方案的特征相同，或者包含了申请方案的特征时，则可认定该篇文献足以破坏专利申请的新颖性。[1] 就达到了检索目的，可以停止进行新颖性检索。

② 发明的创造性，是指与现有技术相比，该发明有突出的实质性特点和显著进步。

如果在检索中发现，专利申请方案相对于一份或者多份现有技术中不同的技术内容组合无突出的实质性特点，即无显而易见性，则可以判断检索到了影响该专利申请创造性的文献，[2] 可以停止进行创造性检索。

发明是否具备创造性，应当基于所属技术领域的技术人员的知识和能力进行评价。本领域的技术人员，是指一种假设的“人”，假定他知晓申请日或者优先权日之前发明所属技术领域所有的普通技术知识，能够获知该领域中所有的现有技术，并且具有应用该日期之前常规实验的手段和能力，但他不具有创造能力。

现有技术是指申请日以前在国内外为公众所知的技术。现有技术包括在申请日（有优先权的，指优先权日）以前在国内外出版物上公开发表、在国内外公开使用或者以其他方式为公众所知的技术。

（六）专利侵权检索

专利侵权行为是行为人未经权利人许可实施其有效专利的行为。[3] 通

---

❶ 2010年版《审查指南》规定：在新颖性判断中采取“单独对比”的原则。将技术方案与每一项现有技术或申请在先公布在后的发明或实用新型申请文件中相关的技术内容单独地进行比较，不得将其与几项现有技术或者申请在先公布在后的发明或者实用新型内容的组合或者与一份对比文件中的多项技术方案的组合进行对比。

❷ 2010年版《审查指南》规定：在该发明具备新颖性的条件下，才判断是否具有创造性。审查发明是否具备创造性，应当审查发明是否具有突出的实质性特点，同时还应当审查发明是否具有显著的进步。

❸ 2010年10月1日生效的《最高人民法院关于审理侵犯专利权纠纷案件应用法律若干问题的解释》（法释〔2009〕21号）。载 http：//www.chinacourt.org/law/detail/2009/12/id/139373.shtml。

过专利侵权检索可以了解产品或者技术方案在某国家或地区的使用、销售或者转让/许可是否侵犯该国家或地区有效的专利权。[1] 专利侵权检索的范围：通常自检索日向前追溯 20 年检索相关专利。[2]

发明和实用新型专利侵权判定的原则包括相同、等同原则，禁止反悔原则等。发明或者实用新型专利权保护范围应当以权利要求书记载的技术特征所确定的内容为准，也包括与所记载的技术特征相等同的技术特征所确定的内容。外观设计的侵权判定原则包括相同或相近似原则等。[3]

通过将产品或者技术方案与相关专利进行比较和分析，可以判断产品或者技术方案是否落入现有专利保护范围之内，来判断专利侵权风险，以避免昂贵的诉讼费。针对检索到确实存在侵权风险的专利，要进一步检索其法律状态是否为有效。

（七）专利评估检索

通过对各种专利信息检索，并综合分析检索结果，有利于从法律、技术和经济等方面衡量专利技术的先进性、稳定性以及市场情况等，[4] 对出售/购买技术提供参考。专利评估要考虑的指标包括专利剩余保护期；权利要求的保护力度；专利权的稳定性；本专利引用文献的情况；本专利被引用的情况；同族专利及其法律状态；优先权分析；技术发展程度；专利诉讼，以及相关市场情况等。[5]

二、专利信息检索的基本步骤

专利信息检索的效果受多个因素的影响，包括检索目的、检索策略、检索系统中的专利信息数据库、专利信息检索软件和数据分析软件等。

---

[1] 中国专利法规定：对于发明和实用新型专利来说，除不视为侵犯专利权的特殊情况外，“为生产经营目的制造、使用、许诺销售、销售、进口其专利产品，或者使用其专利方法以及使用、许诺销售、销售、进口依照该专利方法直接获得的产品”均为侵犯发明或实用新型的专利权。

对于外观设计专利来说，“为生产经营目的制造、许诺销售、销售、进口其外观设计专利产品”均为侵犯外观设计专利权。

[2] 一般情况下，专利的最长保护周期为 20 年。

[3] “2013 年 10 月，北京市高级人民法院制定并下发《专利侵权判定指南》，指南共 133 条，15 800 余字，对专利权保护范围的确定、侵权判定、专利侵权抗辩等作出了全面的、具有操作性的规定。”载 http：//bjgy. chinacourt. org/article/detail/2013/10/id/1104565. shtml。

[4] 国家知识产权局专利管理司、中国技术交易所组织编写：《专利价值分析指标体系操作手册》，知识产权出版社 2012 年 10 月版，第 5～9 页。

[5] “丁君军：‘IPOfferings：知识产权服务行业先锋’”，载 http：//www. cnpat. com. cn/Files/magazine/知识产权与信息化一第 10 期 . pdf。

（一）根据检索目的确定检索类型

首先确定是检索发明专利和实用新型专利信息，还是外观设计专利信息。然后确定是进行专利技术信息的检索、专利法律状态检索、引文检索，还是进行同族专利检索等。

例 1：为了判断某专利申请是否在某国家或地区被授予专利权，授权专利是否有效，专利权人是否变更等信息，要进行法律状态检索。

例 2：为了寻找某技术领域的关键技术，要进行引文检索。

（二）分析检索的技术主题

通过对所选技术领域进行技术分解来确定具体的技术主题，如产品或方法等多个子主题。技术分解是专利检索和技术分析中的一个重要环节，有助于对技术内容进行深层分析并获得准确的检索数据。可以分为以下两种情况：

① 如果一个较大技术领域的专利文献数量很多，通过技术分解可以逐层分解为专利文献数量较少的便于分析的较小范围技术主题的数据子集。

② 如果所选择的技术内容复杂，不仅涉及工艺和设备，还涉及原材料及其产品应用等，通过技术分解可以分别获得工艺、设备技术主题的数据子集。

例 1：白酒酿造技术领域的技术分解。白酒酿造技术分解为原料、加工工艺和方法、加工设备、增香技术、废料利用等技术领域。其中加工设备进一步包括原料处理系统、制曲设备、蒸煮设备、发酵设备、蒸馏设备、凉渣设备和贮存设备等。

例 2：反渗透膜海水淡化技术领域的技术分解。技术分解为反渗透膜及其制备和反渗透膜在海水淡化中的应用。

（三）选择检索数据库及检索系统

根据检索目的、时间、地域选择相应的数据库及检索系统。专利信息检索的目的涉及寻找技术解决方案、了解专利技术分布、判断技术方案的可专利性、避免侵权、发现竞争对手、分析技术发展趋势等。专利信息检索的地域涉及中国的专利信息、全球范围专利信息还是特定国家的专利信息。

① 专利信息数据库的数据类型有差异。专利信息数据库中的数据可以分为两类：专利著录项目数据和专利全文数据。为便于检索而建立的专利著录项目数据是指基于专利文献著录项目而建立的数据。为浏览而建立的专利全文数据则是指基于专利单行本而建立的数据，包括图像型数据和编

码型数据。专业的数据加工人员将专利著录项目数据的数据库加工成专利检索数据库、专利法律状态数据库、同族专利数据库、专利引文数据库、专利权转移数据库等。

② 各个数据库收录的数据范围和检索入口有差异。各专利数据库的专利文献收录范围（收录年代、收录内容等）、检索入口（专利申请号、专利文献号、优先权号、申请日、公布日、申请人、发明人或设计人、分类号、关键词、发明名称、摘要、全文等）和检索方法均有差异。

a. 各国家、地区、政府间知识产权组织的网站（简称知识产权官网）会及时公布其在专利审批过程中产生的各种原始专利文献及相关信息，也就是其自身的专利信息数据最全，但是数据内容和格式各有不同。如果从各知识产权组织的官网检索原始专利信息，检索到的文字和格式差异较大，不可能对原始的专利信息进行统一的数据分析，需要进行专业的数据加工和数据处理，才能进行数据综合分析。

b. 如果使用商业数据库，可以快速检索到主要的相关信息，但是可能由于数据库未全部收录各知识产权组织的原始专利信息，而导致漏检少量信息。多数专利信息的商业数据库是经过数据加工的数据，通过重新撰写了名称、摘要等来提高数据的可用性和数据质量，从而提高检索效率。如早期的德温特专利数据库（DERWENT）就收录主要知识产权组织的专利信息。化学文摘数据库（CA 数据库）只筛选化工领域的专利信息和期刊论文等进行加工。要针对性地选择数据库来满足专利检索和数据分析的要求。

③ 各个数据库的检索方式有差异。专利信息数据库的检索方式可以分为两类：格式化检索方式、命令检索方式。

a. 格式化检索方式（表格检索）是指检索系统为检索者设置了固定的检索提问式输入框及各检索框之间固定的逻辑关系选项的检索方式。在格式化检索方式的检索界面上，检索者只能按照固定设置进行检索，无法进行多逻辑关系的复杂检索，因此它比较适于普通公众使用。格式化检索的检索界面形式多样，如中国“专利检索与服务系统”的表格检索；USPTO、EPO 的一些检索系统设置了高级检索（Advanced Search）、快速检索（Quik Search）和专利号检索（Patent Number Search）。

b. 命令检索方式（专家检索）是指由检索者直接输入检索命令代码、检索字段代码和检索提问字符串，可在检索系统规定的范围内任意组织检索提问式，并进行复杂逻辑关系的检索，因此它较适于专业检索人员。检索者需熟悉检索命令，熟知专利数据库中的检索字段及其代码，了解检索系统设置的各种检索功能。

例 1：要获得某公司在中国的专利布局。选择中国“专利检索与服务系统”的数据库，通过在专利申请人检索字段输入中文的公司名称来获得该公司的全部中国专利文献。

例 2：要检索欧洲专利申请的法律状态。要选择欧洲专利局官网的“Register Plus”检索系统（网址：http：//register. epoline. org），用文献号检索获得该申请的法律状态。

例 3：检索美国公司的专利技术信息。选择美国专利商标局官网的专利信息数据库进行检索，可以获得全面的专利信息。

例 4：检索欧洲的外观设计信息。要选择欧盟所属的内部市场协调局（OHIM）的官网（网址：oami. europa. eu/ohimportal/en/home）。进入主页，单击右栏“Search”下的“More databases”进行检索。OHIM 成立于 1994 年，2003 年开始受理共同体外观设计。

例 5：检索和分析某技术领域的多国专利信息。检索的数据应当尽可能全面和准确。

（四）确定检索要素及其表达形式

检索要素的提取。从技术主题涉及的对象或技术领域、技术问题、解决技术的手段、技术效果、专利发明人、专利申请人/专利权人等方面提取检索要素，包括关键词、化学结构式或给出相关的分类号等。

检索要素的表达形式。关键词可以用各种同义词或近义词、专用名、俗名、上位概念、下位概念等来表达。如果对某技术领域进行专题分析，应当尽可能地查全和查准专利信息，否则可能导致错误的结论。因此，还需要对检索要素和检索式进行调整。分类号可以是 IPC 分类号、CPC 专利分类号等。

例 1：反渗透膜海水淡化技术领域中的反渗透膜及其制备方法。

中文关键词的表达形式：反渗透、逆渗透、RO、膜、海水淡化。

英文关键词的表达形式：membrane、film、reverse、osmosis、RO、seawater。

IPC 分类号的表达形式：

B01D67 专门适用于分离工艺或设备的半透膜的制备方法。

B01D69 以形状、结构或性能为特征的用于分离工艺或设备的半透膜；其专用制备方法。

B01D71 以材料为特征的用于分离工艺或设备的半透膜；其专用制备方法。

（五）构建检索式

可以使用布尔逻辑运算、通配符等来构建检索式。布尔逻辑运算包括逻辑“与”（and、*）、逻辑“或”（or、+）、逻辑“非”（not、-）等。

构建检索策略为：关键词 and 分类号。

构建中文专利信息数据的检索式：（反渗透 or 逆渗透 or RO or 膜）AND（B01D67 or B01D69 or B01D71）。

构建英文专利信息数据的检索式：（membrane or film or reverse or osmosis or RO）AND（B01D67 or B01D69 or B01D71）。

（六）优化检索策略（提高查全率、查准率）

扩大文献量。如果检索到的文献不够多、内容不够全，就要调整检索策略以增加检索结果的文献量。可以扩大检索的数据库范围，如针对性地扩大检索某国的数据库；扩展关键词，如增加上位词、同义词、相关词，使用截词；在分类号中扩大分类的范围，如 IPC 由小组扩大到大组，由大组扩大到小类；增加逻辑“或”的相关内容，如增加主要申请人与相关词的组合等。

例 1：重新调整检索策略。

（关键词 and 分类号）or（重要申请人 and 关键词）

缩小文献量。如果检索到的文献太多、噪音太大，就要调整检索策略以缩小检索结果的文献量。可以限制在某些字段中检索，如在名称字段检索、限制语种等；收缩关键词，如增加下位词、专指度高的词，调整截词或取消截词；增加逻辑“与”的相关内容等。

三、专利信息数据分析

通过对检索到的专利数据进行统计分析，制作各种图表，可以了解专利技术的现状和发展趋势，关注竞争对手的专利布局等，为产品或技术的研发、保护和商业化运用策略提供参考。

针对一个技术主题的检索，检索者常常通过扩展检索词和分类号来提高查全率，但同时会造成检索结果中一些无关专利文献的出现，为了提高数据分析的准确性，要做人工筛选，剔除无关专利文献。经过人工筛选的专利数据与目标技术的符合度较高，数据分析的准确性可达 90%以上。如果对没有经过人工筛选的专利数据做统计分析，其数据准确性可以低到70%～80%。

针对不同的检索结果、分析目的和所投入的人工筛选程度，完成不同的数据分析报告。对于一个涉及成千上万件专利文献的分析课题来说，专业人工筛选成本很高。如果要以最快的速度完成某技术领域的趋势性分析，也可以不经人工筛选进行数据统计分析。

如果要提高数据分析的准确性，在采集完检索数据后，要进行一系列的数据处理，才能完成数据分析，通常包括以下步骤。

（一）数据清理

在保证所采集数据的准确性与完整性的前提下，对来自不同检索系统的不同格式、不同著录项目内容的数据进行合并整理，剔除错误数据和重复的数据，以减少统计误差。可以用 EXCEL 表通过人工手动统一格式、统一著录项目字段等，也可以采用商业软件进行自动清理。如对公司合并或转让数据的清理。

（二）数据标引

根据分析所需要的指标，采用人工浏览的方式对清理后的数据进行标引。

与技术内容有关的标引。如按细分领域的一级/二级的技术分解、应用范围等进行分类标引，以便进行准确的分类统计。

与著录项目有关的标引。如法律状态的有效/无效/届满、国家或地区、文献类型的公开/授权、引文信息等进行分类标引，以便进行准确的分类统计。

（三）数据的筛选

针对标引后的数据，筛选重要专利文献进行阅读，进行更详细的分类标引，如保护范围、特定技术研发能力、技术路线等。

（四）数据分析

根据申请人、发明人、不同国家或地区的专利文献的数量及其时间变化趋势、技术分布等制作可视化的图表，并进行分析判断，给出结论和相关意见或建议。

第五章 技术创新的专利信息检索设计、检索操作及数据分析实践

企业选择技术创新的路线是在企业技术战略的基础上，既要考虑本企业的技术能力，又要考虑本企业的技术潜力，来制定可实施的技术方案。了解企业的技术能力有助于弄清楚本企业现有的技术水平和未来可以达到的技术水平。往往通过对行业技术发展趋势的预测来判断技术潜力，即行业技术总体的发展方向和行业内实现未来产品性能的可选技术方案。在预测的可选技术方案基础上，根据本企业的技术能力制定可实施的技术方案。要使专利信息更好地为技术创新服务，不仅要及时获得准确、适用的专利信息，而且要对所得到的信息进行分析、处理才能有效利用。进行专利信息检索可以使用互联网的免费专利信息资源，也可以使用商业数据库资源。

本章以“纤维素乙醇及其制备方法”为例，介绍如何进行相关专利信息检索并对所获得的数据进行分析。主要以国家知识产权局官网（www. sipo. gov. cn）提供的“专利检索与服务系统”❶ 为基础进行检索并进行数据分析。“专利检索与服务系统”的网址：http：//www. pss－system. gov. cn/sipopublicsearch/portal/app/home/declare. jsp。

一、检索设计

（一）了解技术背景

生物质燃料乙醇在全球范围内被认为是绿色的可再生能源，一般是指体积浓度达到99.5%以上的无水乙醇，是燃烧清洁的高辛烷值燃料。由于其可以减少二氧化碳的排放并提高汽油的使用效率，已经在多个国家如美

❶ “专利检索与服务系统”收录了103个国家、地区和组织的专利数据，其中涵盖了中国、美国、日本、韩国、英国、法国、德国、瑞士、俄罗斯、欧洲专利局和世界知识产权组织。

国和巴西被推广和使用。生物质燃料乙醇的生产主要分为两代技术。

第1代技术是以粮食作物如玉米和木薯等发酵生产淀粉类乙醇。第2代技术是采用农业废弃物如秸秆和木屑等木质纤维为原料生产纤维素乙醇。❶

从世界范围来看，燃料乙醇技术起始于20世纪70年代，燃料乙醇产业的发展有两个瓶颈，即原料和技术。其中，原料丰富的技术尚未突破（如木质纤维素乙醇），技术成熟的原料有限（如谷物乙醇、薯类乙醇）。由于存在威胁粮食安全的争议，目前许多国家正积极探索开发以高产非粮作物为原料的燃料乙醇。预计到2030年，生物燃料将有望替代全球约一半的汽油需求量。

2013年国家重点产业结构调整方向和支持重点的新能源产业包括生物质纤维素乙醇、生物柴油等非粮生物质燃料生产技术开发与应用，生物质直燃，气化发电技术开发与设备制造。

《中国车用能源展望2012》指出：纤维素乙醇技术的成本下降，在近期主要依赖于技术创新突破，在远期可取决于规模经济和技术学习。据了解，纤维素燃料乙醇路线中原料预处理、纤维素水解等工序均需消耗大量电力、热力，并远大于现有1代燃料乙醇技术路线的水平，但由于存在大量的木质素作为燃料，故该路线并不需要外购大量电力或者蒸汽。据相关人士介绍：纤维素乙醇一旦发展起来，能很快替代目前的玉米乙醇或木薯乙醇，直接利用现有的中下游分销渠道，进入油品销售市场。

全球生物燃料生产用酶的最大供应商诺维信公司，已于2012年2月22日面向全球发布了纤维素乙醇产业的最新创新产品——诺维信Cellic CTec3，目前市场上该产品被认为是用于纤维素乙醇生产的纤维素酶或其他复合酶制剂中最先进的纤维素酶和半纤维素酶复合制剂。❷

（二）技术分解并确定检索的技术主题

检索的技术主题涉及纤维素乙醇及其制备方法，技术分解为制备乙醇的秸秆、木屑等木质纤维原料、生产工艺或方法、工艺设备、废料利用等。本章将重点以“用纤维素为原料生产乙醇”技术分支为例进行数据检

---

❶ “燃料乙醇发展滞缓，纤维素乙醇产业化再进一步”，载 http：//www.newenergy.org.cn/Html/0124/4271245685.html。

❷ 据报道，该酶制剂产品可将预处理过的木质纤维素材料转化为可发酵糖，其性价比最佳，能使纤维素乙醇生产达到最低成本（生产相同产量的纤维素乙醇，所需添加的CellicCTec3酶制剂用量是其他酶制剂的1/5）。对于纤维素乙醇的发展前景，诺维信全球总裁兼首席执行官李斯阁表示，约17.5%的农作物秸秆可作为先进生物燃料的生产原料，这无需改变当前土地使用模式，也不会对食物链造成影响。

索和数据分析，以下简称为“本领域”。

（三）选择检索类型

为了达到不同目的，选择不同的检索类型。如要了解纤维素乙醇领域的专利申请现状、专利申请布局等，需要进行技术信息检索。为了找到本领域的关键技术，需要进行引文检索。为了了解专利有效性、专利实施、转让和许可情况，要进行专利法律状态检索等。

（四）选择检索数据库及检索系统

各专利信息数据库的专利文献的收录范围和检索方法均有差异。如要了解纤维素乙醇的相关专利信息现状，可以选择中国国家知识产权局（SIPO）官网的免费“专利检索与服务系统”（网址：http：//www. pss－system. gov. cn/sipopublicsearch/portal/app/home/declare. jsp），还可以选择欧洲专利局官网免费的“Espacenet－worldwide patent search”（网址：http：//www. epo. org/searching/free/espacenet. html）。除了免费的数据库，还可以选择付费的商业数据库“世界专利索引”（WPI）。

如果某些国家的专利申请量较突出，还要重点关注这些国家的专利数据库，如美国专利商标局的专利信息数据库等。

（五）确定检索要素及其表达形式

关键词：纤维素、秸秆、木屑，乙醇；

IPC 分类号：C12P7/06，C12P7/08，C12P7/10，C12P7/12，C12P7/14。

（六）核对分类表的内容

（1）与方法相关的分类表

“C12P 发酵或使用酶的方法合成目标化合物或组合物或从外消旋混合物中分离旋光异构体〔3〕

附注

1. 本小类包括较大或较小的化学修饰。〔3〕

……

6. 在本小类中，最好加注 C12R 小类的引得码。〔6〕

C12P 7/00 含氧有机化合物的制备〔3〕

C12P 7/02・含有羟基〔3〕

C12P 7/04・・无环的〔3〕

C12P 7/06・・・乙醇，即非饮料〔3〕

C12P 7/08・・・・作为副产品或从废物或纤维素材料基质中制得〔3〕

C12P 7/10・・・・・含纤维素材料的基质〔3〕

C12P 7/12·····含亚硫酸盐废液或柑橘废液基质〔3〕

C12P 7/14····多级发酵；多种类型微生物或微生物的重复使用〔3〕”

(2) 与设备相关的分类表

“C12M 酶学或微生物学装置（粪肥的发酵装置入 A01C 3/02；人或动物的活体部分的保存入 A01N 1/02；啤酒酿造装置入 C12C；果汁酒的发酵装置入 C12G；制醋装置入 C12J 1/10）〔3〕

附注

1. 注意 C12 大类的附注 1 到附注 3。〔4〕

2. 在本小类中，最好加注 C12R 小类的引得码。〔6〕

C12M 1/00 酶学或微生物学装置〔3〕

附注

本组包括：

产生或分离微生物或酶的装置；

研究微生物或酶的特性，如所需要的生长因素的装置；

专门适于利用微生物或酶作为“反应物”或生物催化剂的装置；

实验室和工业规模的装置；〔3〕

C12M 1/02·用搅拌方法；用热交换方法〔3〕

C12M 1/04·用气体导入方法〔3〕

C12M 1/06··用搅拌器，如叶轮〔3〕

C12M 1/08··用通风管〔3〕

C12M 1/09··浮集机〔5〕”

（七）构建检索式、优化检索式

① 在 IPC 范围基础上缩小检索范围：关键词 and 分类号。

中文专利信息数据的检索式：((纤维素 or 秸秆 or 木屑) and 乙醇) and (C12P7/06 or C12P7/08 or C12P7/10 or C12P7/12 or C12P7/14)。

英文专利信息数据的检索式：((cellulose or stalk or wood) and ethanol) and (C12P7/06 or C12P7/08 or C12P7/10 or C12P7/12 or C12P7/14)。

② 在 IPC 范围基础上扩大检索范围：相关的组合 or 分类号。如增加在名称中的关键词检索等。

中文专利信息数据的检索式：(纤维素 and 乙醇) /ti or (C12P7/06 or C12P7/08 or C12P7/10 or C12P7/12 or C12P7/14)。

英文专利信息数据的检索式：(cellulose and ethanol) /ti or (C12P7/06 or C12P7/08 or C12P7/10 or C12P7/12 or C12P7/14)。

二、检索操作和数据分析

选择 SIPO 的“专利检索与服务系统”（网址：http：//www. sipo. gov. cn/zljsfl/），检索文献公开日的范围为 1970 年 1 月 1 日至 2013 年 12 月 31 日。在“专利检索与服务系统”注册的用户，可以对检索到的数据进行数据分析。由于检索数据截止到 2013 年 12 月 31 日公开的文献，2013 年的专利申请还未全部公开，因此 2013 年的分析数据没有代表性。

说明：由于“专利检索与服务系统”可以实现后台的初步数据处理，因此可以采用该系统的数据分析功能直接对所检索到的数据进行分析（不再人工对检索到的数据进行精确的处理）。本章主要实例说明如何用“专利检索与服务系统”进行专利数据检索，如何利用分析图表进行深度分析。

（一）本领域的专利技术现状

1. 检索操作

选择 SIPO 的“专利检索与服务系统”的“中外专利联合检索”数据库。

寻找并确定最相关的国际专利分类号（IPC）。在发明名称提示框中，输入“纤维素 and 乙醇”进行检索，找出若干篇文献。阅读这些文献的著录项目和摘要，以确定初步检索的效果。统计分析相关文献所涉及的 IPC 号，通过对照 IPC 分类表可以知道，确定 C12P7/06，C12P7/08，C12P7/10，C12P7/12，C12P7/14 的范围完全覆盖了“纤维素乙醇及其制备方法”的技术内容。确定用纤维素为原料生产乙醇的本领域最相关 IPC 号为 C12P7/08，C12P7/10。

初步确定检索式并检索。选择“中外专利联合检索”数据库。在 IPC 分类提示框中输入“C12P7/08 or C12P7/10”，在公开（公告）日检索框中输入“：1970－01－01 2013－12－31”，生成的检索式为“公开（公告）日＝1970－01－01：2013－12－31 AND IPC 分类号＝（C12P7/08 or C12P7/10)”，检索到 7 545 篇文献，见图 5-2-1。

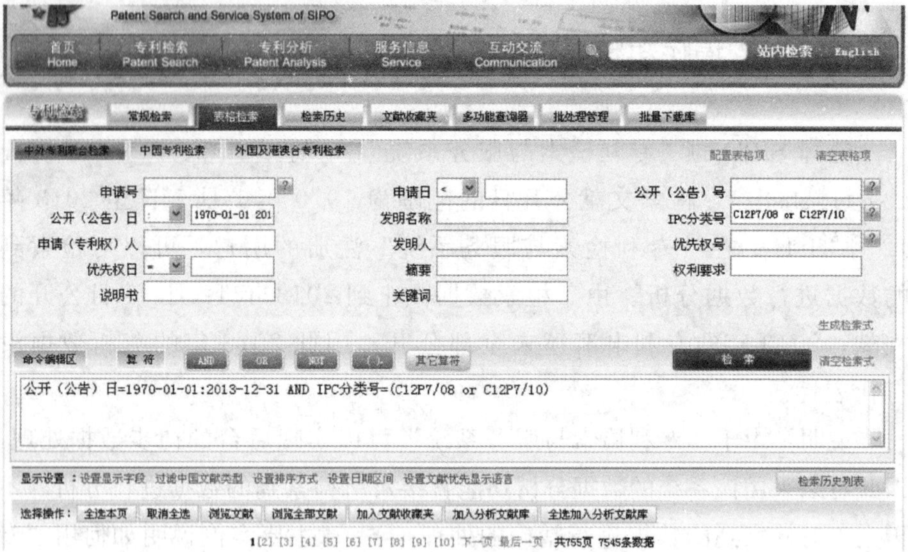

图 5-2-1 初步检索页面

调整检索式进行扩大检索。在名称中用关键词“纤维素、cellulose、乙醇、ethanol”扩大检索范围，调整检索式为“公开（公告）日＝1970－01－01：2013－12－31 AND（发明名称＝（（纤维素 and 乙醇）or（cellulose and ethanol））or IPC 分类号＝（C12P7/08 or C12P7/10））”，检索到本领域全球范围 7 633 篇专利文献，见图 5-2-2。在检索到的本领域全球范围 7 633 篇专利文献基础上，筛选本领域中国专利申请公开文献 785 篇，见图 5-2-2a。

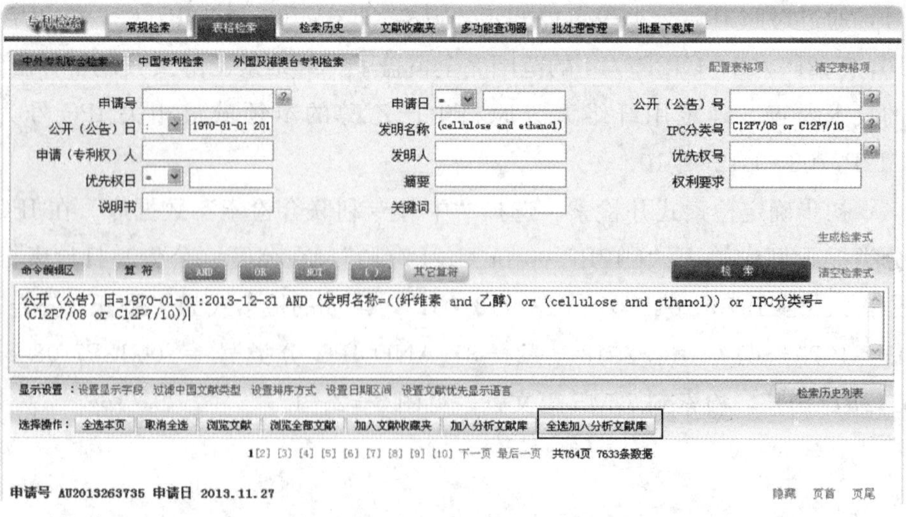

图 5-2-2 扩大检索本领域全球范围专利文献页面

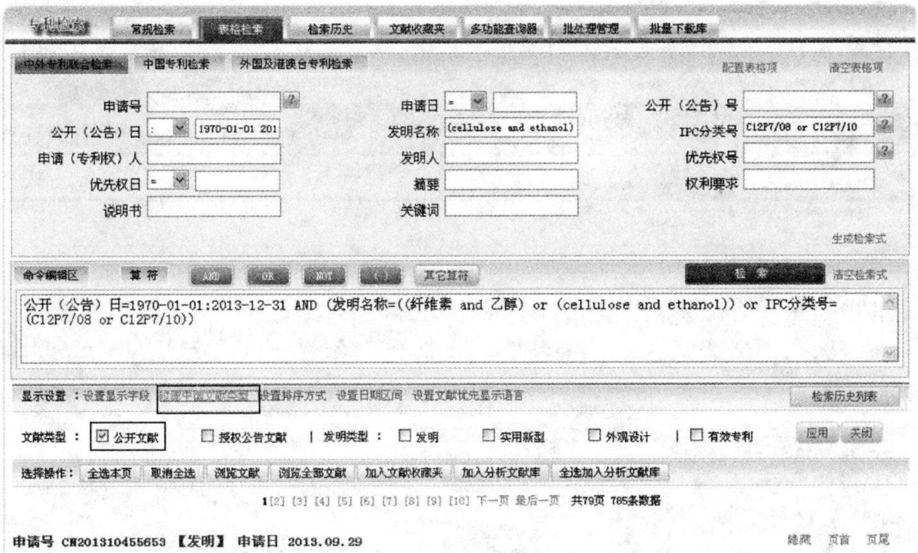

图 5－2－2a　筛选本领域中国专利申请公开文献

2. 对检索获得的数据进行分析

对检索到的本领域全球专利申请 7 633 篇专利文献进行分析。单击图 5－2－2中的“全选加入分析文献库”，将检索结果导入分析库[1]，由于分析库有自动去重功能，因此在分析库导入成功后的文献比检索结果少，见图 5－2－3。

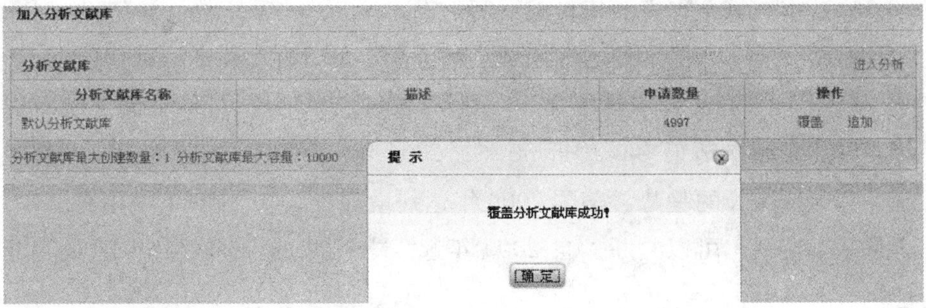

图 5－2－3　本领域全球专利申请导入分析库

在“专利检索与服务系统”的专利分析页面下单击“快速分析”，得到相应的区域分析、技术领域分析、申请人分析、发明人分析、中国专项分析等结果，见图 5－2－4。该页面以申请日为基础对导入的数据进行分析。

[1] 用户要先注册才能使用分析库功能。

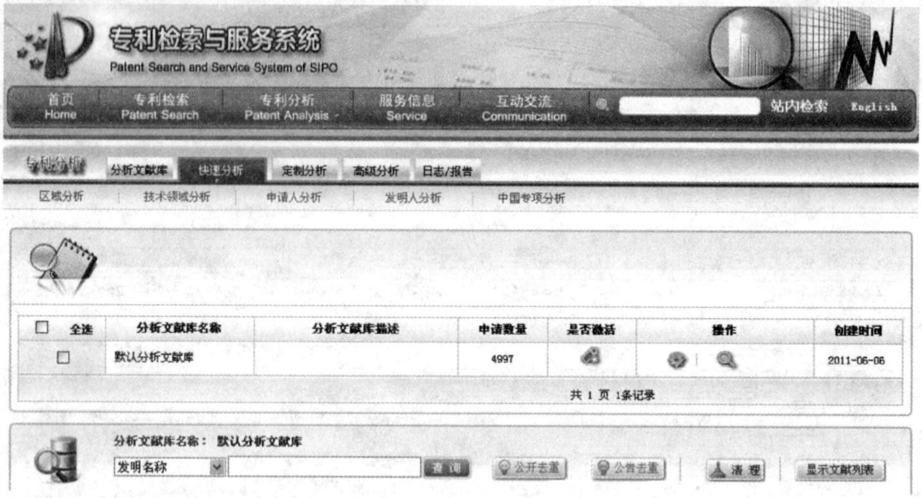

图 5-2-4 “专利检索与服务系统”的专利分析页面

1）本领域专利申请的趋势

通过专利申请趋势可以看出总体技术发展趋势、专利技术结构和市场布局。

从年度的专利申请量变化，可以推断技术的发展变化。可以从专利申请量快速增长、专利申请量持续稳定、专利申请量逐渐减少等趋势看出相关技术领域的技术发展阶段。

（1）本领域全球专利申请的趋势

对图 5-2-2 检索到的本领域全球范围 7 633 篇专利文献进行分析。

从图 5-2-5a 的本领域全球专利申请区域趋势分析可以看出，在 2001 年美国的专利申请最多，接近 50 件。2005 年开始美国、日本、中国都呈现专利申请增长的趋势。美国 2009 年达到最高，2010～2011 年稍有减少，也是基本持平。可以判断：自 2009 年起，本领域的全球专利申请量趋于稳定。

从图 5-2-5b 的全球专利申请区域构成分析可以看出，专利申请量前 5 名的国家分别是美国（1 817 件）、日本（715 件）、中国（574 件）、丹麦（258 件）和加拿大（241 件）。可以判断：本领域的主要技术市场在美国、日本和中国，次级技术市场在丹麦和加拿大，这些国家或地区的市场竞争会激烈，要关注专利申请人的专利布局。

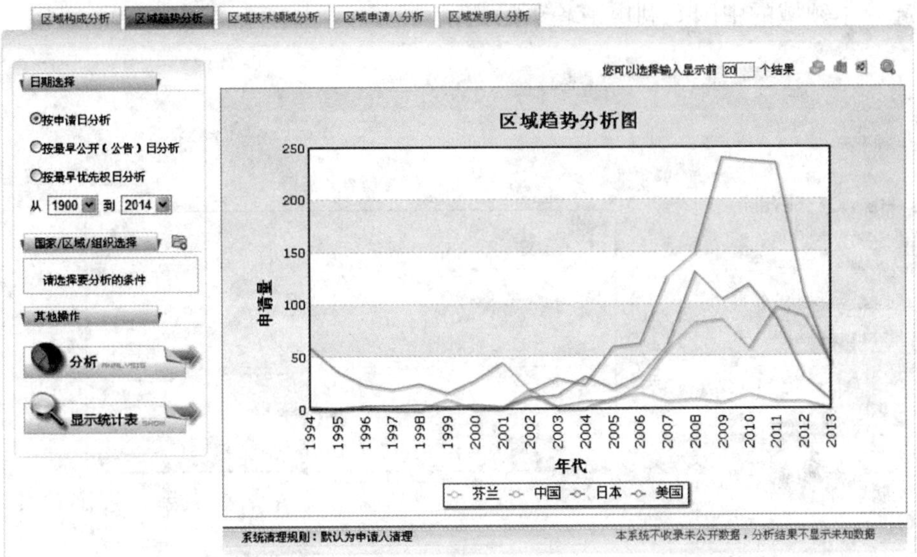

图 5-2-5a　本领域全球专利申请区域趋势分析

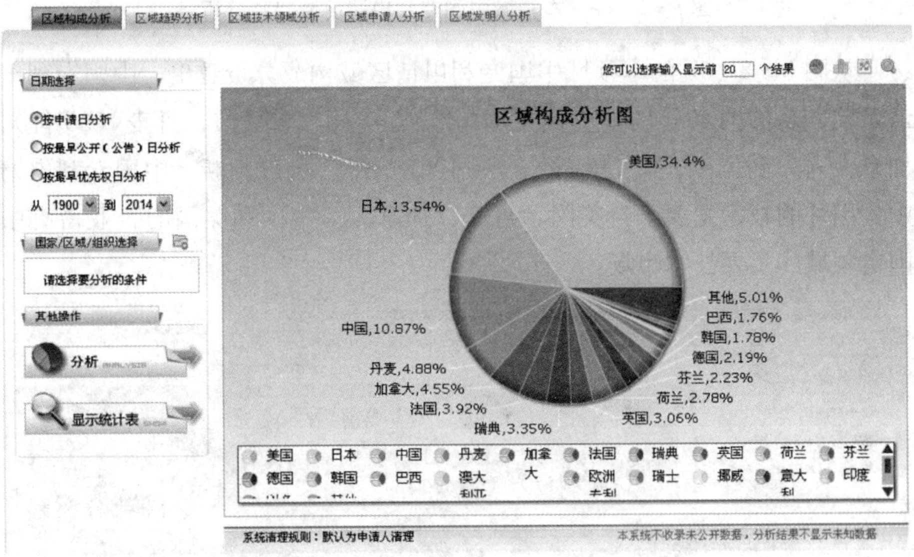

图 5-2-5b　本领域全球专利申请区域构成分析

（2）本领域中国专利申请的趋势

对图 5-2-2a 中筛选的 785 篇本领域中国专利申请公开文献进行分析。

从图 5-2-6a 的本领域中国专利申请区域趋势分析可以看出，从 2006 年起，中国、美国、加拿大在中国的专利申请开始增加，2008 年中国达到第 1 个高峰值，中国和加拿大的申请量在 2009 年稍有减少。2011 年申请量呈现增长的趋势，达到申请量最高并维持稳定。可以判断：自 2011 年起，本领域的中国专利申请趋于稳定。

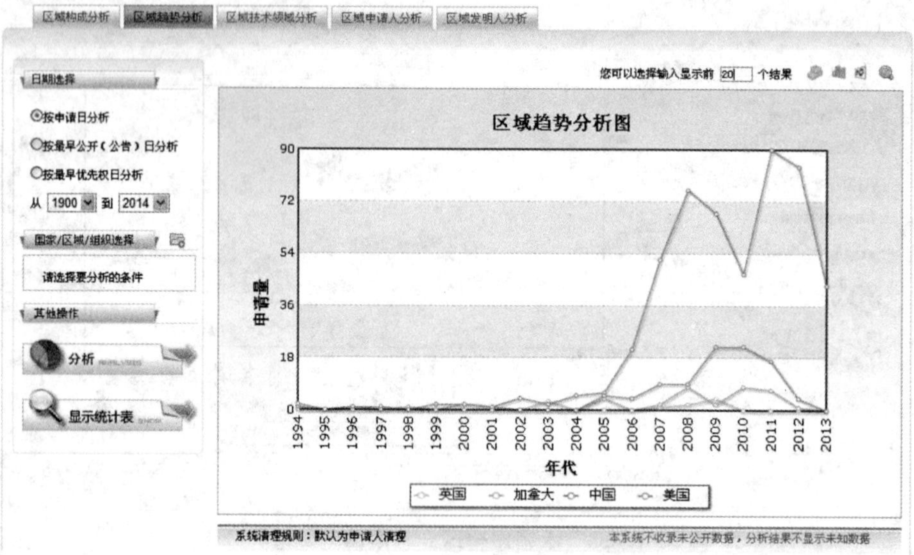

图 5-2-6a 本领域中国专利申请区域趋势分析

从图 5-2-6b 的本领域中国专利申请区域构成分析看出，中国专利申请量前 6 名的国家分别是中国（510 件）、美国（99 件）、丹麦（33 件）、加拿大（33 件）、日本（19 件）、法国（18 件）。可以判断：中国专利申请中，国外的技术主要来自美国、丹麦、加拿大。中国和美国的企业占有中国本领域的主要技术市场。

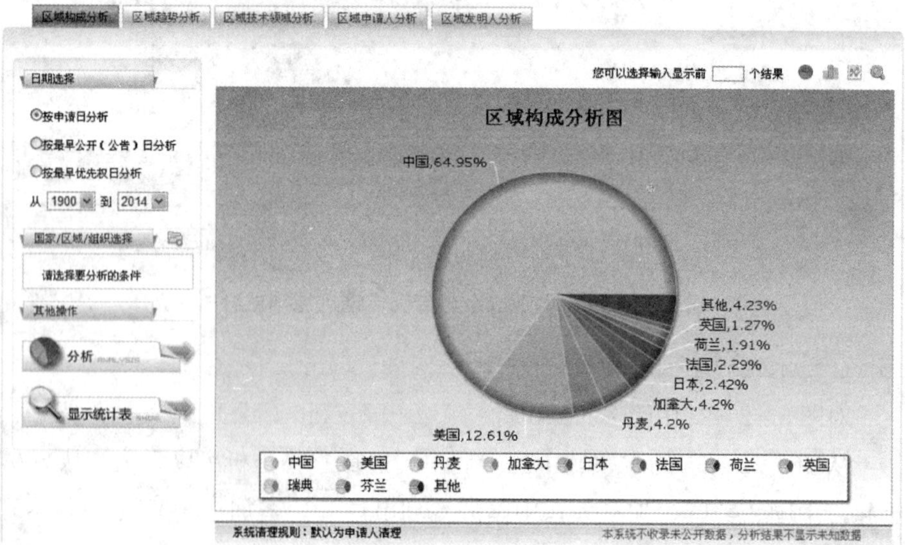

图 5-2-6b 本领域中国专利申请区域构成分析

从图 5-2-6c 的本领域中国专利申请人区域分布分析可以看出，中国科学院过程工程研究所（31 件），中粮集团有限公司（21 件），诺沃奇梅兹有限公司（21 件），希乐克公司（15 件），中国石油化工股份有限公司（14 件），纳幕尔杜邦公司（14 件），诺维信北美公司（14 件），深圳清华大学研究院（13 件），哈尔滨工业大学（11 件），艾欧基能源公司（11 件）。可以判断：中国专利申请的前 3 名申请人中，单个中国企业的专利申请量超过国外企业或与其持平。

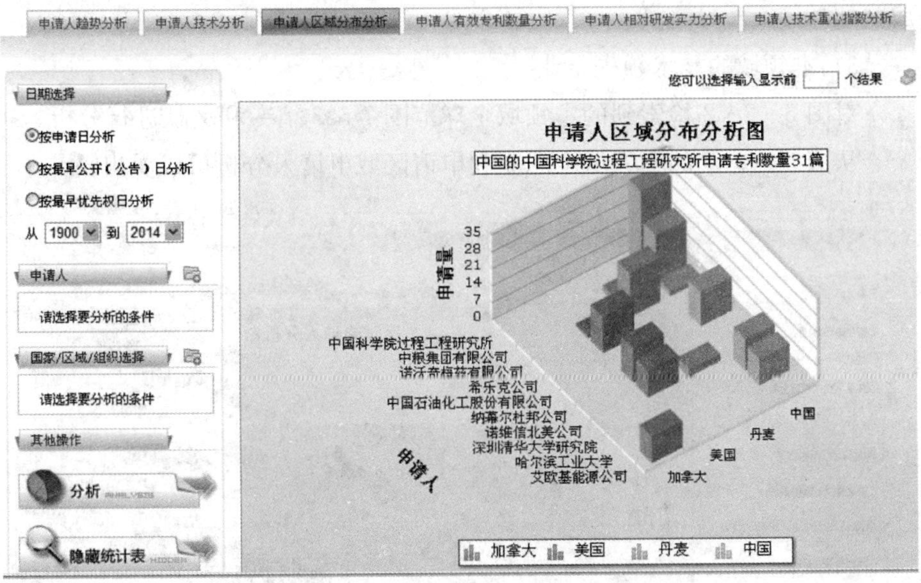

图 5-2-6c 本领域中国专利申请人区域分布分析

2）本领域专利技术的发展阶段

从理论上将专利技术的发展阶段分为技术形成期、技术成长期、技术成熟期和技术衰退期。[1] 技术形成期的专利申请数量较少。技术成长期的专利申请数量迅速上升。技术成熟期的专利申请增长速度变慢并趋于稳定。技术衰退期的专利申请数量减少。

（1）本领域全球专利技术的发展阶段

对图 5-2-2 检索到的本领域全球范围 7 633 篇专利文献进行分析。

从图 5-2-5a 的全球专利申请区域趋势分析中可以看出，2007 年开始全球的专利申请量迅速上升，部分国家到 2009 年达到最大值，直至 2011 年专利申请增长速度变慢并趋于稳定。可以判断：自 2009 年起，全

---

[1] 肖沪卫主编：《专利地图方法与应用》，上海交通大学出版社 2011 年版。

球本领域进入了技术成熟期。

（2）本领域中国专利技术的发展阶段

对图 5-2-2a 中筛选的本领域中国专利申请公开文献 785 篇进行分析。

从图 5-2-6a 的本领域中国专利申请区域趋势分析中可以看出，2006 年开始中国的专利申请量迅速上升，到 2008 年达到第 1 个小峰值，2009 年和 2010 年有所下降，直至 2011 年专利申请量达到最大并趋于稳定。可以判断：自 2008 年起，中国本领域处于技术成长期，2011 年起进入技术成熟期。

3）本领域的技术领先企业

对图 5-2-2 检索到的本领域全球范围 7 633 篇专利文献进行分析。

从图 5-2-7 的本领域全球专利申请区域申请人分析可以看出：[1]

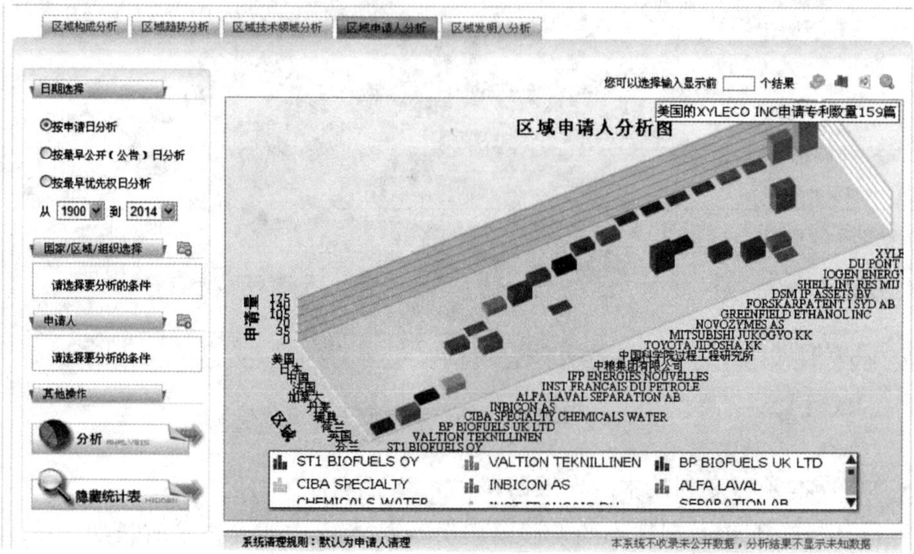

图 5-2-7 本领域全球专利申请区域申请人分析

① 美国的 XYLECO INC 申请专利 159 件；

② 美国的 DU PONT 申请专利 90 件；

③ 加拿大的 IOGEN ENERGY CORP 申请专利 90 件；

④ 荷兰的 DSM IP ASSETS BV 申请专利 52 件；

⑤ 丹麦的 NOVOZYMES AS 申请专利 86 件；

⑥ 法国的 IFP ENERGIES NOUVELLES 申请专利 48 件；

[1] 三维图像适于对少量申请人的分析，如果针对大量申请人的数据分析，则图像零乱，效果较差。

⑦ 瑞典的 FORSKARPATENT ISYD AB 申请专利 37 件；

⑧ ALFA LAVAL SEPARATION AB 申请专利 39 件；

⑨ 芬兰的 VALTION TEKNILLINEN 申请专利 37 件；

⑩ 中国的中国科学院过程工程研究所申请专利 32 件；

⑪ 中粮集团有限公司申请专利 20 件。

可以判断：本领域国外公司的全球专利布局处于强势地位，我国企事业单位在本领域的研究还处于技术跟随阶段。

（二）本领域技术领先企业的专利申请布局

1. 本领域技术领先企业的全球专利申请布局

1）检索操作

选择 SIPO 的“专利检索与服务系统”中“中外专利联合检索”数据库。检索本领域全球专利申请量排名前 9 位企业的专利文献。在图 5－2－2 检索到的 7 633 篇文献基础上，在“申请（专利权）人”提示框中输入全球专利申请量排名前 9 位的企业名称来进一步限定检索范围，生成的检索式为“公开（公告）日＝1970－01－01：2013－12－31 AND（发明名称＝（（纤维素 and 乙醇）or（cellulose and ethanol））or IPC 分类号＝（C12P7/08 or C12P7/10））AND（申请（专利权）人＝（XYLECO or PONT or IOGEN or DSM or NOVOZYMES or NOUVELLES or FORSKARPATENT or ALFA or VALTION））”检索到专利文献 1 072 篇，见图 5－2－8。

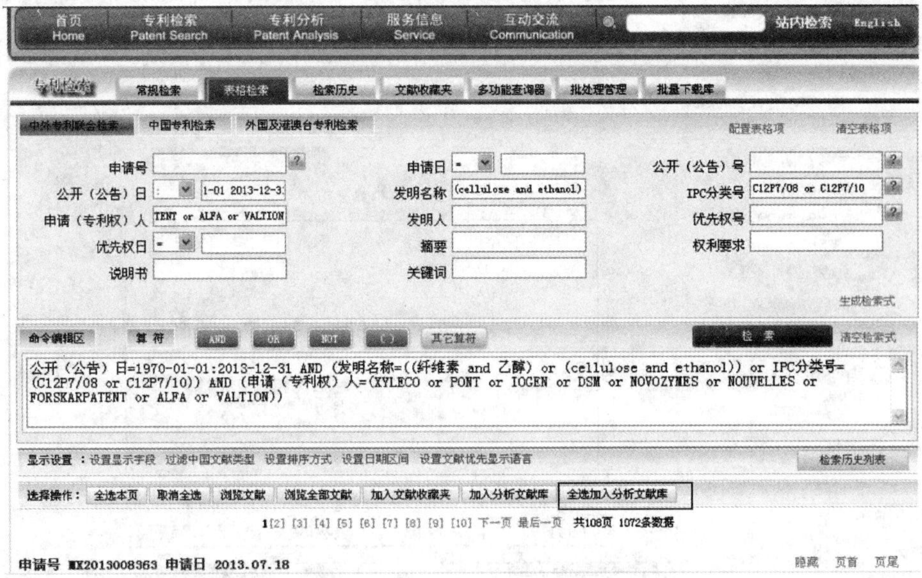

图 5－2－8　本领域全球专利申请量排名前 9 位企业的专利文献

2）对检索获得的数据进行分析

对检索到的本领域全球专利申请量排名前 9 位企业的 1 072 篇文献进行分析。单击图 5－2－8 中的“全选加入分析文献库”，将检索结果导入分析库，由于分析库有自动去重功能，因此在分析库导入成功后的文献比检索结果少，见图 5－2－9。

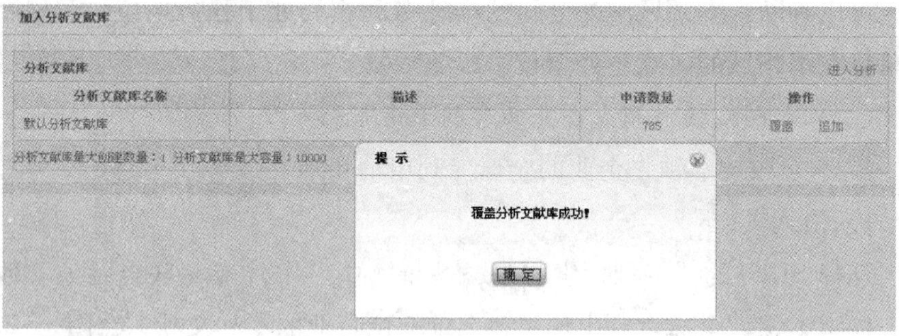

图 5－2－9　本领域全球专利申请量排名前 9 位企业专利文献导入分析库

时间上看，从图 5－2－10a 本领域全球专利申请量排名前 9 位企业区域趋势分析中可以看出，本领域技术领先企业的专利申请量，从 2008 年起开始快速增长到峰值，并保持稳定状态。

地域上看，从图 5－2－10b 本领域全球专利申请量排名前 9 位企业区域构成分析可以看出，美国企业的本领域专利申请远远超过其他国家占有全球的主要技术市场。其中申请量最多的两个企业是：美国的 XYLECO INC（申请专利 159 件），美国的 DU PONT（申请专利 90 件）。

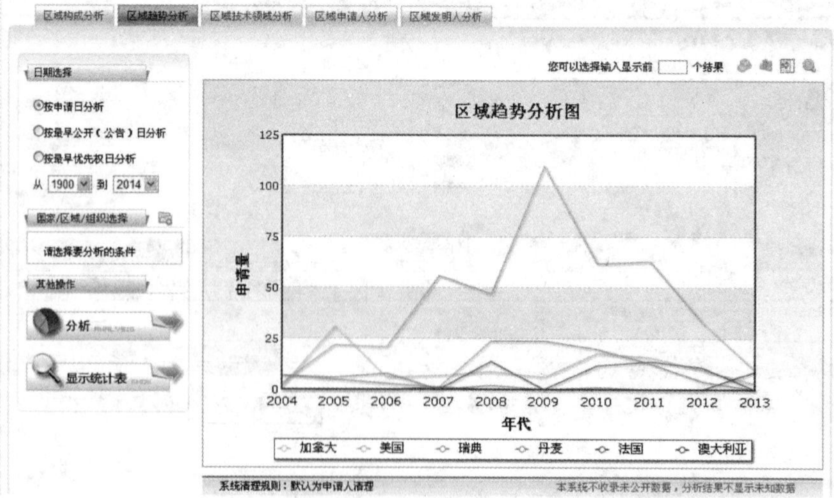

图 5－2－10a　本领域全球专利申请量排名前 9 位企业区域趋势分析

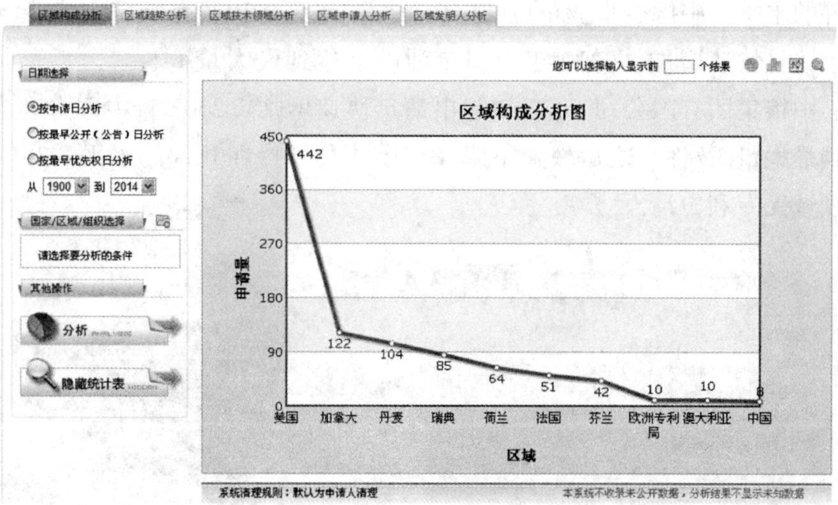

图 5-2-10b　本领域的全球专利申请量排名前 9 位企业区域构成分析

2. 技术领先企业的本领域中国专利申请布局

1）检索操作

选择 SIPO 的“专利检索与服务系统”的“中外专利联合检索”数据库。在图 5-2-2 检索到的本领域全球范围 7 633 篇专利文献基础上，筛选本领域的中国专利申请公开文献 785 篇，见图 5-2-2a。从检索结果中找到本领域的全球专利申请排名前 9 位企业在中国的专利申请。

2）对检索获得的数据进行分析

对图 5-2-2a 筛选的本领域中国专利申请公开文献 785 篇进行分析。

从图 5-2-11a 本领域中国专利申请区域申请人分析中可以看出，本领域全球专利申请排名前 9 位企业在中国的本领域专利申请数量超过 10 件的有 6 个公司：诺沃奇梅兹有限公司是 21 件，希乐克公司是 15 件，纳幕尔杜邦公司是 14 件，诺维信北美公司是 14 件，艾欧基能源公司是 11 件，DSM IP 是 10 件。本领域的中国企事业单位的中国专利申请：中国科学院过程工程研究所 31 件，中粮集团有限公司 21 件，中国石油化工股份有限公司 14 件，深圳清华大学研究院 13 件，哈尔滨工业大学 11 件。

从图 5-2-11b 本领域中国专利申请申请人趋势分析中可以看出，诺沃奇梅兹有限公司 2008 年的中国专利申请量达到最大量 12 件，占该公司在中国本领域专利申请总量的 1/2，之后申请量逐年缓慢下降。希乐克公司 2009 年起在中国的本领域专利申请量快速增加，2010 年达到最大量 6 件，接近该公司在中国申请总量的 1/2，2011 年申请量快速下降并维持在几件的水平。中国企事业单位的中国科学院过程工程研究所2008年起本领域申请量快速增加，2010年中国专利申请达到最大量6件，之后逐年下降。中粮集团有限公司2007年起申请量快速增加，2008年中国专利申请达到最大量12件，之后快速下降，年申请量维持在几件的水平，2011年本领域无专利申请。

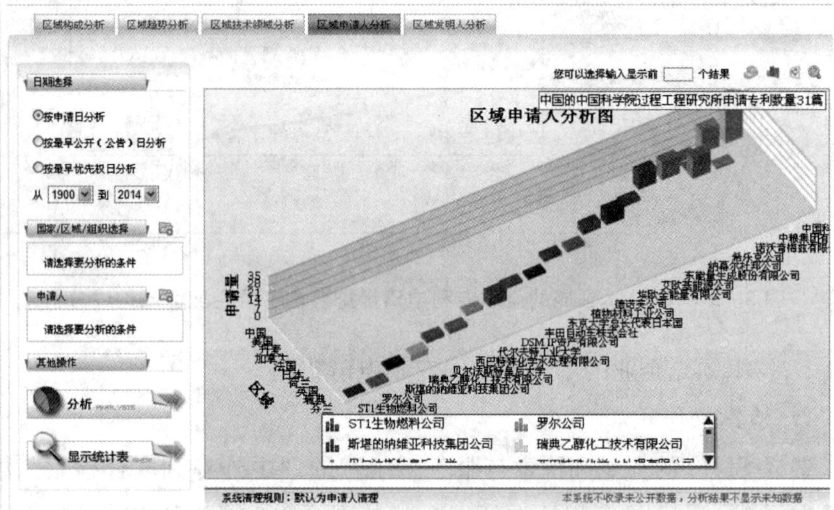

图5-2-11a　本领域中国专利申请区域申请人分析

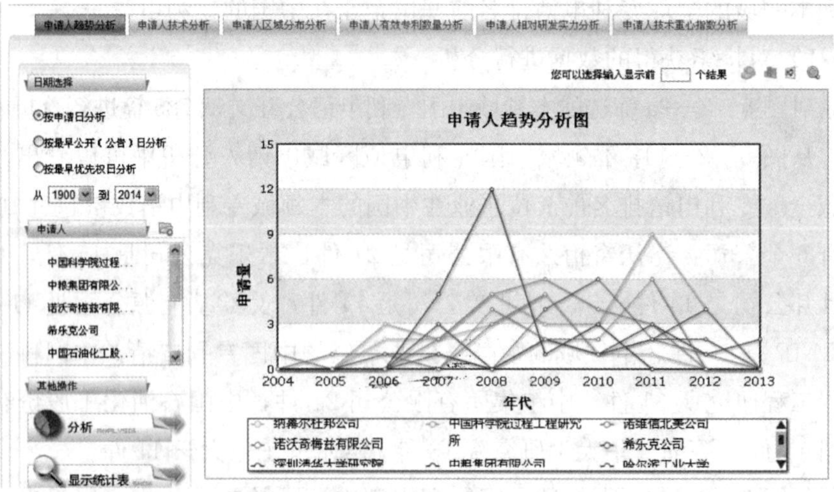

图5-2-11b　本领域中国专利申请申请人趋势分析

3. 技术领先企业的整体中国专利申请布局

1）检索操作

选择SIPO的“专利检索与服务系统”中“中外专利联合检索”数据

库。在“申请（专利权）人”提示框中输入技术领先企业排名前 5 位的中文企业名称进行检索，生成的检索式为“公开（公告）日＝1970－01－01：2013－12－31 AND 申请（专利权）人＝（希乐克 or 杜邦 or 艾欧基 or 诺维信 or 诺沃奇梅兹)”检索到中国专利文献 9 002 篇，见图 5－2－12。

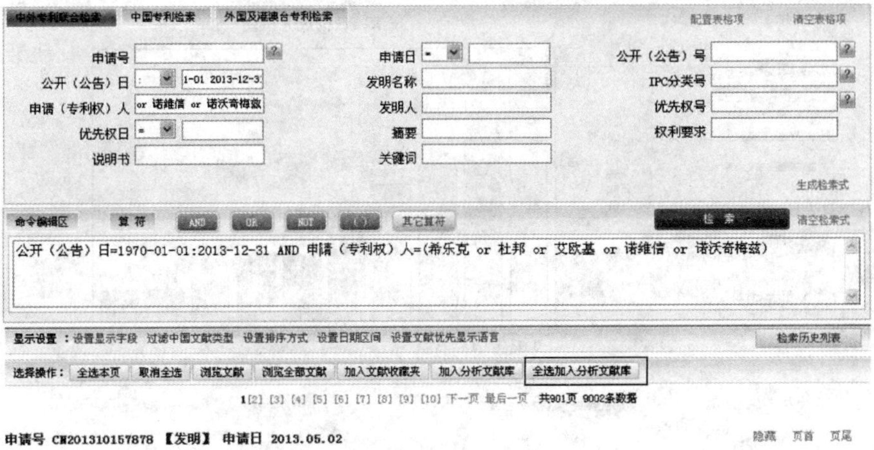

图 5－2－12　技术领先企业排名前 5 位的整体中国专利申请公开文献

2）对检索获得的数据进行分析

对图 5－2－12 的技术领先企业排名前 5 位的整体中国专利申请公开文献 9 002 篇进行分析。单击图 5－2－12 中的“全选加入分析文献库”，将检索结果导入分析库，由于分析库有自动去重功能，因此在分析库导入成功后的文献比检索结果少，见图 5－2－13。

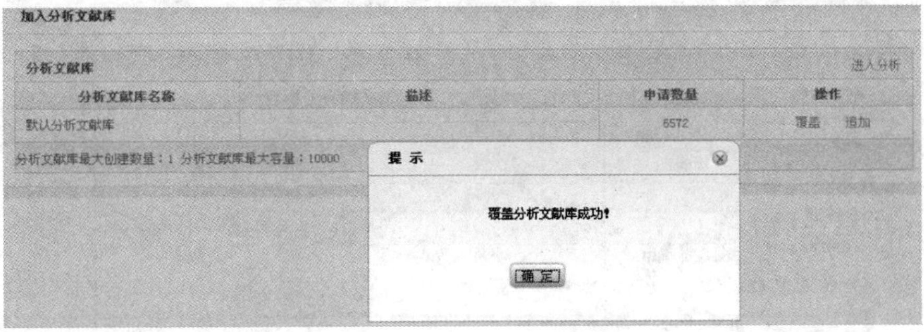

图 5－2－13　技术领先企业排名前 5 位的整体中国专利申请导入分析库

从图 5－2－14a 技术领先企业排名前 5 位的中国专利申请技术领域构成分析可知：技术领先企业排名前 5 位的在中国的整体专利申请主要集中在 IPC 分类的 C08 技术领域（1 650 件）和 C07 技术领域（1 122 件）。IPC 分类的 C12 技术领域的 982 件，只占中国总专利申请的 14.1%。可以判断：本领域专利申请量排名前 5 位企业不特别关注 IPC 分类 C12 技术领域在中国的专利申请，即不特别关注“生物化学”的中国专利申请。

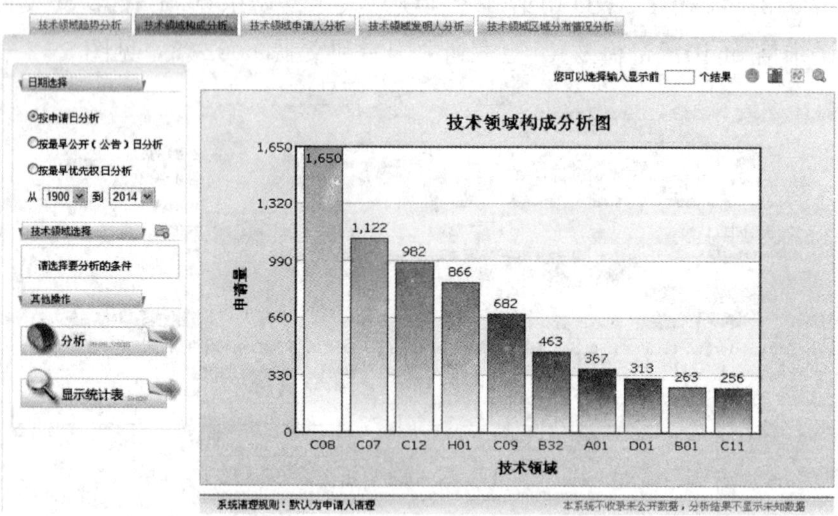

图 5-2-14a　技术领先企业排名前 5 位的中国专利申请技术领域构成分析

从图 5-2-14b 本领域专利申请量排名前 5 位企业的整体中国专利申请技术领域趋势分析可知：在 2010 年 5 个企业在中国的专利申请达到最多。之后各技术领域的中国专利申请大部分快速降低。可以判断：技术领先企业排名前 5 位的在中国的整体专利申请在持续减少，包括在 C12 技术领域的中国专利申请也在持续减少。

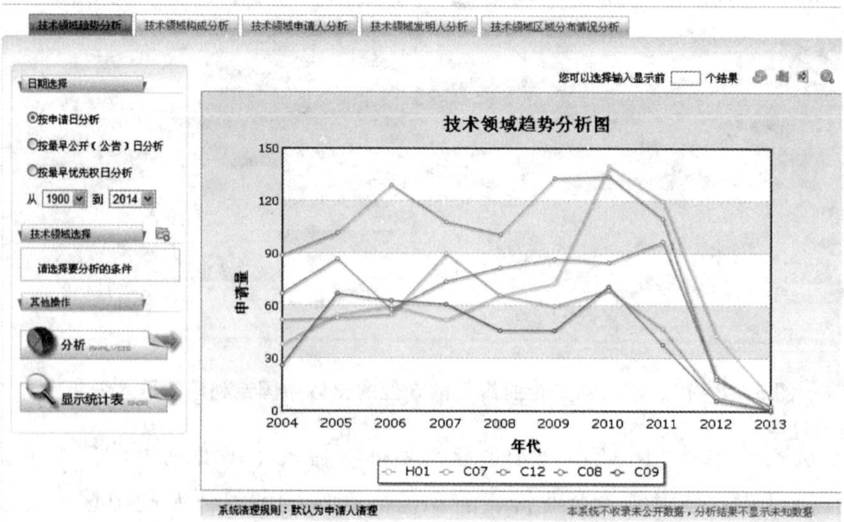

图 5-2-14b　技术领先企业排名前 5 位的中国专利申请技术领域趋势分析

（三）重点申请人的专利申请布局

以诺维信公司（诺维信股份有限公司＋诺维信北美公司）作为重点申请人，进行专利检索和和数据分析。

1. 重点申请人的整体中国专利申请布局

1）检索操作

选择SIPO的“专利检索与服务系统”中“中外专利联合检索”数据库。检索诺维信公司的整体中国专利文献，生成的检索式为“公开（公告）日＝1970－01－01：2013－12－31 AND 申请（专利权）人＝（诺维信）”检索到专利文献802篇，见图5－2－15。

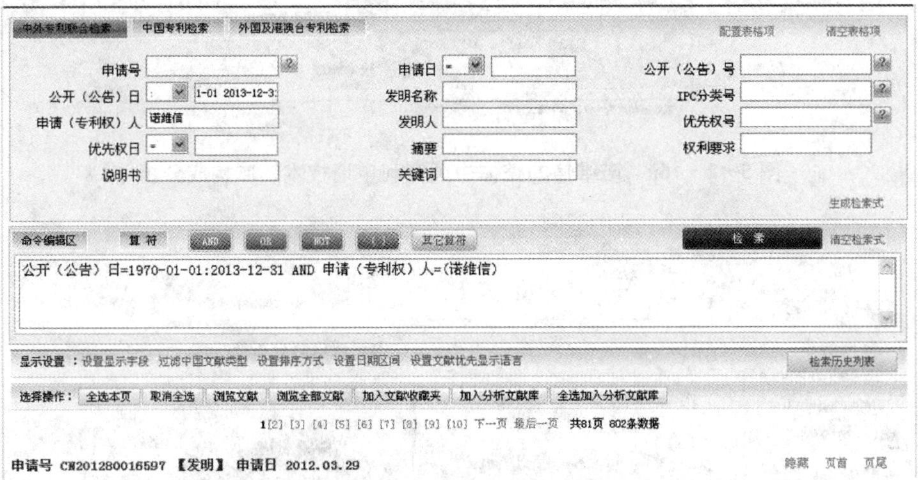

图5－2－15　诺维信公司的整体中国专利申请公开文献

2）对检索获得的数据进行分析

对图5－2－15诺维信公司的整体中国专利申请公开文献802篇进行分析。

从图5－2－16a诺维信的整体中国专利申请技术领域构成分析可知：诺维信在中国的专利申请主要集中在IPC分类的C12技术领域的502件，占诺维信在中国总专利申请的62.6%。

可以判断：诺维信在中国的专利申请重点在IPC分类C12的技术领域。

从图5－2－16b诺维信的整体中国专利申请技术领域趋势分析可知：在2005年诺维信在中国的专利申请达到最多。IPC的C12技术领域的中国专利申请量远远高于其他领域的申请量，其申请量持续稳定。

可以判断：诺维信在IPC的C12技术领域的中国专利申请处于技术成熟期。

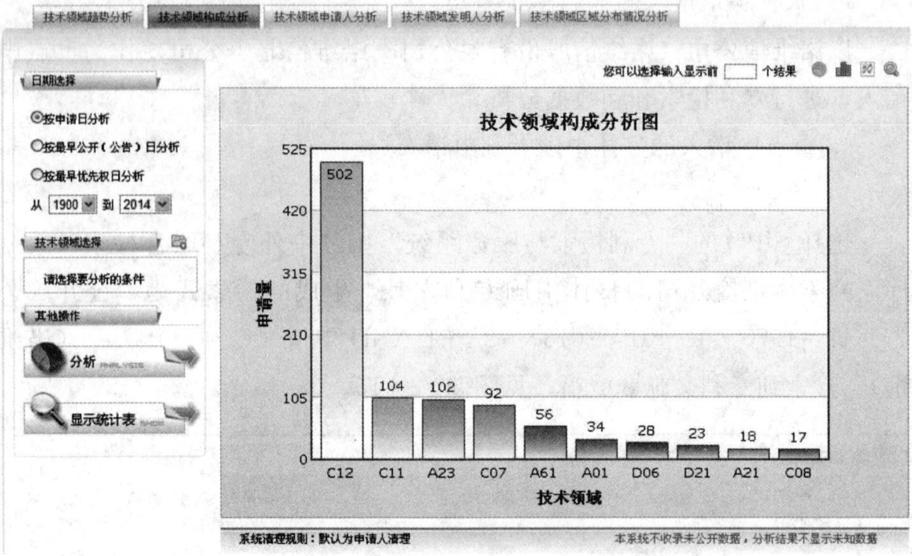

图 5-2-16a 诺维信的整体中国专利申请技术领域构成分析

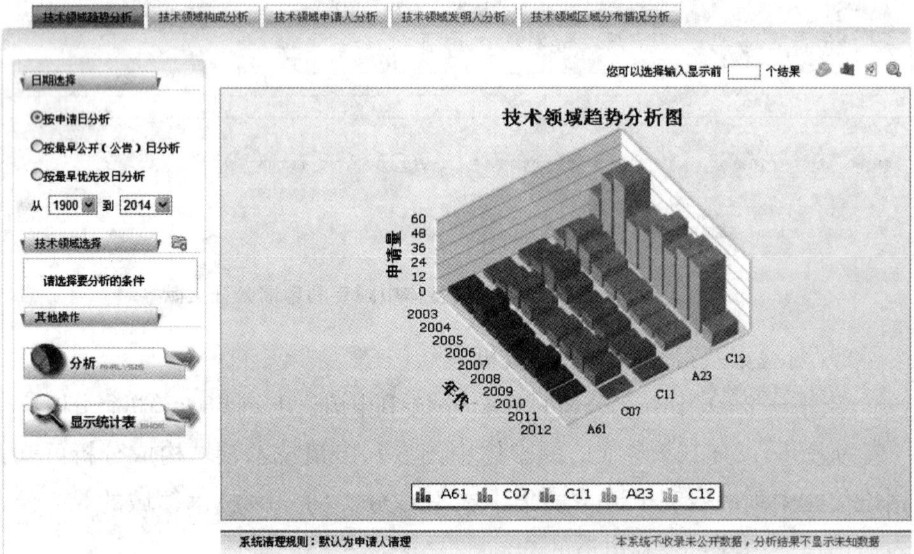

图 5-2-16b 诺维信的整体中国专利申请技术领域趋势分析

2. 重点申请人的本领域中国专利申请布局

1）检索操作

选择 SIPO 的“专利检索与服务系统”中“中外专利联合检索”数据库。生成的检索式为“公开（公告）日＝（1970－01－01：2013－12－31）AND（发明名称＝（纤维素 and 乙醇）OR IPC 分类号＝（C12P7/08 or C12P7/10)) AND 申请（专利权）人=（诺维信)”检索到专利文献38篇，见图5-2-17。诺维信公司的38篇文献及其基本相关信息，见表5-2-1。

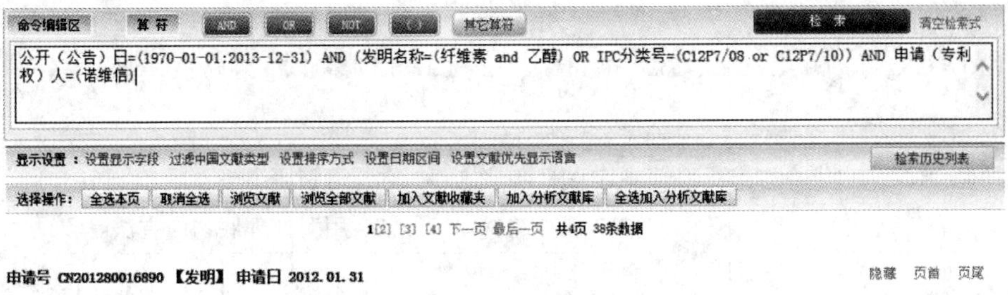

图5-2-17 重点申请人的本领域中国专利申请专利文献

表5-2-1 诺维信公司的38篇文献及其基本相关信息

序号	申请号	公开（公告）号	公开/公告日	发明名称
1	CN201280016890	CN103459605A	2013—12—18	用于酶法精制经预处理的纤维素材料以供糖化的工艺
2	CN201310336645	CN103436509A	2013—12—11	提高多肽的纤维素分解增强活性的方法
3	CN201180048376	CN103314111A	2013—09—18	降解或水解多糖的方法
4	CN201180049534	CN103270165A	2013—08—28	包含具有纤维素分解增强活性的多肽和醌化合物的组合物及其用途
5	CN201180049490	CN103261429A	2013—08—21	包含具有纤维素分解增强活性的多肽和液剂的组合物及其用途
6	CN201180016261	CN102884197A	2013—01—16	具有酶预处理的沼气生产方法
7	CN200710098402	CN101289677B	2012—12—26	采用含纤维素原料制备乙醇的方法
8	CN201180016668	CN102834521A	2012—12—19	用于增强来自发酵工艺副产物的方法

续表

序号	申请号	公开（公告）号	公开/公告日	发明名称
9	CN201080058472	CN102803498A	2012—11—28	生物质水解工艺
10	CN201080054289	CN102666846A	2012—09—12	具有纤维素分解增强活性的多肽和编码该多肽的多核苷酸
11	CN201080029210	CN102471759A	2012—05—23	生物质水解方法
12	CN201080030540	CN102471784A	2012—05—23	用酶处理底物的方法
13	CN200710098403	CN101289678B	2012—03—21	采用含纤维素的原料制备乙醇的方法
14	CN200980157177	CN102325893A	2012—01—18	在过氧化物酶存在下增加纤维素材料酶法水解的方法
15	CN200980157128	CN102325889A	2012—01—18	增加纤维素材料水解的方法
16	CN200980153402	CN102272315A	2011—12—07	用溶解空气浮选淤渣改进经预处理的含木素纤维素材料的酶水解
17	CN200980142882	CN102197139A	2011—09—21	对通过添加壳聚糖对预处理生物质的酶水解的增强
18	CN200980138371	CN102171352A	2011—08—31	用农业残余物预处理含木素纤维素材料的酶水解的改进
19	CN200980138468	CN102171354A	2011—08—31	用担子菌菌丝体和酵母细胞对经预处理的含木素纤维素材料酶水解的改进
20	CN200980138370	CN102171359A	2011—08—31	用阳离子多糖预处理的含木素纤维素材料的酶水解的改进
21	CN200980128249	CN102105218A	2011—06—22	产生炭的方法及其用途
22	CN200980117658	CN102089435A	2011—06—08	产生发酵产物的方法
23	CN200980126327	CN102083992A	2011—06—01	发酵含木素纤维素材料
24	CN200980125473	CN102076861A	2011—05—25	产生发酵产物的方法

续表

序号	申请号	公开（公告）号	公开/公告日	发明名称
25	CN200980116407	CN102016017A	2011－04－13	具有内切葡聚糖酶活性的多肽和编码该多肽的多核苷酸
26	CN200980110978	CN101981200A	2011－02－23	从含木素纤维素材料产生发酵产物
27	CN200880126123	CN101952421A	2011－01－19	具有内切葡聚糖酶活性的多肽和编码所述多肽的多核苷酸
28	CN200880125060	CN101918571A	2010－12－15	产生发酵产物的方法
29	CN200880121516	CN101918570A	2010－12－15	生产发酵产品的方法
30	CN200880123713	CN101910405A	2010－12－08	降低糅质对酶促水解纤维素材料的抑制作用的方法
31	CN200880123715	CN101910406A	2010－12－08	减少氧化还原活性金属离子对纤维素材料酶水解抑制作用的方法
32	CN200880120070	CN101896611A	2010－11－24	由糖蜜生产发酵产物的方法
33	CN200880102358	CN101778945A	2010－07－14	用于产生发酵产物的方法
34	CN200880013709	CN101668863A	2010－03－10	使经预处理的含木质纤维素的材料解毒
35	CN200710098403	CN101289678A	2008－10－22	采用含纤维素的原料制备乙醇的方法
36	CN200710098402	CN101289677A	2008－10－22	采用含纤维素原料制备乙醇的方法
37	CN200680023897	CN101223273A	2008－07－16	纤维素酶的产生
38	CN200580011785	CN1960748A	2007－05－09	液化方法

2）对检索获得的数据进行分析

从图 5－2－18a 诺维信公司的本领域中国专利申请年代趋势分析中可知：诺维信 2009 年在中国的本领域专利申请达到最多 13 件，之后专利申请量快速下降并持续稳定在每年几件申请。可以判断：诺维信公司在中国的本领域专利技术处于技术成熟期。

从图 5－2－18b 诺维信公司的本领域中国专利申请发明人技术分析中可知：单个发明人中发明量最多的是 10 件，依次递减的发明量是 7 件、6

件、5件、4件，其中发明量前6名的发明人中，中国发明人占4名，具体见表5-2-2。可以判断：诺维信公司在中国开展的研发项目比较活跃。

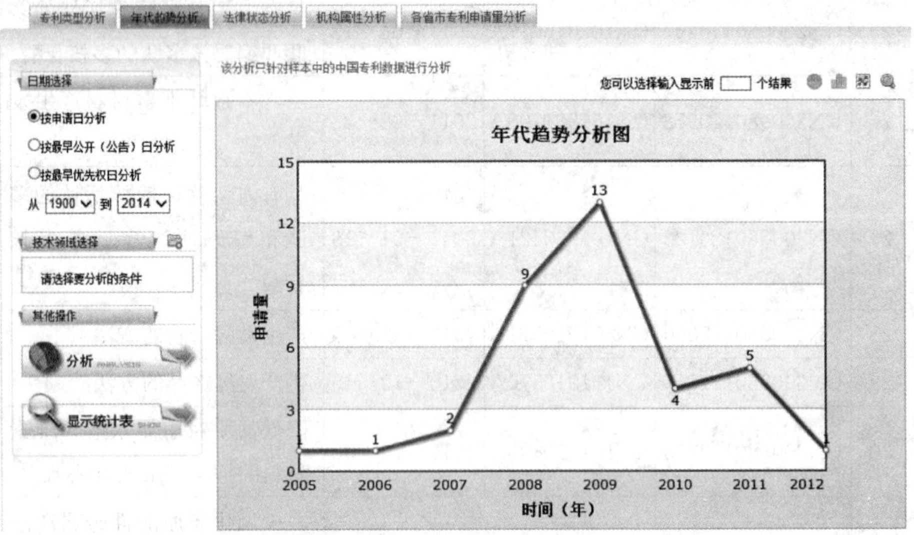

图5-2-18a 诺维信公司的本领域中国专利申请年代趋势分析

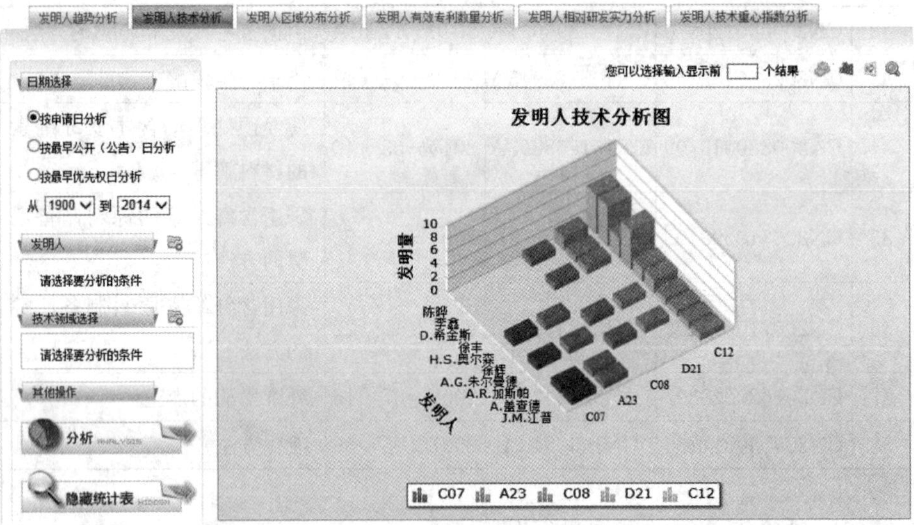

图5-2-18b 诺维信公司的本领域中国专利申请发明人技术分析

从表5-2-1诺维信公司的38篇文献及其基本相关信息中可知：自2005年诺维信公司有本领域中国专利申请起，在中国的本领域专利技术90%以上是PCT专利申请。主要涉及用壳聚糖或壳聚糖聚合物、担子菌菌丝体和/或酵母细胞、阳离子多糖或农业残余物预处理含木素纤维素材料来提高酶解效率从而增加从该材料产生发酵产物的效率。

表 5-2-2　诺维信公司本领域中国申请量最多的发明人

发明人	发明量
陈　晔	10
李　鑫	7
D. 希金斯	6
徐　丰	6
H. S. 奥尔森	5
徐　辉	5
A. G. 朱尔曼德	4
A. R. 加斯帕	4
A. 盖查德	4
J. M. 江普	4

（四）从被引用次数看本领域的关键专利技术

如果一件专利申请经常被其他专利申请所引用或被专利审查检索报告所引用，[1] 即专利被引用次数越多，则该专利的价值越高，其技术内容也就是该技术领域的重点或关键技术。有的专利说明书扉页上的著录项目识别代码（INID）（56）公开对比文件，如中国发明专利单行本的扉页、美国专利单行本的扉页上 INID 代码（56）的内容。部分国家的专利信息数据库能检索专利引文信息。如中国国家知识产权局（SIPO）官网的免费“专利检索与服务系统”；欧洲专利局官网的免费“Espacenet－worldwide patent search”；美国专利商标局的免费专利信息数据库等。还可以选择付费的商业数据库，如汤森路透公司的“德温特创新索引（DII）”。

1. 检索操作

选择 SIPO 的“专利检索与服务系统”的“中外专利联合检索”数据库。

① 检索本领域全球范围被引频次最多的专利文献。构建检索式：在名称中用关键词“纤维素、cellulose、乙醇、ethanol”扩大检索范围，调整检索式为“公开（公告）日＝1970－01－01：2013－12－31 AND（发明名称＝（(纤维素 and 乙醇）or（cellulose and ethanol)）or IPC 分类号＝

[1] 专利引文通常包括申请人提交的专利说明书本身引用的在先技术和/或专利审查检索报中的对比文件。

(C12P7/08 or C12P7/10))”，检索到本领域全球范围 7 633 篇专利文献，见图 5-2-2。在检索到的本领域全球范围 7 633 篇专利文献基础上，筛选中国专利申请公开文献为 785 篇，见图 5-2-2a。

② 检索本领域与酶相关的被引频次最多的专利文献。在本领域将酶作为重点，[1] 检索全球范围内被引用频次最多的本领域与酶相关专利文献。构建检索式：在图 5-2-2 检索的 7 633 篇基础上，在摘要中用关键词“酶、enzyme”缩小检索范围，调整检索式为“公开（公告）日＝1970—01—01：2013—12—31 AND 发明名称＝（（纤维素 and 乙醇）or（cellulose and ethanol））AND IPC 分类号＝（C12P7/08 or C12P7/10）AND 摘要＝（酶 or enzyme）”，检索到 89 件专利文献，见图 5-2-19，筛选中国专利申请公开文献为 45 篇，见图 5-2-19a。

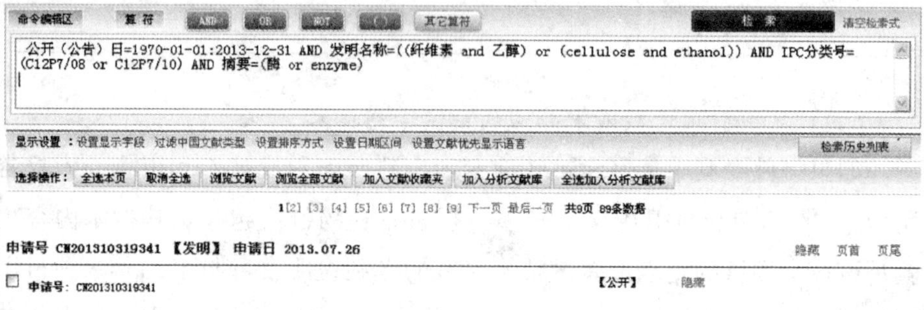

图 5-2-19 本领域关于酶的全球 89 件专利文献

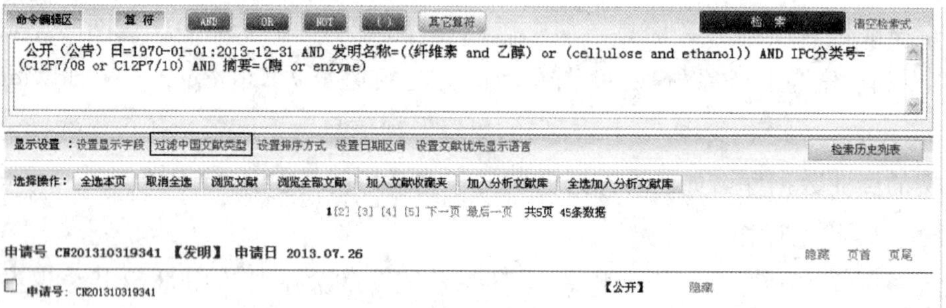

图 5-2-19a 本领域关于酶的中国专利申请公开文献

2. 对检索获得的数据进行分析

1）本领域全球范围的关键专利技术

对图 5-2-2 检索到的本领域全球范围 7 633 篇专利文献进行分析。从

[1] 用于纤维素乙醇生产的酶制剂产品可将预处理过的木质纤维素材料转化为可发酵糖，其性价比最佳，能使纤维素乙醇生产达到最低成本。

图 5-2-20 的全球范围本领域引文文献分析可知：最大被引证次数是 70 次，被引证文献是 US4649113A，基本情况见表 5-2-3。被引证次数大于 40 次的包括 US4009075A（47 次），US4436586A（43 次），US3990944A（41 次）。US4649113A 的引证树见图 5-2-20a。

表 5-2-3　US4649113A 的基本情况

申请日/ 申请号/文献号	Dec. 28，1983 US566380/US4649113A
申请人	US Agriculture
专利名称	Alkaline peroxide treatment of nonwoody lignocellulosics
IPC 分类	C12P7/10
摘要	By treating agricultural crop residues and other nonwoody lignocellulosic plant substrates with H2O2 at a controlled pH within the range of about 11. 2 to 11. 8，the substrates are partially delignified and unprecedented levels of the cellulose and hemicellulose as insoluble fractions are made available for subsequent use. The products of this treatment are nontoxic and are characterized by low crystallinity and near quantitative cellulase digestibility. They are useful as carbohydrate sources in ruminant feeds and as microbial feedstocks for commercial process such as the production of alcohol and generation of single—cell protein.

选择	公开(公告)号	申请号	技术领域	发明名称	申请人	被引证次数
○	US4649113A	US19830566380	4C 12P 7/10 A; 4C 13K 1/02 B; 4D 21C 3/00 B;	Alkaline peroxide treatment of nonwoody lignocellulosics	US AGRICULTURE	70
○	US4009075A	US19750606789	C 12C 11/14 A;	Process for making alcohol from cellulosic material using plural ferments	BIO IND INC	47
○	US4436586A	US19820341627	D 21C 1/06 B; D 21C 3/02 B; D 21C 1/04 A;	Method of producing kraft pulp using an acid prehydrolysis and pre-extraction	KAMYR INC	43
○	US3990944A	US19750610731	C 12C 11/08 A; C 12D 3/00 B;	Manufacture of alcohol from cellulosic materials using plural ferments	BIO RESEARCH CENTER CO	41
○	US5173429A	US19900612221	C 12N 1/00; C 12N 1/20; C 12P 7/06;	Clostridiumm ljungdahlii, an anaerobic ethanol and acetate producing microorganism	UNIV ARKANSAS	38
○	US4321328A	US19800213363	C12P7/10; C12P7/02;	Process for making ethanol and fuel product	HOGE WILLIAM H	37
○	US5705216A	US19950514263	6A 23K 1/00 A;	Production of hydrophobic fibers	TYSON; GEORGE J.	35

图 5-2-20　全球范围本领域引文文献分析

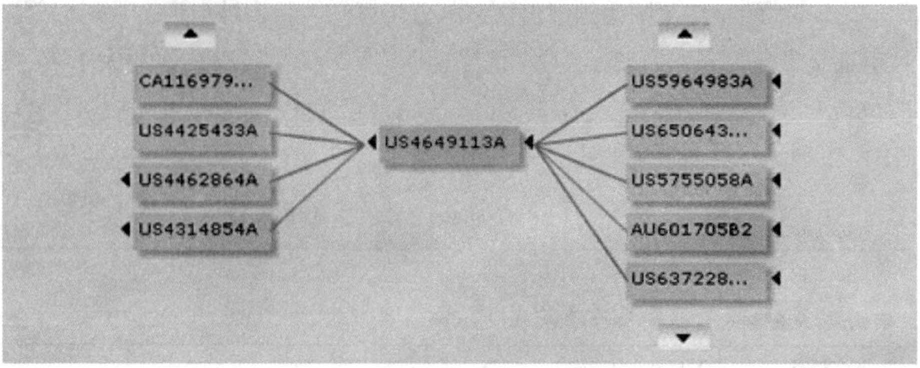

图 5-2-20a US4649113A 的引证树

特别关注本领域关于“酶”的全球关键专利技术。对图 5-2-19，在检索到的本领域全球范围 7 633 篇专利文献基础上，用“酶、enzyme”缩小检索范围检索到的 89 件专利文献进行分析。从图 5-2-21 的本领域关于酶的全球引文文献分析可知：最大被引证次数是 20 次，被引证文献是 US6090595A，基本情况见表 5-2-4，US6090595A 的引证树见图 5-2-21a。

表 5-2-4 US6090595A 的基本情况

申请日/ 申请号/文献号	Dec. 8，1998 US19980207468/US6090595A
申请人	IOGEN CORP
专利名称	Pretreatment process for conversion of cellulose to fuel ethanol
IPC 分类	C12P7/10
摘要	An improved pretreatment of cellulosic feedstocks，to enable economical ethanol production by enzyme treatment. The improved pretreatment comprises choosing either a feedstock with a ratio of arabinoxylan to total nonstarch polysaccharides (AX/NSP) of greater than about 0. 39，or a selectively bred feedstock on the basis of an increased ratio of AX/NSP over a starting feedstock material，and reacting at conditions that disrupt the fiber structure and hydrolyze a portion of the cellulose and hemicellulose. This pretreatment produces a superior substrate for enzymatic hydrolysis，by enabling the production of more glucose with less cellulose enzyme than any known procedures. This pretreatment is uniquely suited to ethanol production. Preferred feedstocks with an AX/NSP level greater than about 0. 39 include varieties of oat hulls and corn cobs.

发明名称中强调“酶”的文献 CN1340627A 的被引证次数是 7 次，基本情况见表 5-2-5。

表 5-2-5　CN1340627A 的基本情况

申请号/文献号	CN01116495/CN1340627A
申请人	能源环境和技术中心
专利名称	使用新的耐热型酵母从木素纤维素生物质中生产乙醇的方法
IPC 分类	C12P7/10
摘要	本发明包括以下阶段：将木素纤维素生物质粉碎至 15mm～30mm 的大小，对所获得的产物在反应器（2）中于 190℃～230℃下进行 1 分钟～10 分钟的蒸汽爆炸预处理，在旋风分流器（3）中收集预处理过的物料并且在压滤器（9）中通过过滤分离液体和固体部分，将固体部分引入发酵贮器（10）中，添加浓度为 15UFP/克纤维素的纤维素酶和 12.6 国际单位的 β—葡萄糖苷酶，所说的纤维素酶和 β—葡萄糖苷酶溶解于 pH4.8 的柠檬酸盐缓冲液中，给发酵贮器（10）接种马克斯克鲁维氏酵母 CECT10875 耐热型菌株的培养物，该菌株通过化学诱变马克斯克鲁维氏酵母的 DER—26 菌株来获得，并且将混合物在 42℃下摇动 72 小时。

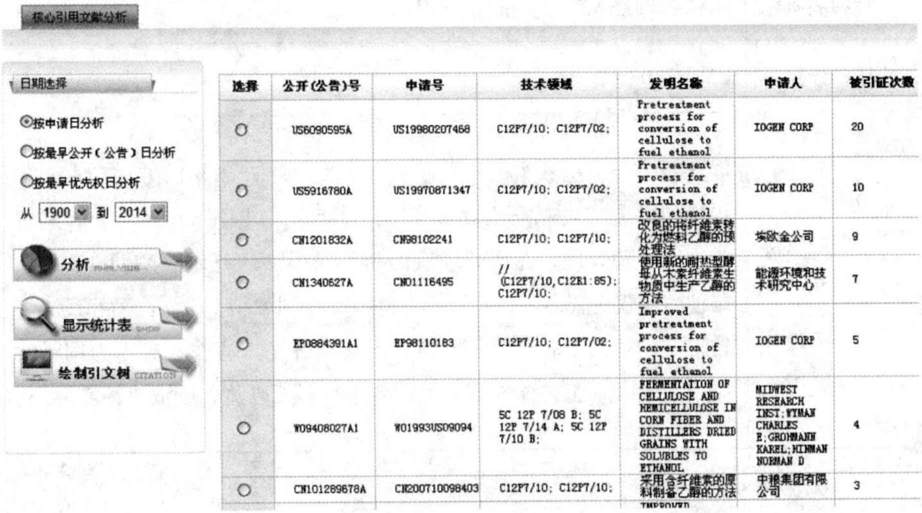

图 5-2-21　本领域关于酶的全球引文文献分析

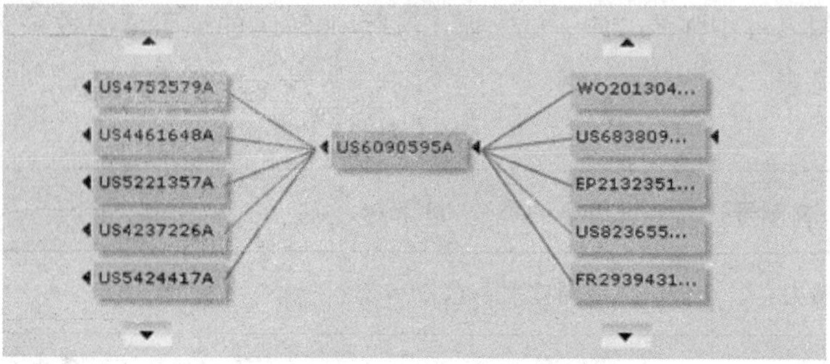

图 5-2-21a US6090595A 的引证树

2）本领域中国的关键专利技术

对图 5-2-20a，在检索到的本领域全球范围 7 633 篇专利文献基础上，筛选中国专利申请公开文献 785 篇进行分析。从图 5-2-22 中国专利申请公开文献核心引文文献分析可知：最大被引证次数是 25 次，被引证文献是 CN1451755A，基本情况见表 5-2-6，CN1451755A 的引证树见图 5-2-22a。

表 5-2-6 CN1451755A 的基本情况

申请日/ 申请号/文献号	2002.4.12 CN02116592/CN1451755A
申请人	中国农业大学
专利名称	用秸秆固态发酵生产酒精的方法
IPC 分类	C12P7/08
摘要	本发明公开了一种利用秸秆同步固态发酵生产酒精的方法。本工艺将揉切并粉碎的秸秆在 1.2MPa～1.4MPa、持压 5min～7min 进行蒸汽爆破预处理；在预处理后的秸秆粉中加入纤维素酶曲 42IU/g、接种耐高温酵母 5%、45℃下发酵 24h 得到酒精 7.2%，发酵残渣含较丰富的蛋白质和部分还原糖类，蒸煮后气味清香，有作为饲料的应用前景。本工艺能耗低，生产效率高，无废渣、废液等环境污染。

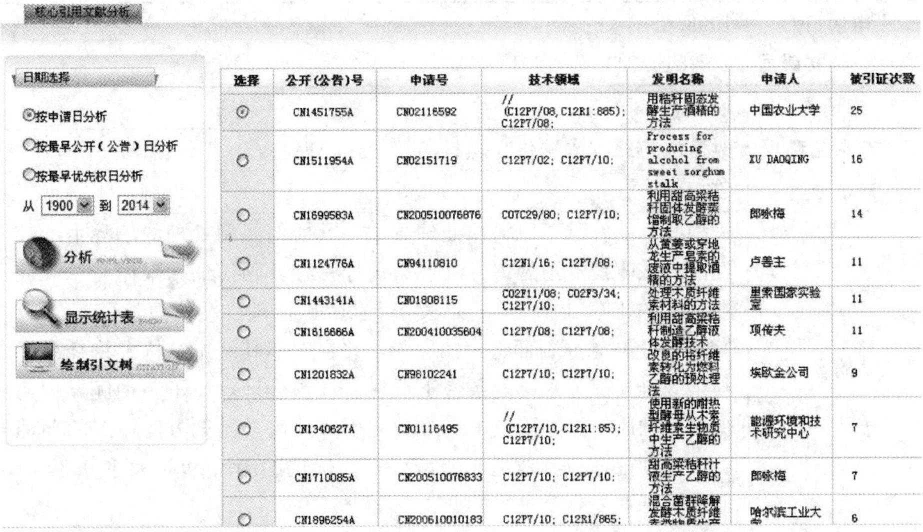

选择	公开(公告)号	申请号	技术领域	发明名称	申请人	被引证次数
◉	CN1451755A	CN02116592	// (C12P7/08, C12R1:885); C12P7/08;	用秸秆固态发酵生产酒精的方法	中国农业大学	25
○	CN1511954A	CN02151719	C12P7/02; C12P7/10;	Process for producing alcohol from sweet sorghum stalk	XU DAOQING	16
○	CN1699583A	CN200510076876	C07C29/80; C12P7/10;	利用甜高粱秸秆固体发酵蒸馏制取乙醇的方法	郎咏梅	14
○	CN1124776A	CN94110810	C12N1/16; C12P7/08;	从黄姜或穿地龙生产皂素的废液中提取酒精的方法	卢善主	11
○	CN1443141A	CN01808115	C02F11/08; C02F3/34; C12P7/10;	处理木质纤维素材料的方法	里索国家实验室	11
○	CN1616666A	CN200410035604	C12P7/08; C12P7/08;	利用甜高粱秸秆制造乙醇液体发酵技术	项传夫	11
○	CN1201832A	CN98102241	C12P7/10; C12P7/10;	改良的将纤维素转化为燃料乙醇的预处理法	埃欧金公司	9
○	CN1340627A	CN01116495	// (C12P7/10, C12R1:65); C12P7/10;	使用新的耐热型酵母从木素纤维素生物质中生产乙醇的方法	能源环境和技术研究中心	7
○	CN1710085A	CN200510076833	C12P7/10; C12P7/10;	甜高粱秸秆汁液生产乙醇的方法	郎咏梅	7
○	CN1896254A	CN200610010183	C12P7/10; C12R1/865;	混合菌群降解发酵木质纤维	哈尔滨工业大	6

图 5－2－22　中国专利申请公开文献引文文献分析

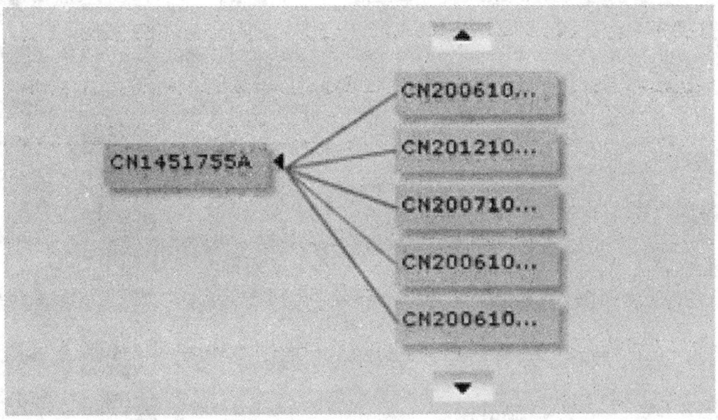

图 5－2－22a　CN1451755A 的引证树

特别关注本领域关于“酶”的中国关键专利技术。针对图 5－2－19a，在检索到的本领域全球范围 7 633 篇专利文献基础上，用“酶、enzyme”缩小检索范围检索到的 89 件专利文献并筛选中国专利申请公开文献 45 篇进行分析：从图 5－2－23 本领域关于酶的中国专利申请公开文献引文文献分析可知：最大被引证次数是 9 次，被引证文献是 CN1201832A，基本情况见表 5－2－7，CN1201832A 的引证树见图 5－2－23a。

表 5-2-7　CN1201832A 的基本情况

申请日/ 申请号/文献号	1998.6.9 CN98102241/CN1201832A
申请人	埃欧金公司
专利名称	改良的将纤维素转化为燃料乙醇的预处理法
IPC 分类	C12P7/10
摘要	一种改良的纤维素原料预处理方法，其能使经酶处理的乙醇生产较经济。该改良的预处理方法包括选择一种其阿拉伯木聚糖与总非淀粉多糖的比率（AX/NSP）大于 0.39 的原料，或一种基于其 AX/NSP 高于初始原料而选育的原料，并在破坏其纤维结构及将纤维素与半纤维素部分水解的条件下反应。该预处理产生了一种优异的酶促水解的底物，能用较少纤维素酶生产比许多已知方法较多的葡萄糖。该预处理独特地适于乙醇生产。优选的 AX/NSP 大于 0.39 的原料包括燕麦壳及玉米棒。

选择	公开(公告)号	申请号	技术领域	发明名称	申请人	被引证次数
⊙	CN1201832A	CN98102241	C12P7/10; C12P7/10;	改良的将纤维素转化为燃料乙醇的预处理法	埃欧金公司	9
○	CN1340627A	CN01116495	//(C12P7/10,C12R1:85); C12P7/10;	使用新的耐热型酵母从木素纤维素生物质中生产乙醇的方法	能源环境和技术研究中心	7
○	CN101289678A	CN200710098403	C12P7/10; C12P7/10;	采用含纤维素的原料制备乙醇的方法	中粮集团有限公司	3
○	CN101289677A	CN200710098402	C12P7/10; C12P7/10;	采用含纤维素原料制备乙醇的方法	中粮集团有限公司	2
○	CN101268121A	CN200680034205	C12P7/10; C13K1/02; C08H5/04;	将纤维素材料转化成乙醇的方法和设备	霍尔姆克里斯滕森生物系统公司	1
○	CN101298620A	CN200810095798	C12R1/865; C12P7/10;	天然纤维素原料经离子液体分级处理一步发酵制备乙醇的方法	河南科技大学	1
○	CN101311271A	CN200710107687	C12N15/63; C12N15/31; C12N9/42;	一种利用重组酿酒酵母生产纤维素乙醇的方法	青岛科技大学	1
○	CN101319196A	CN200810029631	C12P7/10; C12N15/56; C12N15/81;	一种降解纤维素合成乙醇的转基因酿酒酵母菌及其构建方法	暨南大学	1
○	CN101413016A	CN200810227977	D21C5/00; C12P7/08; C12R1/865;	一种糠醛渣分离制备微晶纤维素和纤维乙醇方法	北京林业大学	1

图 5-2-23　本领域关于酶的中国专利申请公开文献引文文献分析

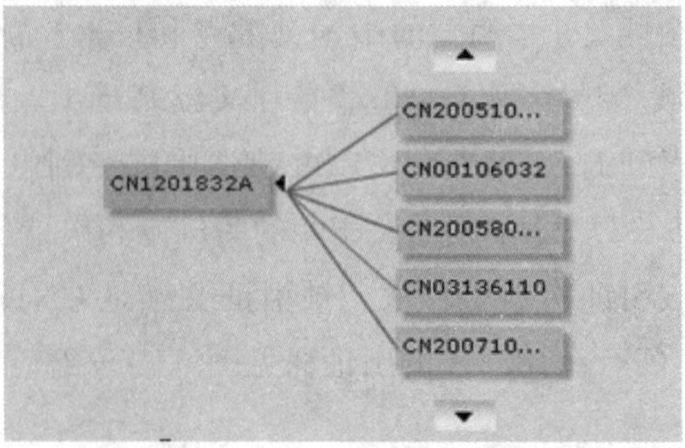

图 5-2-23a　CN1201832A 的引证树

（五）专利性预判

申请人在准备提出专利申请前，应事先针对要申请专利的技术方案或权利要求进行文献（专利文献和非专利文献）检索，通过与检索到的相关文献进行对比来判断要申请的技术是否具备新颖性和创造性，只有具备了新颖性和创造性的专利，才有可能获得授权，成为受专利法保护的技术。

如果通过检索发现将要提出的专利申请缺乏新颖性和创造性，则不必再进行该申请的后续程序，从而节约费用，或者有针对性地修改专利申请文件使其符合可专利性的要求后再提交给专利局。虽然专利局对实用新型专利申请只进行形式审查，但是不具备新颖性和创造性的专利可以被无效掉。

> 检索所针对的技术方案：
>
> 一种以木质纤维素为原料生产乙醇或丙酮或丁醇的方法，其特征在于，将木质纤维素进行机械粉碎至直径为 2mm 以下，用水洗涤、烘干后，然后再与水配制成质量比为 1%～20%的混合液，在厌氧、0℃～10℃条件下放置 12h～84h，使得到的混合液的 pH 降至 3.0～5.5，然后在1℃～50℃条件下，采用湿磨盘法进行湿浆研磨，研磨至 1μm～180μm 的碳纤维长度，将研磨后的原料按 1U/g～30U/g 添加纤维素酶和/或半纤维素酶进行酶解，得到混合水解液，然后以 1%～10%的接种量接入微生物发酵生产乙醇和/或丙酮和/或丁醇。

1. 检索操作

选择 SIPO 的“专利检索与服务系统”中“中外专利联合检索”数据库。

关键词：纤维素，乙醇、丙醇、丁醇，湿磨、研磨、粉碎、破碎、纳米；cellulose，ethanol、acetone、butanol，grind，nanometer。

IPC 分类号：C12P 7/10，C12P 7/16，C12P 7/36，C12P 19/14。

2. 对检索获得的数据进行分析

浏览检索到的文献，与“检索所针对的技术方案”进行比对，找到 2 篇影响“检索所针对的技术方案”创造性的对比文件。对比文件 1 为 CN101381743A（公开日：2009 年 3 月 11 日），对比文件 2 为 WO2010025171A1（公开日：2010 年 3 月 4 日）。

① 对比文件 1（CN 101381743A）是最接近的现有技术，其公开了一

种秸秆类生物质（即木质纤维素原料的下位概念），通过固态酶解预处理生产氢气和乙醇的方法，并披露了以下技术特征。

秸秆的处理：对秸秆类生物质进行处理，用粉碎机将秸秆粗粉碎至0.5cm～10cm，然后按照秸秆与水的质量比1∶1～1∶8的比例（即质量比为100%～12.5%，该数值范围与权利要求1相应的技术特征的数值范围部分重叠）加水混匀后，再用粉碎机湿粉粉碎至10目～80目（相当于直径198mm～1 651mm）。

秸秆的固态酶解：将处理后的秸秆与固态酶混合均匀后，置于发酵罐中压实，密封罐口，进行酶解预处理，酶解温度为15℃～50℃，发酵时间为3～25天，其中固态酶解时所用的固态酶为复合酶、复合微生物添加剂的任意一种或两种的混合物，复合酶为含纤维素酶、木聚糖酶、葡聚糖酶的任意一种或两种或三种的混合物，复合微生物添加剂是含有芽孢杆菌、植物乳杆菌、酵母菌活性物质的任意一种或两种或三种的混合物。

② 对比文件2（WO2010025171A1）公开了一种制备生物燃料（如乙醇、丁醇）的方法，并披露了以下技术特征：

对生物质的预处理方法包括一次或多次粉碎，以及使用酶或酶的混合物水解。即利用酶或菌株发酵产生的酶来预处理生物质。

用锤磨产生的生物质粉末和淡水混合，将制得的固体通过胶体磨剪切，加工到100μm～500μm的粒径。胶体磨所使用的温度和pH值为设施中特定淀粉酶起作用的温度和pH值，如常规的玉米乙醇发酵中，pH值范围约3.8～6.2，温度为30℃～120℃。

“检索所针对的技术方案”与对比文件1所公开的技术内容相比，区别在于原料的预处理的具体条件。本领域技术人员可以根据实际需要对粉碎直径进行调整，并在粉碎后加入水洗、烘干的步骤，以去除杂质，其技术效果是可以预见的。

“检索所针对的技术方案”与对比文件2所公开的技术内容相比，研磨的pH值、温度以及获得的粒径数值范围部分重叠，且其解决技术问题的效果相同。

检索后修改的技术方案：

一种以玉米芯为原料生产丁醇和丙酮的方法，其特征在于：将玉米芯用粉碎机粉碎成 1mm 的粉末，然后用水冲洗干净，然后 60℃过夜烘干；将 500g 的 1mm～2mm 以下的玉米芯粉与 10L 水混匀，10℃下放置厌氧发酵 1 天，待 pH 降至 4.5 时，调整湿盘研磨机 2 个上下圆盘磨盘之间的间隙至合适的间隙 1μm，将 4℃冷藏的料液混匀，加入超微融碎机，研磨 10～15 圈，其粒度为 2μm 之间；将预处理液按添加量 5%添入复合纤维素酶，水解条件为：10.0mL pH4.5，50℃条件下，200rpm 旋转震荡水解 48h；上述经预处理、酶解后的混合料液，添加 0.1%的酵母粉，pH5.5～7.0，以 5%的接种量接入丙酮丁醇生产微生物，将温度调节至适宜的培养温度进行丙酮、丁醇发酵，发酵 72h。

第六章　专利管理、运用、保护中的专利信息检索设计、检索操作及数据分析实践

一、专利产品或技术输出/引进

在产品或技术出口或参加国际展览之前，不但要在全球范围结合市场分布了解竞争对手的状况，还要选择比较高质量的专利组合和商标到目标市场的国家或地区申请或注册，做好知识产权的布局，避免侵犯目标市场的在先知识产权。

专利产品或技术输出。对于专利产品或技术出口没有明确目标地的情况，要检索该产品或技术在哪些国家或地区已有相关专利申请、相关专利申请的同族专利分布及其法律状态（专利是否有效），以选择合适的出口地。对于专利产品或技术出口有明确目标地的情况，要检索该产品或技术在目标地是否已有相关专利申请、相关专利申请的法律状态（专利是否有效）。对于目标地的相关有效专利，还要判断是否落入有效专利的保护范围。若该产品或技术落入有效专利范围，则要在专利权人许可的情况下才能直接出口产品或技术。

例 1：在某产品进入美国市场前，企业要先了解该产品及其相关技术当前在美国的主要申请人（即主要竞争对手）、专利申请主要集中于哪些技术及其相关专利的法律状态等。为本企业进行专利布局规划、制定或调整申请策略等做好准备。

专利产品或技术引进。在进行专利产品或技术引进前，要先了解该专利在国内外所处水平及实施该专利的可能性，并合理评估其价值。通过专利信息检索判断该专利的稳定性（专利权是否有效、是否存在被宣告专利权无效的可能、权利人的合法性）、专利的可替代性（是否有可替代的专利技术）、专利的核心性（该技术的实施是否依赖他人的专利技术）。

通常专利申请人对价值高的专利都会在不同国家或地区申请同族专利，以利于该项技术在全球范围的保护。因此，要了解被引进的专利在全球的布局，就要检索同族专利及其法律状态，以确定专利权转让、专利实施许可的方式。

以引进中国专利授权公告号“CN101155925B”的专利技术为例，说明如何进行同族专利检索和法律状态检索。

“CN101155925B”的发明名称为“处理生物质以获得乙醇的方法”。

中国发明专利的扉页公布了“CN101155925B”要引进专利技术的相关著录项目信息，见图6-1-1。该专利的基本信息如下：

PCT专利申请

中国专利申请号：200680010983；

中国专利的授权公告日：2012.05.09；

优先权号：US60/670，437；

优先权日：2005.04.12；

专利权人：纳幕尔杜邦公司。

（一）同族专利检索

1. 检索操作

选择EPO官网的主页（网址：www.epo.org），见图6-1-2。单击主页中的“Espacenet — patent search”，通过“Open Espacenet at the EPO”进入高级检索页面（Advanced search），见图6-1-3（直接网址：http：//worldwide.espacenet.com/advancedSearch?locale=en_EP）。用文献公布号“CN101155925”进行检索。双击所检索到的文献，进入著录项目数据的页面，见图6-1-4。单击图6-1-4页面左上侧的“INPADOC patent family”进入专利族列表页面，见图6-1-5（截取部分页面）。

2. 对检索获得的数据进行分析

纳幕尔杜邦公司“处理生物质以获得乙醇的方法”主题的技术，是以优先权日“2005—04—12”的美国申请为优先权的PCT申请。针对图6-1-5页面的“CN101155925”专利族列表进行分析。

(19) 中华人民共和国国家知识产权局

(12) 发明专利

(10) 授权公告号 CN 101155925 B
(45) 授权公告日 2012.05.09

(21) 申请号 200680010983.0 审查员 刘睿

(22) 申请日 2006.04.12

(30) 优先权数据
60/670,437 2005.04.12 US

(85) PCT申请进入国家阶段日
2007.09.30

(86) PCT申请的申请数据
PCT/US2006/014145 2006.04.12

(87) PCT申请的公布数据
WO2006/110900 EN 2006.10.19

(73) 专利权人 纳幕尔杜邦公司
地址 美国特拉华州

(72) 发明人 J·B·邓森 M·特克 R·埃兰德
S·M·亨尼西

(74) 专利代理机构 中国专利代理（香港）有限公司 72001
代理人 刘冬 邹雪梅

(51) Int. Cl.
C12P 7/08 (2006.01)

权利要求书 2 页 说明书 24 页 附图 1 页

(54) 发明名称
处理生物质以获得乙醇的方法

(57) 摘要
本发明提供了利用生物催化剂生产乙醇的方法，所述生物催化剂能发酵从已处理过的生物质获得的糖。糖通过在高固体浓度和低氨浓度的条件下预处理生物质，随后糖化而获得。

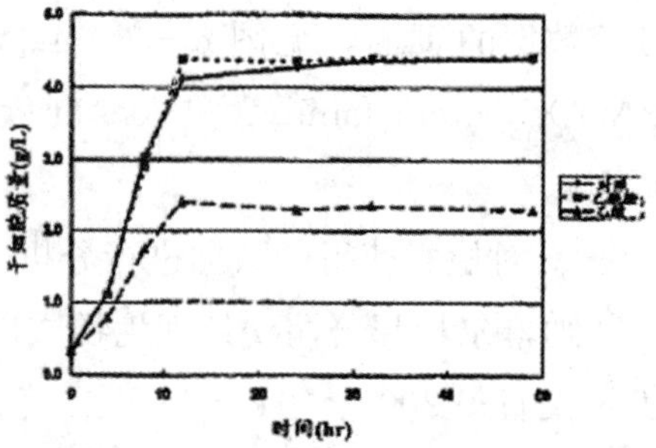

CN 101155925 B

图 6-1-1 “CN101155925B”要引进专利技术的相关著录项目信息

图 6-1-2　EPO 官网的主页

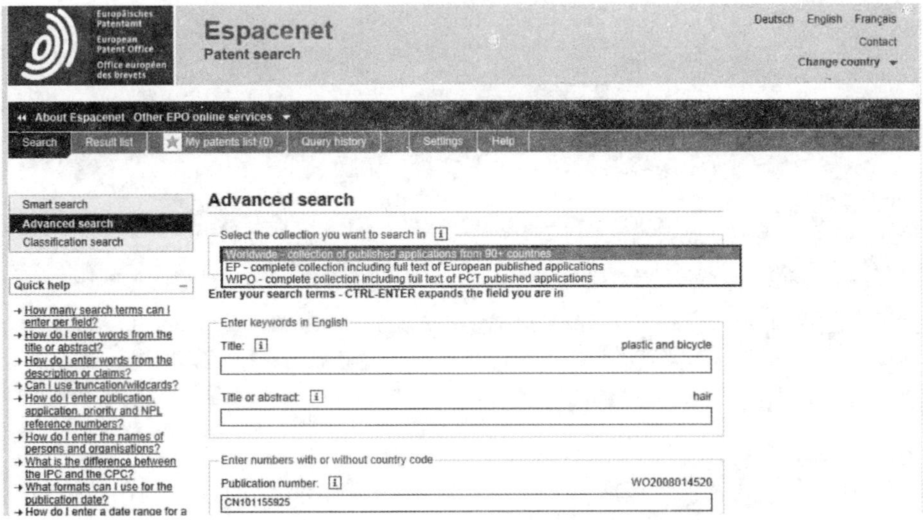

图 6-1-3　Espacenet—patent search 的高级检索页面

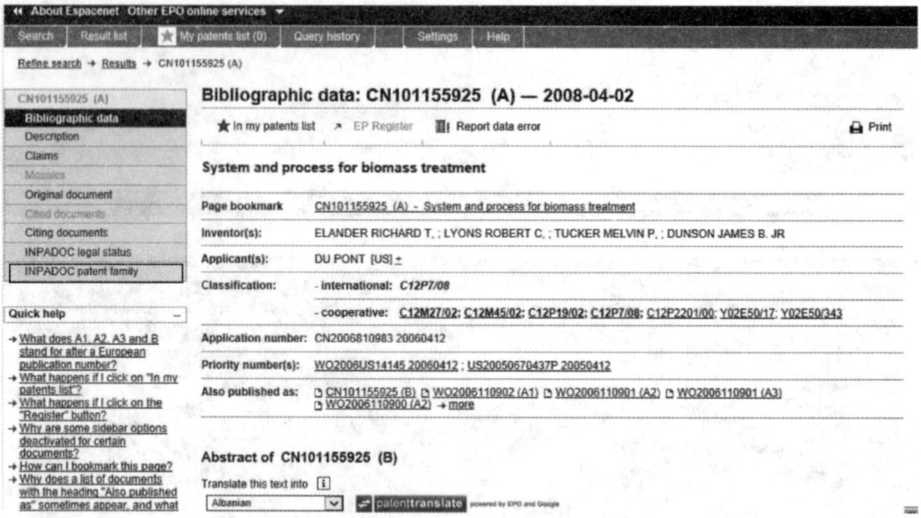

图 6-1-4 著录项目数据的页面

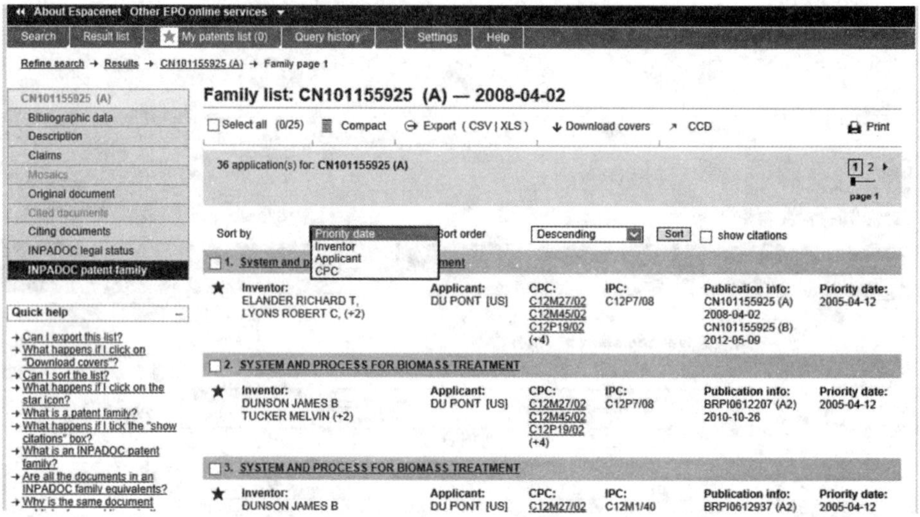

图 6-1-5 专利族列表页面（部分）

在专利族列表中，包括 CN101155925 在内共有 36 个同族专利，其中包括巴西专利申请 5 个［BRPI0612207（A2）等］，加拿大专利申请 5 个［CA2603128（A1）等］，中国专利申请 4 个［CN101155928（A）等］，欧洲专利局专利申请 5 个［EP1869201（A2）等］，日本专利申请 5 个［JP200853552（A）等］，美国专利申请 6 个［US2007029252（A1），US7910338（B2）等］，PCT 专利申请 5 个［WO2006110891（A2）等］。在 6 个国家或地区进行了专利申请，并且每个国家或地区都有 4 个以上的专利申请。中国的 4 个同族专利，见图 6-1-6。

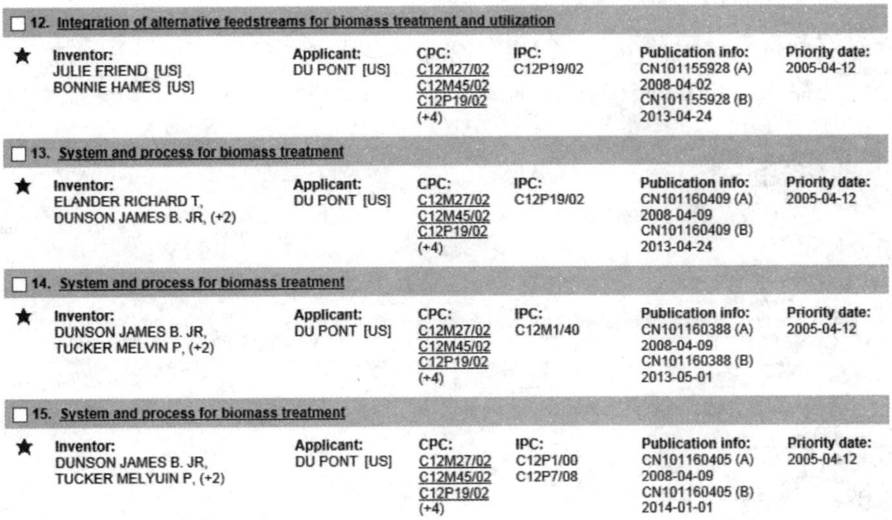

图 6-1-6 中国的 4 个同族专利

同族专利之间的内容可能完全相同，也可能部分相同。如果在中国引进该技术，不但要考虑用该技术所生产的产品销往的国家或地区是否拥有该专利的同族专利，还要分析同族专利的法律状态，并将各同族专利授权的权利要求书与要引进专利的保护范围比较，来判断同族专利是否与要引进专利相同，并在专利权转让/专利实施许可合同中有所体现。

（二）法律状态检索

对图 6-1-5 页面的“CN101155925”专利族列表中的专利文献进行法律状态检索❶。

1. 检索中国专利申请的法律状态

选择 SIPO 的“中国专利查询系统”（网址：http：//www.sipo.gov.cn/zljsfl/），其中的公众查询系统是为公众（申请人、专利权利人、代理机构等）提供每周更新的基本信息、审查信息、公布公告信息。

① 用与文献号“CN101155925”对应的中国专利申请号“200680010983.0”进行检索，法律状态检索页面见图 6-1-7，单击“基本信息”，见图 6-1-8，查询到专利申请的基本信息如下：

PCT 专利申请

发明名称：处理生物质以获得乙醇的方法。

---

❶ 中国专利的法律状态以登记簿为准。

申请日：2006—04—12。

发明专利授权日：2012—05—09。

专利权人：纳幕尔杜邦公司。

法律状态：专利权维持，有效。

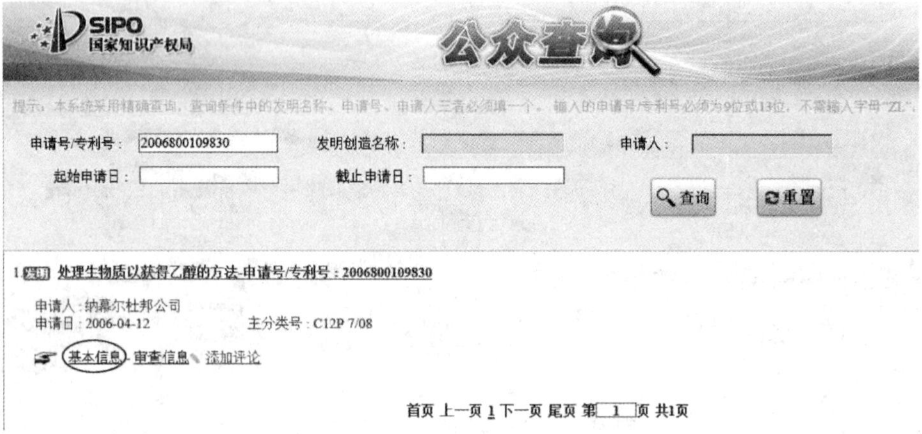

图 6-1-7 法律状态检索页面

图 6-1-8 专利申请的基本信息

② 用与文献号“CN101155928”对应的中国专利申请号“200680011184.5”进行检索，得到该中国专利申请的基本信息如下：

PCT 专利申请

发明名称：另选原料流在生物质处理和利用中的整合。

申请日：2006—04—12。

发明专利授权日：2013—04—24。

专利权人：纳幕尔杜邦公司。

法律状态：专利权维持，有效。

③ 继续用与文献号“CN101160388”“CN101160405”对应的中国专利申请号分别进行检索，分别得到基本信息和法律状态。

2. 检索欧洲专利申请的法律状态

选择 EPO 官网的主页（网址：www. epo. org），见图 6－1－2。单击主页中的“European patent register”，通过“Open the European Patent Register”进入高级检索页面（Advanced search），见图 6－1－9（直接进入网址：https：//register. epo. org/advancedSearch? lng=en）。

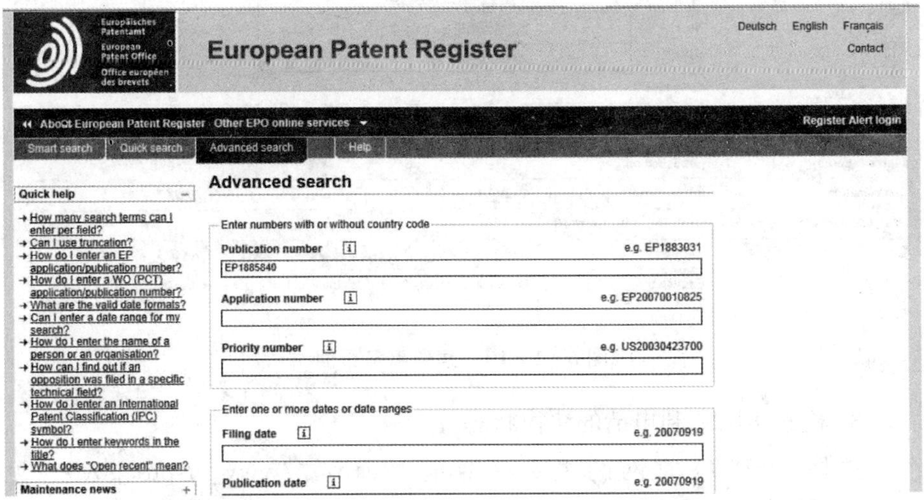

图 6－1－9　European patent register 高级检索页面

① 用欧洲专利申请公布号“EP1885840”进行检索，进入案卷事务页面，见图 6－1－10，得到该欧洲专利申请的基本信息和法律状态如下：

PCT 专利申请

发明名称：System and process for biomass treatment（生物质处理的方法）。

申请日：2006 年 4 月 12 日。

发明专利授权日：2012 年 2 月 29 日。

专利权人：纳幕尔杜邦公司。

指定国家：德国、法国、英国。

法律状态：专利权维持，有效。

② 继续用同族专利中的其他 3 个欧洲专利申请公布号分别进行检索，分别得到欧洲专利申请的基本信息和法律状态。

Publication	Type :	A1 Application with search report	
	No. :	WO2006110902	
	Date :	19.10.2006	
	Language :	EN	
	[2006/42]		
	Type :	↗ A1 Application with search report	
	No. :	EP1885840	
	Date :	13.02.2008	
	Language :	EN	
	The application has been published by WIPO in one of the EPO official languages on 19.10.2006		
	[2008/07]		
	Type :	↗ B1 Patent specification	
	No. :	EP1885840	
	Date :	29.02.2012	
	Language :	EN	
	[2012/09]		
International and Supplementary search report(s)	International search report - published on:	EP	19.10.2006
Classification	International :	C12M1/40	[2008/07]
Designated contracting states	DE, FR, GB [2008/27]		
Title	German :	System und Verfahren zur Biomassenbehandlung	[2011/35]
	English :	System and process for biomass treatment	[2011/35]

图 6-1-10 案卷事务页面

3. 检索美国专利申请的法律状态

选择 USPTO 官网的主页（网址：http：//www. uspto. gov），见图 6-1-11。单击主页中的“Patent”，进入检索选择页面，见图 6-1-12。单击图 6-1-12 中的“PAIR”，进入选项页面，单击左上侧的“Public PAIR（unregisted）”，进入专利申请信息检索页面，用美国专利号 US7910338（B2）进行检索，见图 6-1-13。得到检索结果页面，单击页面上的“Transaction history”（案卷事务记录）栏目，看到该专利申请的现有法律状态，见图 6-1-14。

单击图 6-1-14 左上侧的“Patent ownership”，可以检索专利权转移的相关信息。

图 6-1-11　USPTO 官网的主页

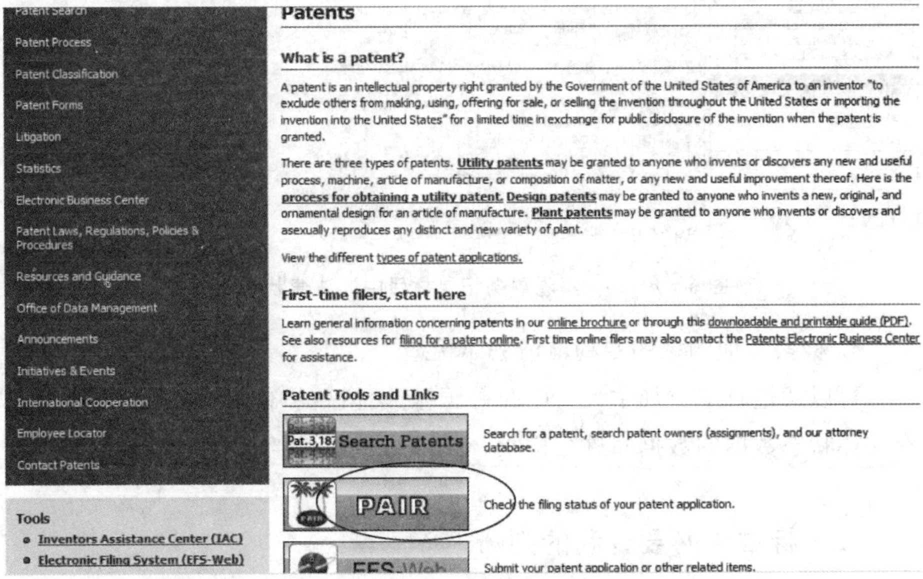

图 6-1-12　检索选择页面

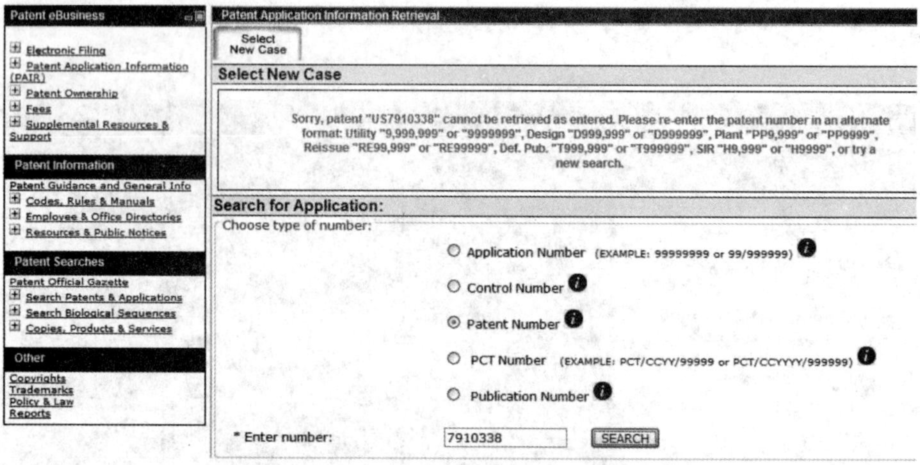

图 6-1-13　专利申请信息检索页面

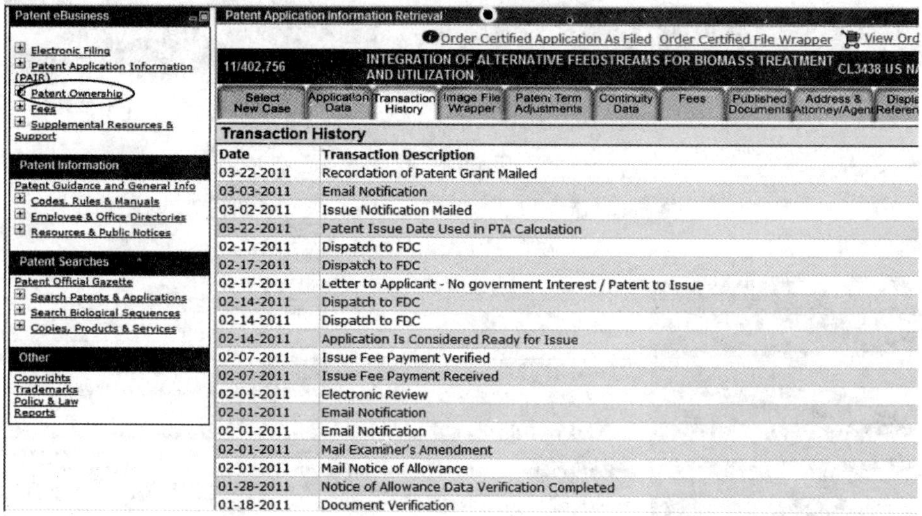

图 6-1-14　案卷事务记录栏目中的法律状态信息

4. 检索其他国家的专利申请法律状态

可以通过日本、加拿大、巴西等国家或地区的知识产权官网，选择具有法律状态数据的数据库进行检索，获得相应专利申请的法律状态。

二、标准中必要专利的判断

标准中的“必要专利”（Essential Patent）是指该专利技术是该标准所涉及产品或服务所必备的技术，是专利权人独占的技术。

（一）判断必要专利的要素

1. 必要专利的有效性

判断专利是否在保护期内维持有效。通常发明专利的保护期为20年，实用新型专利的保护期为10年，从专利申请日起算。如果专利超过了保护期，则专利无效。同时，各国家或地区的专利组织均规定，在获得专利权后，如果在保护期内不按时缴纳年费，则该专利无效。另外，在获得专利权后，如果有人提出判定该专利权无效的请求，并且专利权全部无效的决定生效的，则该专利无效。

判断在行为发生地是否有专利保护。根据专利保护的地域性规定，如果使用标准中所述专利技术的行为发生地所在的某些国家或地区没有授予该技术专利权，则该技术不受专利保护。

可以通过与专利相关的国家或地区的知识产权官方网站，用专利文献号检索得到上述相关信息。可以通过中国国家知识产权局网站（www. sipo. gov. cn）的“中国专利查询系统”检索中国专利是否有效；通过美国专利商标局网站（www. uspto. gov）的“Check Status”检索美国专利是否有效；通过欧洲专利局网站（www. epo. org）的“Register Plus”检索在欧洲专利局专利申请的法律状态；同样，其他国家或地区专利的法律状态也可从相应的官方网站获知。

2. 必要专利的不可代替性

时间上不可替代。该专利技术必须与当时要生产的产品或使用的方法有直接的联系，生产产品时必然要用到该专利技术，而不能用其他技术或专利替代。但是，随着技术的发展，用新技术替代该专利技术也是可能的。

技术上不可替代。具有全新技术方案的开创性专利可以不依赖其他专利而单独实施，是技术发展的基础技术，可以成为该技术领域的必要专利。可以根据被后来的专利文献所引用的情况来确认开创性的必要专利是否可被替代。开创性的必要专利被引用得越多，则越不可被替代。开创性的必要专利被引用得跨越时间越长，则越不可被替代。

通过专利引文检索可以获得专利的被引用数据。

3. 不侵犯在先的专利权

通过将必要专利与相关专利进行比较和分析，预先判断是否落入现有专利保护范围之内，来判断专利侵权风险。

（二）专利引文检索

以专利 US5868855（公布日：1999 —02 —09；专利权人：KABUSHKIKAISHA TOSHIBA）为例，说明如何检索本专利的专利引文，获得引用本专利技术的专利文献（citing documents），并进行相关分析。

1. 检索操作

选择 EPO 官网的主页（网址：www. epo. org），见图 6－1－2。单击主页中的“Espacenet — patent search”，通过“Open Espacenet at the EPO”进入高级检索页面（Advanced search），见图 6－1－3（直接网址：http：//worldwide. espacenet. com/advancedSearch？locale＝en _ EP）。用文献号“US5868855”进行检索。双击所检索到的文献，进入本专利著录项目数据的页面，见图 6－2－1。单击图 6－2－1 页面左上侧的“Citing documents”进入引用本专利的文献列表页面，[1] 见图 6－2－2。

图 6－2－1　本专利著录项目数据的页面

2. 对检索获得的数据进行分析

① 从引用本专利的专利文献数量和时间跨度可知，有 18 件专利文献引用了本专利，从 US5994238（A）（公布日：1999 — 11 — 30）持续到 US8521038（B1）（公布日：2013 — 08 — 27）。本专利被持续引用的时间跨度从 1999 年 11 月至 2013 年 8 月。不但引用本专利的专利文献数量多，而且跨越时间长。从本专利被引用的数量和时间跨度上看，符合不可被改进

[1] 单击页面左上侧的“Cited documents”进入本专利引用的文献列表页面。

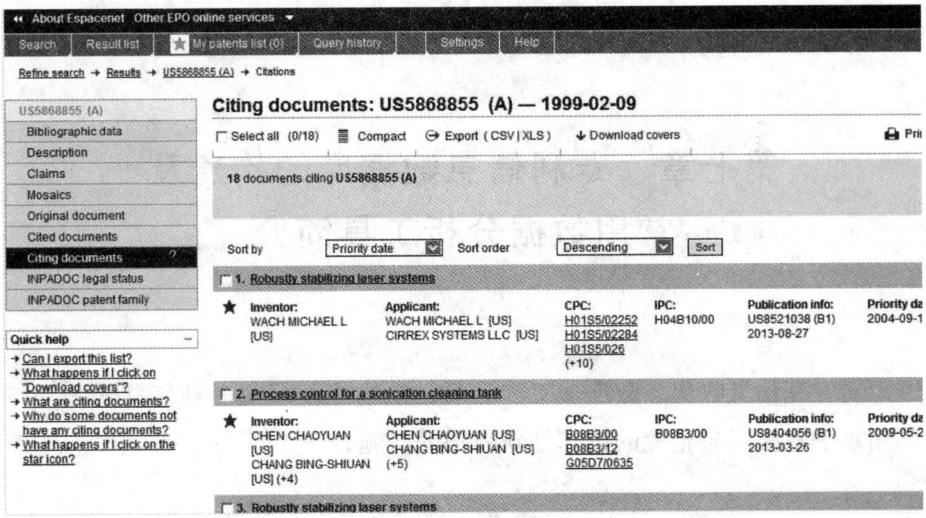

图 6-2-2　引用本专利的文献列表页面

技术替代的条件。

② 从引用本专利的专利文献的专利权人可知，在引用本专利的 18 件专利文献中，有 15 个不同的专利权人，其中一个专利权人（SEIKO EP-SONCORP）在 2008 年获得两件美国专利授权，另一个专利权人（CIR-REX SYSTEMS LLC）在 2011 年获得两件美国专利授权。说明本专利权人（KABUSHKIKAISHA TOSHIBA）的技术处于本领域的领先地位。

③ 从引用本专利的专利文献的内容可知，在引用本专利的 18 件专利文献中，被该领域技术人员认可的开创性专利技术是本专利涉及的“硅晶片刻蚀液”，其他技术都是在本专利基础上发展起来的技术，如刻蚀方法、刻蚀设备等。

综上所述，本专利 US5868855 不但是该技术领域的开创性专利，而且不能被改进技术所替代，因此是必要专利。

第七章　专利信息数据库的构建及常用数据分析工具简介

对专利信息收集、数据加工和处理的能力，以及对专利信息的开发与利用水平直接影响企业的技术创新战略的实施。

一、构建专利信息数据库

在企业现有的网络信息资源和现有的信息化系统基础上，企业可以根据自身的实际需求对原始的专利信息进行采集、筛选、整理、归类，建立自有的专利信息数据库，嵌入专利信息服务系统。

（一）数据库系统提供多种检索方式

数据库系统所提供的检索方式，包括表格式的著录项目检索、自由词全文检索，以及命令式逻辑组配的检索表达式检索，再次检索和导航检索等。

例 1：三级导航检索。在后台链接与导航级别和内容相对应的检索式，检索者直接单击检索页面的导航项目就可以获得检索结果。

一级	二级	三级
石油化工	合成树脂	聚乙烯
		聚丙烯
		……
	化工催化剂	聚烯烃催化剂
		加氢精制催化剂
		……
	……	

使用三级导航检索可以直观地检索到相关专业文献，不用检索者构建检索式，节省了检索时间，提高了数据库的利用率。方便企业管理人员、

技术人员及时了解相关专利技术的状况、竞争对手的专利状况等。

（二）数据库系统的功能

专利信息服务数据库系统可以包括专利信息管理子系统和专利申请管理子系统，以满足全方位、个性化的专利信息需求。

专利信息管理子系统可以包括专利信息检索模块、专利信息跟踪模块、专利信息分析模块、专利信息推送模块等多个功能模块。

专利申请管理子系统可以包括企业内部专利申请评估，专利申请信息的录入、检索和统计分析、点评、共享等多个功能模块。

（三）数据库后台数据的更新

1. 人工跟踪技术主题的检索和数据更新

确定需要进行检索的技术领域和技术范围，包括确定检索入口及其检索表达式。通常用专利分类号和关键词构成检索表达式。

人工跟踪检索时，要保证多次在检索入口输入检索式的一致性和准确性。根据各数据库的更新周期确定人工跟踪检索的频率。

例 1：每周跟踪检索一次中国专利文献。

2. 利用定制服务进行跟踪检索和数据更新

通过商业服务数据提供商，定期获得更新数据。

二、常用数据分析工具

随着每年专利申请量的不断递增，专利信息数据量也在快速增长，用人工手段难以实现对信息的综合提炼和概括，专利分析工具应运而生。专利分析工具的专业性程度对专利分析的效率及专利分析结果的准确性有极大的影响。最近几年，国内外专利信息分析软件层出不穷，各种分析软件的特点各不相同，各有侧重。

（一）Microsoft Office Excel

Excel 是微软办公套装软件的一个重要组成部分，它可以进行各种数据的处理、统计分析，广泛地应用于管理、统计等领域。[1] 将从专利信息数据库检索到的数据导入到 Excel 中，在对数据进行统一格式的规范化后，可以进行数据排序、筛选、分类汇总等分析工作。根据分析目的来确定要

---

[1] Excel 有多个版本，从 Excel 1.01 到 Excel 2013。Excel 函数一共有 11 类，分别是数据库函数、日期与时间函数、工程函数、财务函数、信息函数、逻辑函数、查询和引用函数、数学和三角函数、统计函数、文本函数以及用户自定义函数。

规范、筛选的数据项，如技术分支名称、申请人名称、国省名称、日期的格式、分类号的格式、号码的格式等。还可以进行函数和公式的应用、图表和图形的使用以及VBA和宏的应用。

以近10年“从含纤维素材料生产乙醇”专利文献数据为例，说明如何用Excel分析检索到的专利信息数据。选择SIPO的“专利检索与服务系统”（网址：http：//www.sipo.gov.cn/zljsfl/）中“中外专利联合检索”数据库，检索文献公开日的范围为2003年1月1日～2013年12月31日。检索式为“公开（公告）日＝2003－01－01：2013－12－31 AND IPC分类号＝C12P7/08”。

例1：近10年中国、美国申请人的专利申请量趋势，见表7-2-1和图7-2-1。

表7-2-1 专利申请量

国家/区域 年代	美国	中国
2003	9	2
2004	12	4
2005	25	2
2006	34	6
2007	29	5
2008	36	16
2009	59	12
2010	45	12
2011	35	22
2012	25	19
2013	8	16

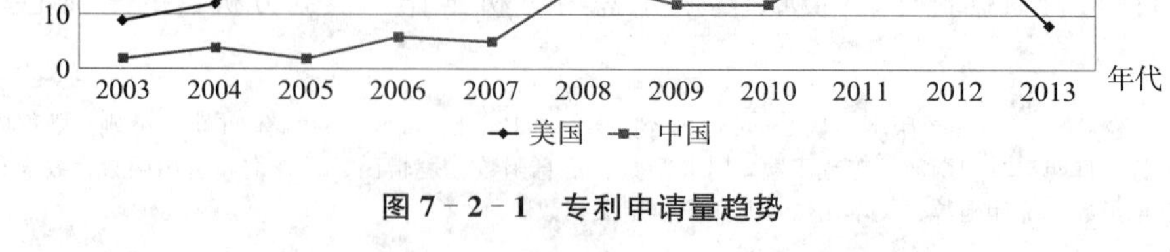

图7-2-1 专利申请量趋势

例2：各国家/区域的专利申请量所占比例，见表7-2-2和图7-2-2。

表7-2-2 专利申请量

国家/区域	申请量
美国	374
日本	313
中国	128
英国	60
芬兰	58
丹麦	46
加拿大	42
荷兰	41
韩国	36
法国	32
其他	155

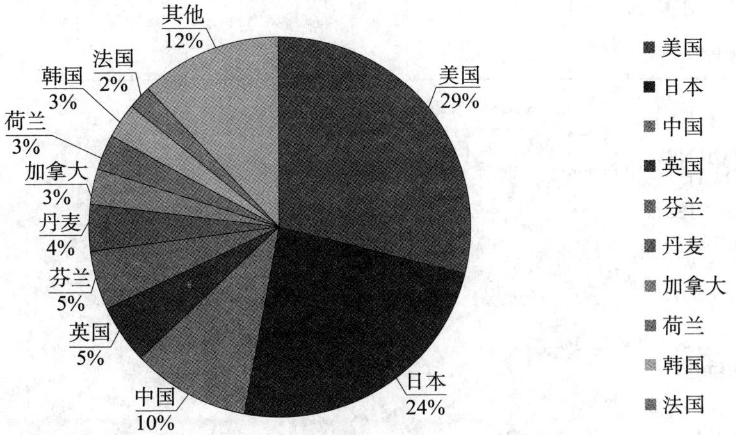

图7-2-2 专利申请量所占比例

例3：主要申请人的专利申请量随时间逐年变化的情况，见表7-2-3和图7-2-3。

表 7-2-3 申请人的专利申请量年度变化的情况

年代 / 申请量 / 公司	2002	2003	2004	2005	2006	2007	2008	2009	2010	2011	2012	2013
LANZATECH NEW ZEALAND LTD							8	1	7	11		2
DSM IP ASSETS BV2003						4		5	1	10	3	1
CIBA SPECIALTY CHEMICALS WATER		15		6								
NOVOZYMES AS			6	2			3	1	4	3		
VALTION TEKNIL-LINEN	7		1	8		1		1	1			
IOGEN ENERGY CORP			1	1	6	2	4	1	2		1	
NOVOZYMES NORTH AMERICA INC		1	2	4	4		3		2		2	
XYLECO INC						1		7	8	2		
ST1 BIOFUELS OY					6	2	2	3	3			
DU PONT DE NEM-MOURS CO E I					8		3	2			1	

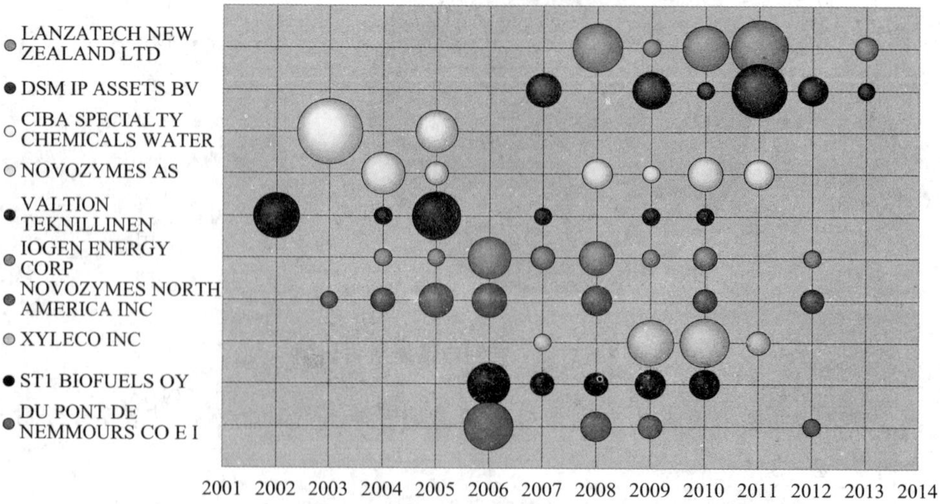

图 7-2-3 申请人的专利申请量随时间逐年变化的情况

（二）Thomson Innovation（TI）

Thomson Innovation（TI）是由汤森路透集团提供的商用数据库（网址：http：//www. thomsoninnovation. com/）。TI 除收录 DWPI 数据以外，还收录来自全球 90 多个国家和地区的 8 000 万篇专利信息，包含题录信息、PDF 全文，法律状态信息等专利信息深加工的数据和原始数据，另外还有 INPADOC 法律状态和美国 Re—assignment 数据库，可以全面获取技术竞争信息、市场竞争信息和竞争情报信息。❶

① TI 数据库的检索功能。在海量的专利数据中快速准确检索到有价值的信息，如检索“IC＝（c12p000708）AND DP＞＝（20030101）AND DP＜＝（20131231）”，见图 7－2－4。

② TI 数据库的分析功能。对已有检索到的专利信息进行分析，以揭示其技术发展趋势。通过预警来监测最新的技术动态及专利信息的更新。

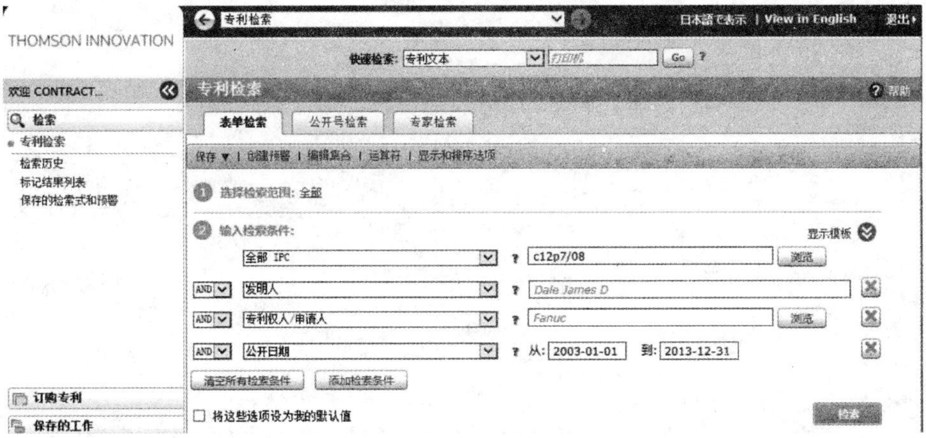

图 7－2－4　TI 检索页面

a. 图表展示：可视化展现技术领域分布、技术发展趋势、重要专利权人等，见图 7－2－5。

b. 文本聚类：自动生成技术分类，技术点的分布，快速定位所需技术点的文献，见图 7－2－6。

---

❶ TI 包括的数据范围：全球专利覆盖，包括深加工的德温特世界专利索引（Derwent World Patents Index ®，简称 DWPI）和德温特专利引文索引（Derwent Patents Citation Index，简称 DPCI），欧美专利全文和英译的亚洲专利。广泛收集的科技文献，其中包括来自全球最权威的引文索引 Web of Science、电子电气数据库 INSPEC 和 Proceedings 国际学术会议录。商业和新闻信息，提供全球 12 000 多个出版物中的综合性全球新闻，内容来源于世界各地主流的报纸、商业杂志和新闻专线（包括新兴市场）。

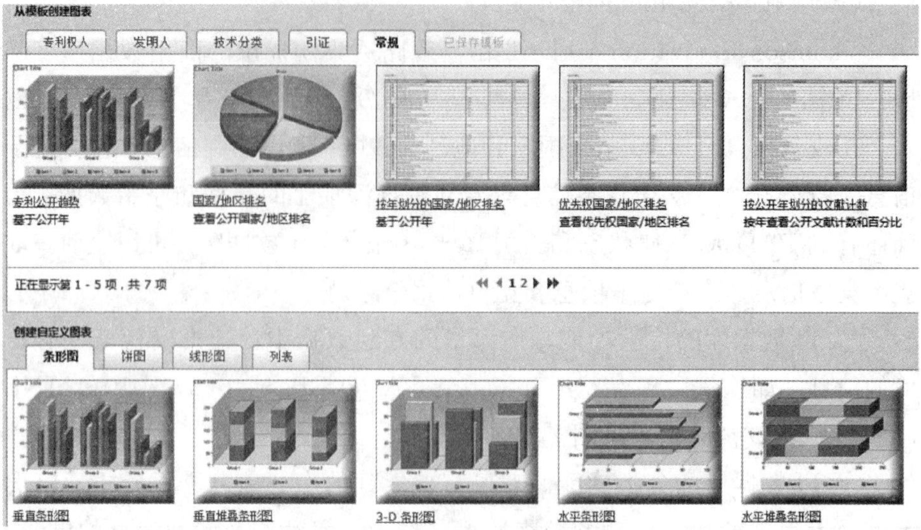

图 7-2-5 TI 图表展示

图 7-2-6 TI 文本聚类

c. 专利地图：以专利地图来获取技术分布状况。了解竞争对手或行业技术总体分布，见图 7-2-7。以等高线图为基准，不同山峰区域表示特定技术主题的专利文献数量，等高线表明了相关文献的密度，山峰越高则相关文献越多，峰间距离越近则专利文献的内容越接近。可以发现技术密集的领域。

d. 引证树：通过专利的被引用次数找到技术领域内的关键专利，利用专利引证关系（引用和被引用）找到更多相关专利。追踪技术发展趋势、发现技术的最新研究进展、识别竞争对手的专利保护策略，见图 7-2-8。

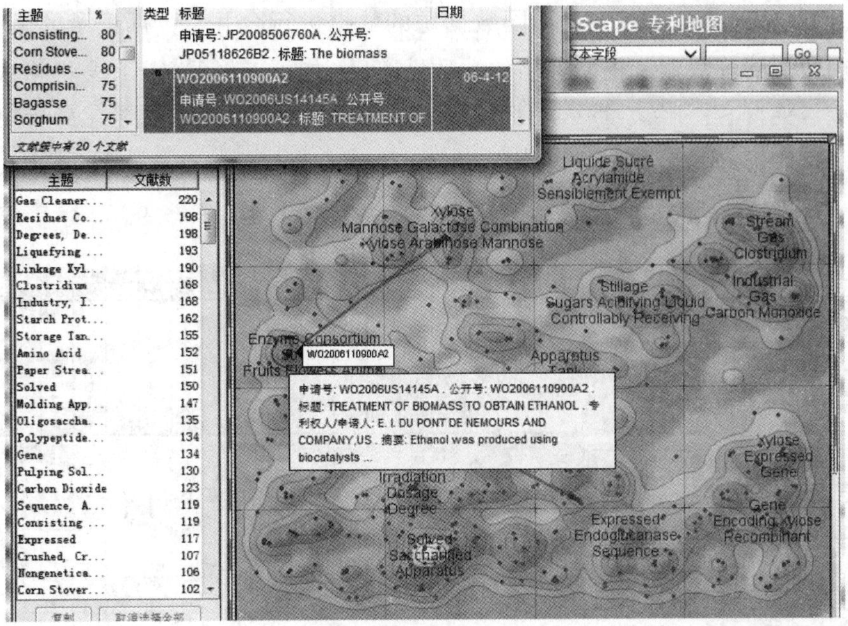

图 7-2-7 TI 专利地图

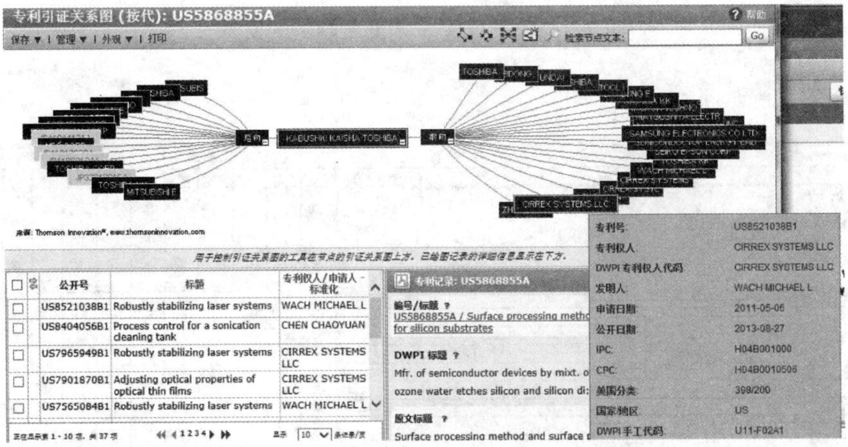

图 7-2-8 TI 引证树

（三）汤森数据分析家（TDA）

汤森数据分析家 Thomson Data Analyzer（TDA）[1] 是汤森路透公司开发的数据分析工具，是具有分析功能的文本挖掘软件，可以对 Thomson Scientific 和其他数据库的数据进行多角度的数据挖掘和可视化的全景分析。TDA 软件包括数据导入、数据清理、数据分析和生成分析报告四个功能模

[1] TDA 是一个非在线的分析工具，需要向汤森路透公司购买。

块。TDA 软件可以对来自不同数据源的数据进行合并、数据记录的去重、使用叙词清理数据和提高标引的一致性等。[1] 如可以将 EXCEL 文件格式的数据、来自 STN 等数据库的数据导入进行分析处理。使用 TDA 软件可以自动生成报告，如公司报告、公司间比较报告、技术报告等。

例 1：不同申请人的技术发展趋势的展示，见图 7-2-9。

Reset		Patent Assignees	1	2	3	4	5	6	7	8	9	10	11	12	13	14	15	16	17	18
		# Records	1216	1179	924	573	554	477	472	433	413	399	390	366	293	281	268	250	247	234
Manual Codes	# Records	Show Values >= 1 Cooccurrence # of Records	W01-B05A1A	W01-C01D3C	W02-C03C1G	W01-A06C4	T01-S03	W01-A03B	W01-C05B3J	T01-C07C9	W01-A06G2	W02-C03C1A	T01-N02A3	T01-C03C	W01-A06C4E	T01-N01D	W01-A06C4G	W01-A06B5A	T01-N01D3	W01-C01D3G
1	273	NOKIA CORP	126	85	77	29	104	45	59	29	37	49	32	15	16	20	12	22	14	15
2	161	SAMSUNG ELECTRONICS CO LTD	53	48	50	19	8	23	27	8	17	22	9	7	10	9	17	11	5	11
3	142	TELEFONAKTIEBOLAGET ERICSSON L M	71	21	43	16	18	30	26	9	25	29	8	5	3	10	8	6	6	11
4	118	MOTOROLA INC	67	34	44	16	10	13	16	4	8	21	13	17	10	7	8	8	6	10
5	99	QUALCOMM INC	24	46	16	27	72	22	3	17	18	11	37	36	13	19	12	2	5	3
6	89	HUAWEI TECHNOLOGIES CO LTD	33	3	35	11		13	5	1	13	13	1	1		4	1	2	2	3
7	83	LG ELECTRONICS INC	32	16	24	13	2	11	4	5	10	11	2	6	2	5	5	1	3	9
8	80	RES IN MOTION LTD	24	31	9	12	22	20	34	26	20	4	17	9	11	6	5	2	8	4
9	77	LUCENT TECHNOLOGIES INC	40	19	30	9	5	14	12	11	11	21	5	5	10	7	6	4	4	
10	62	INTEL CORP	20	18	20	22	29	7	7	8	4	9	5	16	15	8	10	19	1	2
11	57	INNOVATIVE SONIC LTD	24	13	20	9	1	9	1	6	6	2	1	6		1				3
12	52	NOKIA INC	23	24	11	6	30	11	7	12	9	8	9	6	4	1	2	8	2	1
13	41	ZTE CORP	10	3	11	16		6	2	1	4	4	2	2	1	4		2	3	3
14	41	NEC CORP	13	12	14	8	12	2	2		3	5	4	2	2	5	1	8	2	5
15	39	INTERDIGITAL TECHNOLOGY CORP	23	7	26	5		6	8	4	3	9	1	2	1	3	1	1		4

图 7-2-9 TDA 技术发展趋势的展示

例 2：技术随年代的发展变化趋势展示，见图 7-2-10。

Reset		International Classifications 8 (1)	1	2	3	4	5	6	7	8	9	10	11
		# Records	698	693	585	328	300	297	221	113	79	23	11
...ic Patent Y...	# Records	Show Values >= 1 Cooccurrence # of Records	2008	2009	2007	2010	2005	2006	2004	2003	2002	2001	2000
1	527	H04Q-007/38	120	23	116	2	66	99	44	23	18	9	6
2	376	H04Q-007/20	73	22	78	5	54	43	52	27	12	7	3
3	333	H04L 12/56: Data switching networks -> Stored and forward switchin	55	29	64	11	55	54	26	15	13	7	4
4	321	H04B 7/26: Radio transmission systems, i.e. using radiation field	65	50	58	14	41	41	17	17	9	4	4
5	287	H04L 29/06: Arrangements, apparatus, circuits or systems, not cove	47	55	59	19	30	33	25	6	6	4	2
6	257	H04L 12/28: Data switching networks -> characterised by path confi	40	31	38	8	44	39	30	12	10	2	1
7	236	H04Q-007/22	61	18	36		30	38	17	9	12	10	5
8	184	H04Q-007/32	55	10	46		15	19	22	8	6		
9	176	H04W 88/00: Devices specially adapted for wireless communication n	16	66	23	46	5	3	6	4	5	1	1
10	147	G06F 15/16: Digital computers in general; Data processing equipmen	29	17	30	12	17	15	11	10	4	1	
11	145	H04L 12/66: Data switching networks -> Arrangements for connecting	25	12	31	4	18	14	20	10	5	2	3
12	138	H04Q-007/00	22	6	22		17	25	17	13	10	3	3
13	125	H04M 1/00: Substation equipment, e.g. for use by subscribers	24	12	24	11	12	12	12	7	7	1	1
14	121	H04L 29/08: Arrangements, apparatus, circuits or systems, not cove	25	32	16	18	10	9	7	1	1	1	1
15	118	H04Q-007/24	22	1	35	1	14	19	8	9	5	2	2
16	111	H04M 3/42: Automatic or semi-automatic exchanges -> Systems provid	30	22	14	8	9	7	13	4	1		1
17	111	H04W 36/00: Handoff or reselecting arrangements	11	33	18	23	7	7	5	3	2	1	1
18	108	G06F 17/30: Digital computing or data processing equipment or meth	30	25	27	7	9	3	5			1	
19	106	H04B 7/00: Radio transmission systems, i.e. using radiation field	19	10	13	4	14	11	17	9	7	2	

图 7-2-10 TDA 技术随年代的发展变化趋势展示

---

[1] TDA 软件内部设有多个叙词表，提供快速的自动数据清理的功能，只需单击一个按钮，对著者/发明人、科研机构/专利申请人/专利授权人、国际专利分类号等字段数据整理工作即可自动完成。

（四）专利信息分析系统（PAS）

PAS（Patent Analysis System）❶ 是中国专利技术开发公司开发的专利信息分析系统。该系统是集专利信息检索、管理与分析为一体的平台工具。系统的主要功能包括数据导入、数据标引、专题管理、专利数量分析、专利质量分析、发展趋势分析、专利引文分析、专利同族分析、数据管理、系统管理等。专利信息分析系统界面图，见图 7－2－11；领域年度申请量统计图，见图 7－2－12；领域专利申请量份额图，见 7－2－13；引用关系图，见图 7－2－14。

图 7－2－11　PAS 专利信息分析系统界面图

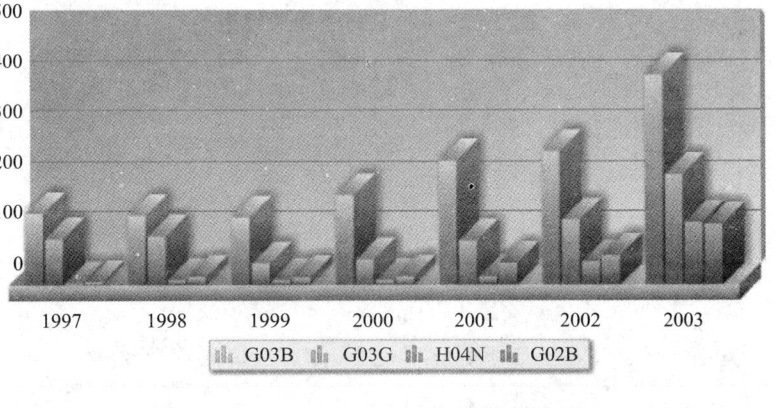

图 7－2－12　PAS 领域年度申请量统计图

❶ 该专利信息分析系统（PAS）申请了软件著作权保护并通过了软件登记测试。系统每年针对用户需求进行升级。PAS 是一个非在线的分析工具，需要向中国专利技术开发公司购买。

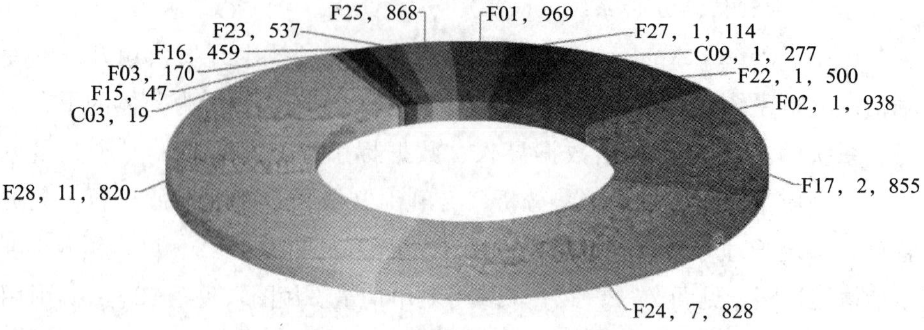

图 7-2-13 PAS 领域专利申请量份额图

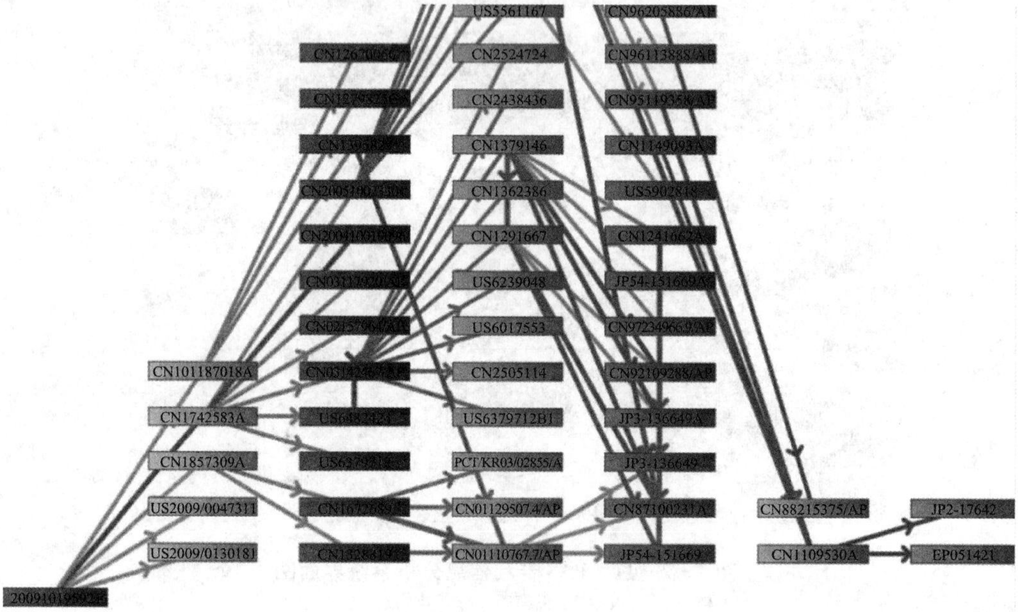

图 7-2-14 PAS 引用关系图

第八章　免费的国内外主要专利信息资源简介

一、中国国家知识产权局专利信息资源

通过国家知识产权局（SIPO）的主页（网址：www. sipo. gov. cn），见图 8-1-1a 和图 8-1-1b，进入检索系统。

单击图 8-1-1a 中的“专利检索与查询”可以直接进入专利检索与查询的门户页面，见图 8-1-2。通过该门户页面可以进入 4 个子系统，即“专利检索与服务系统”“中国专利查询系统”“专利公布公告”“专利查询”。

单击图 8-1-1b 中的“国外主要知识产权网站”，可以进入相应国家、地区或组织的知识产权官网主页。

图 8-1-1a　SIPO 的主页

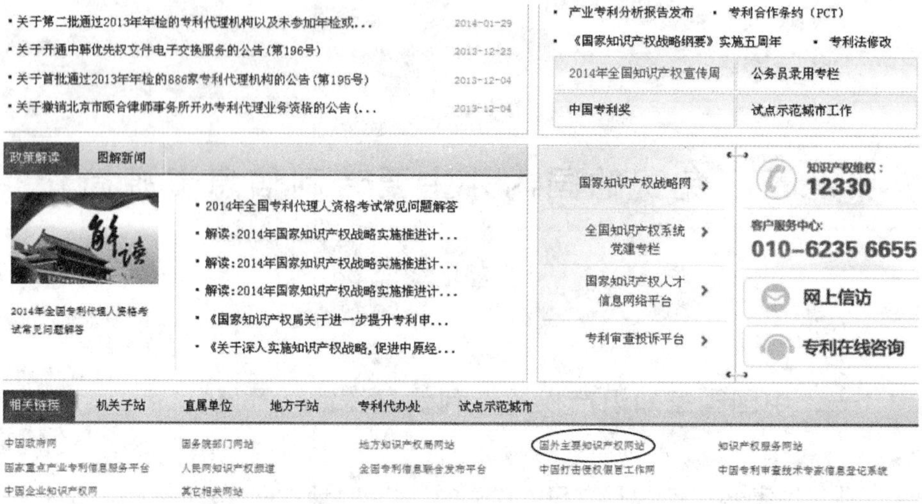

图 8-1-1b SIPO 的主页

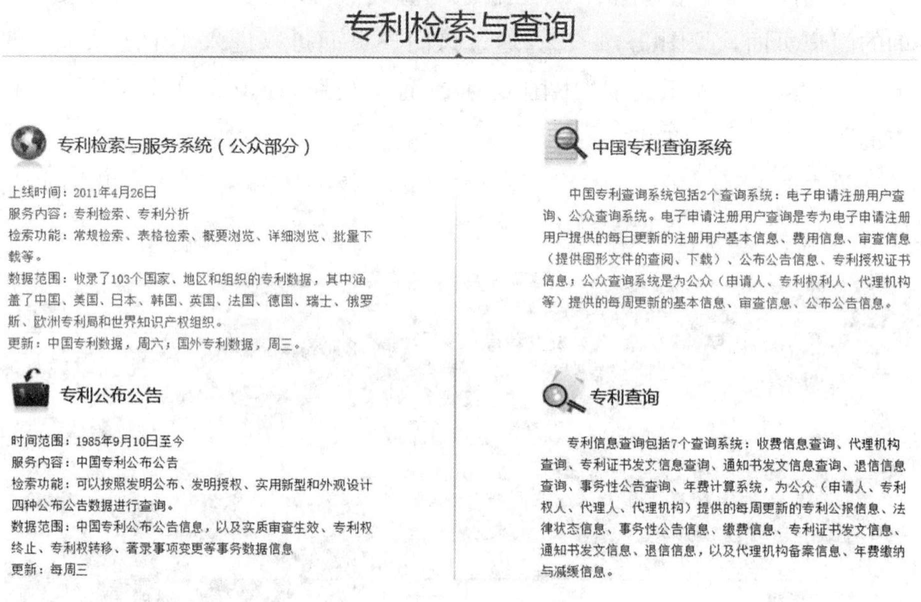

图 8-1-2 专利检索与查询的门户页面

分别单击图 8-1-2 中的 4 个子系统,可以获取相应的内容,如下所述:

专利检索与服务系统:通过该系统不仅可以进行专利检索、专利分析,还可以进行概要浏览、详细浏览、批量下载等。

中国专利查询系统:该系统包括 2 个查询系统。

① 电子申请注册用户查询、公众查询系统。电子申请注册用户查询是专

为电子申请注册用户提供的每日更新的注册用户基本信息、费用信息、审查信息（提供图形文件的查阅、下载）、公布公告信息、专利授权证书信息；

② 公众查询系统。为公众（申请人、专利权利人、代理机构等）提供每周更新的中国专利申请的基本信息、审查信息、公布公告信息。该系统采用精确查询，查询条件中的发明名称、申请号、申请人三者必须填一个。输入的申请号/专利号必须为 9 位或 13 位，不需输入字母“ZL”，并且不能包含“.”。

专利公布公告：通过该系统可以查询审查信息、公布公告信息（1985 年 9 月 10 日至今），即中国专利公布公告信息，以及实质审查生效、专利权终止、专利权转移、著录事项变更等事务数据信息。可以按照发明公布、发明授权、实用新型和外观设计四种公布公告数据进行查询。每周三更新数据。

专利查询：该系统包括 7 个查询系统，即收费信息查询、代理机构查询、专利证书发文信息查询、通知书发文信息查询、退信信息查询、事务性公告查询、年费计算系统。为公众（申请人、专利权人、代理人、代理机构）提供每周更新的中国专利申请的专利公报信息、法律状态信息、事务性公告信息、缴费信息、专利证书发文信息、通知书发文信息、退信信息，以及代理机构备案信息、年费缴纳与减缓信息。

（一）专利检索与服务系统

专利检索与服务系统（网址：www.pss—system.gov.cn）于 2011 年 4 月 26 日正式向社会公众提供服务，该系统具有检索功能和分析功能，可以进行二次检索来筛选公开文献、授权文献和专利类型，还可以查看文献详细信息、法律状态、同族专利、引文等。

该系统收录了 103 个国家、地区和组织的专利数据，其中涵盖了中国、美国、日本、韩国、英国、法国、德国、瑞士、俄罗斯、欧洲专利局和世界知识产权组织。截止至 2012 年 9 月共收录 9 000 多万条文摘数据、4 000 万条全文数据，以及大量的辅助检索数据。提供专业、个性化服务。中国专利数据，每周六更新，国外专利数据，每周三更新。

在专利检索与查询的门户页面（图 8－1－2）中，单击并进入专利检索与服务系统，页面见图 8－1－3。检索功能包括常规检索和表格检索，页面分别见图 8－1－4a 和图 8－1－4b。检索结果的页面，见图 8－1－5a，文献详细信息页面，见图 8－1－5b，在检索结果页面可以继续单击相应按钮获得全文信息、法律状态信息、同族信息、专利申请人的基本信息等。

图 8-1-3 专利检索与服务系统页面

图 8-1-4a 常规检索页面

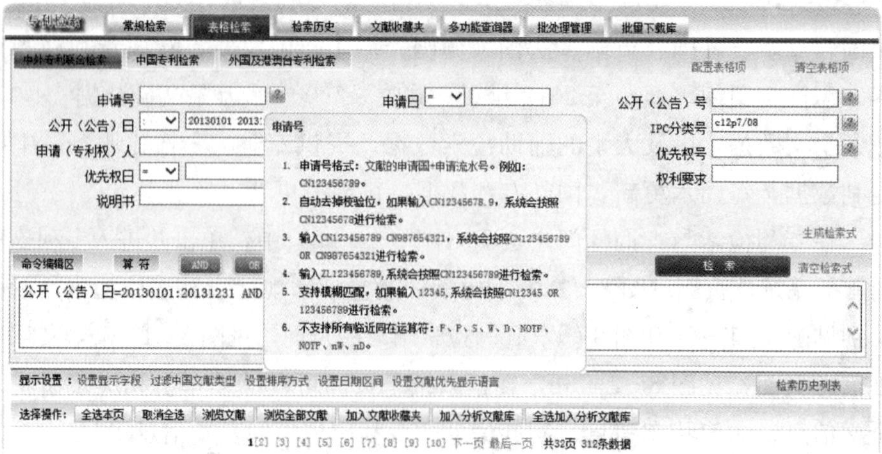

图 8-1-4b 表格检索页面

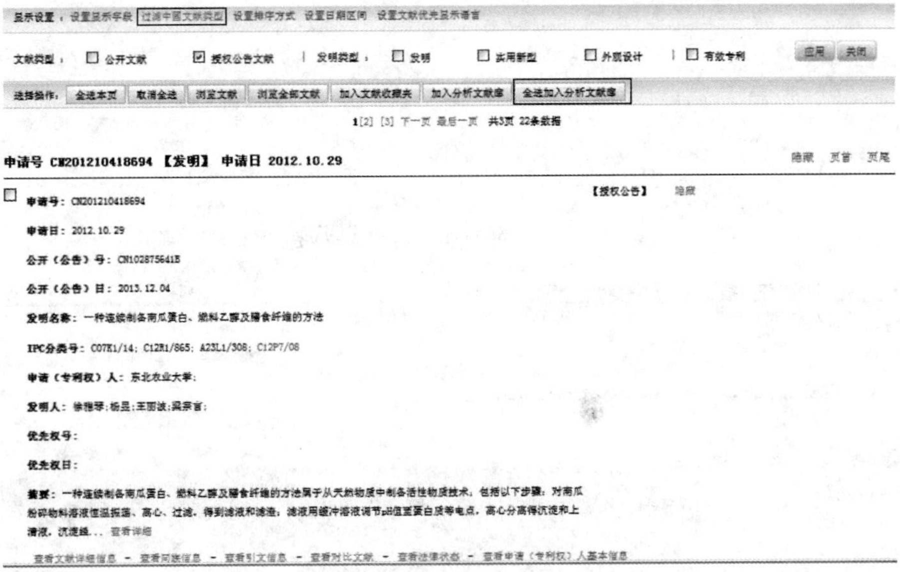

图 8-1-5a　检索结果页面

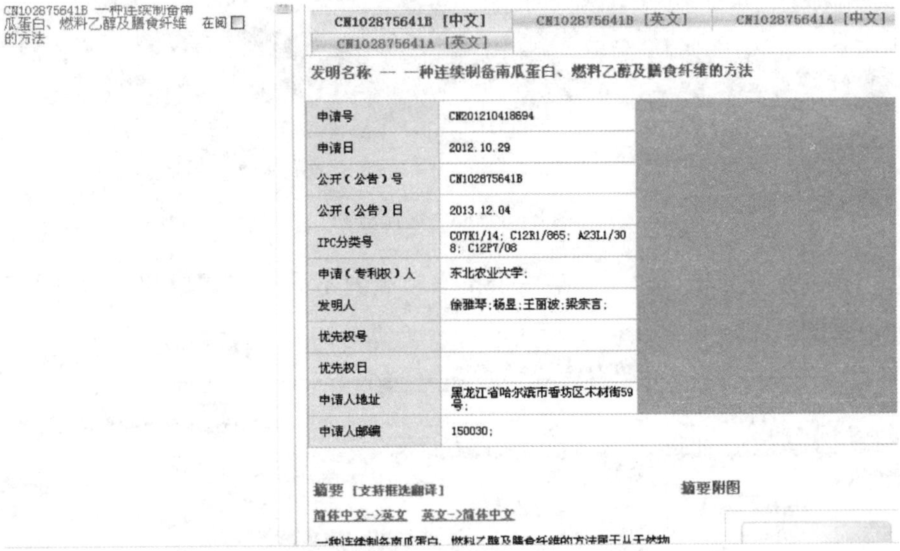

图 8-1-5b　文献详细信息页面

在图 8-1-5a 中，选择批量检索结果并加入文献分析库，[1] 见图 8-1-5c。单击“进入分析”可以进行快速分析。

区域分析可以了解某些区域专利发展状况和未来发展方向，见图8-1-6a。

---

[1] 分析功能需要用户注册（免费）。

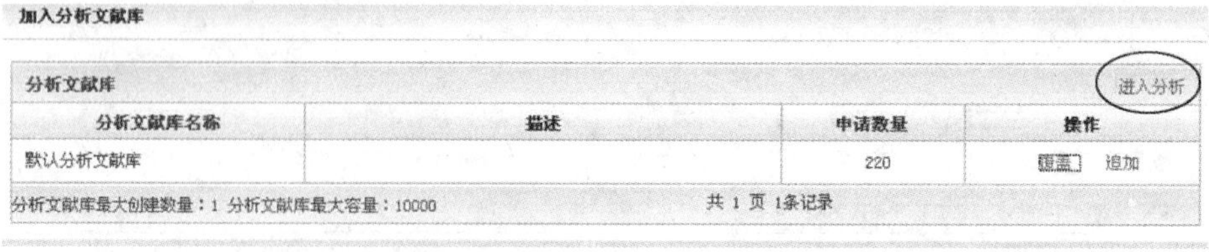

图 8-1-5c 加入文献分析库

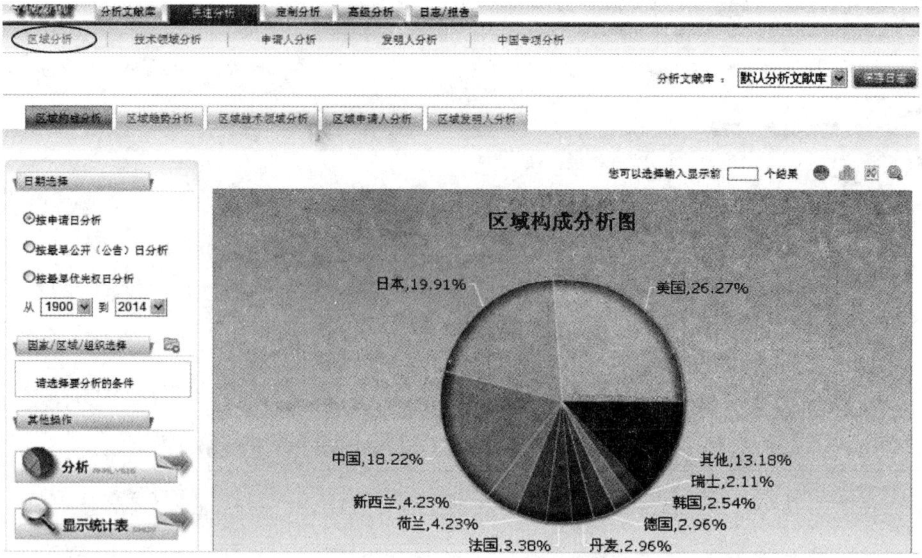

图 8-1-6a 区域分析

技术领域分析可以了解某一个技术领域内不同技术构成和技术发展方向，见图 8-1-6b 和图 8-1-6b’。

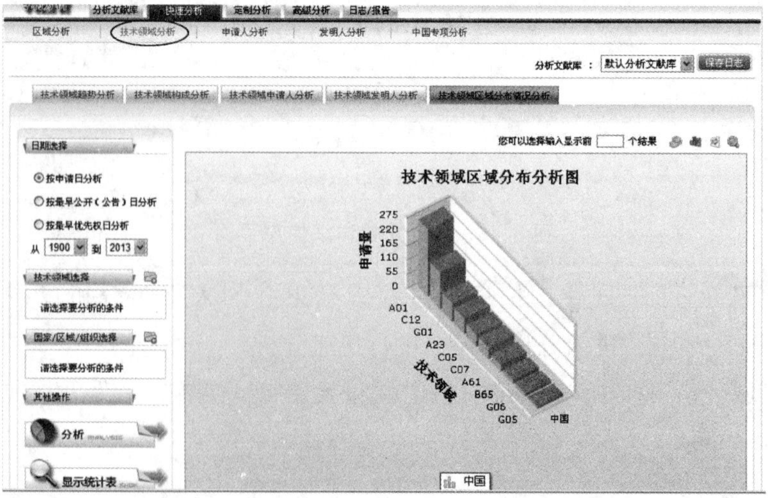

图 8-1-6b 技术领域区域分布情况分析

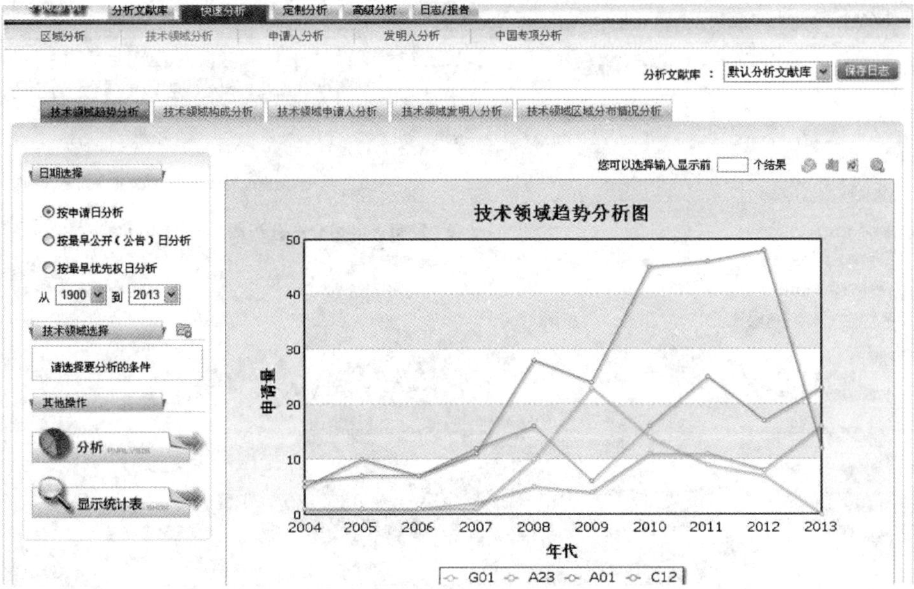

图 8-1-6b' 技术领域趋势分析

申请人分析可以统计各申请人的申请量，分析其在一定时期内的技术发展变化趋势，见图 8-1-6c。

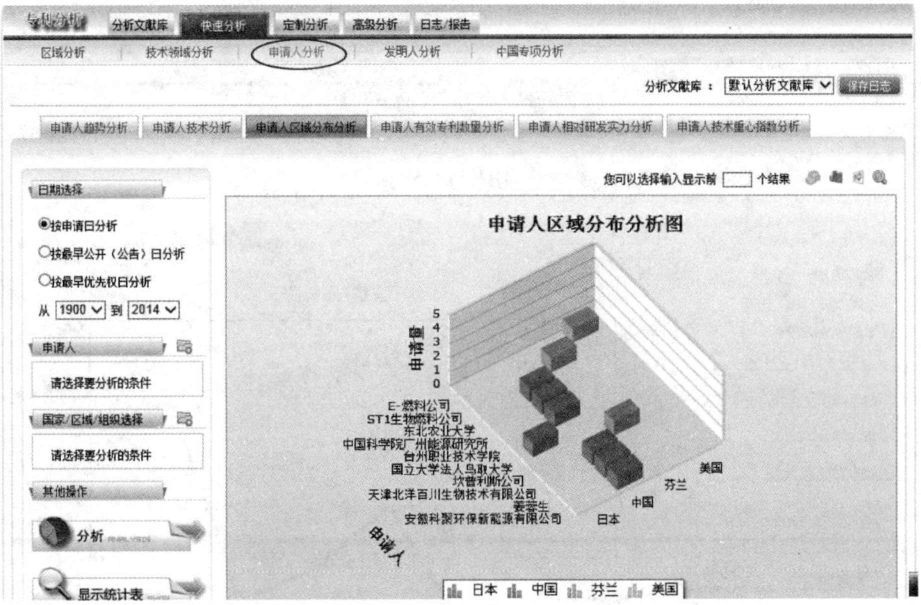

图 8-1-6c 申请人分析

发明人分析可以了解某一个技术领域内不同发明人技术特长和技术路线，见图 8-1-6d。

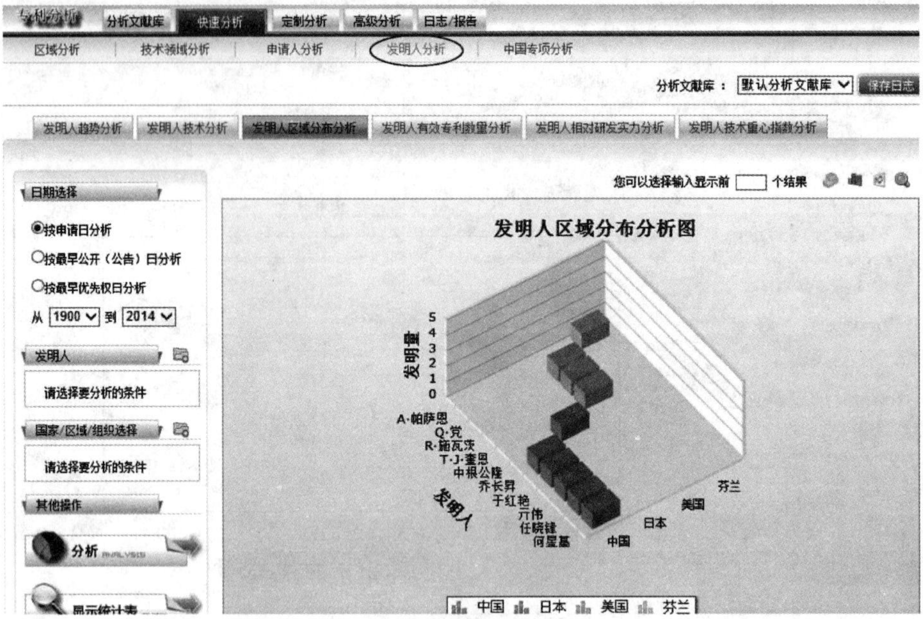

图 8-1-6d 发明人分析

中国专项分析可以了解中国专利申请的分布状态，包括专利类型等，见图 8-1-6e。

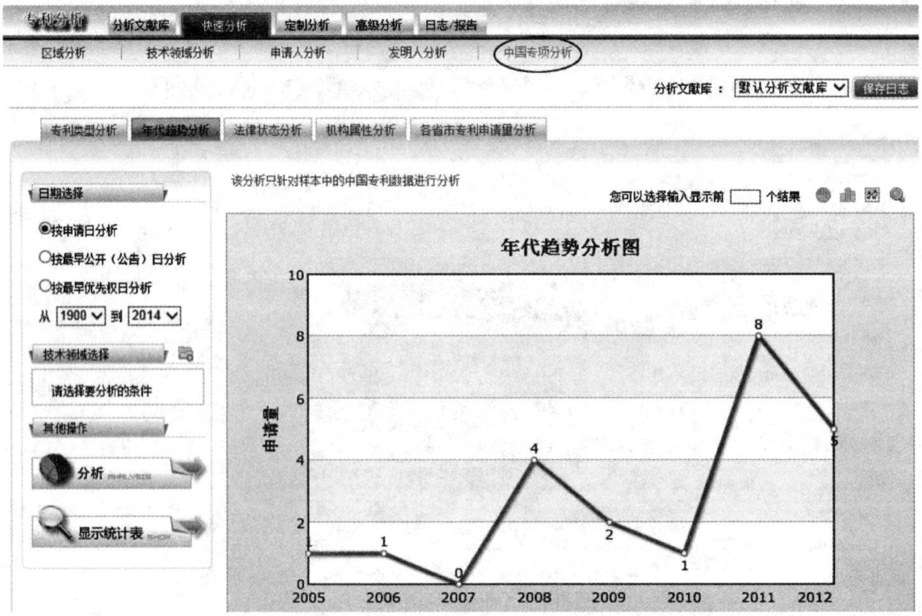

图 8-1-6e 中国专项分析

（二）中国专利查询系统

中国专利查询系统（网址：http：//cpquery. sipo. gov. cn），用户分为注册用户和公众用户。公众用户通过输入申请号、发明名称、申请人等内容查询已经公布的中国发明专利申请、已经公告的发明专利、实用新型专利及外观设计专利的相关基本信息、审查信息公布公告信息。每周更新数据。

在专利检索与查询的门户页面的（图 8-1-2）中，单击并进入中国专利查询系统的检索页面，见图 8-1-7。在检索页面输入相应信息，进入检索结果页面，见图 8-1-8a 和图 8-1-8b，其中 2010 年 2 月 10 日前的专利申请无图形文件。

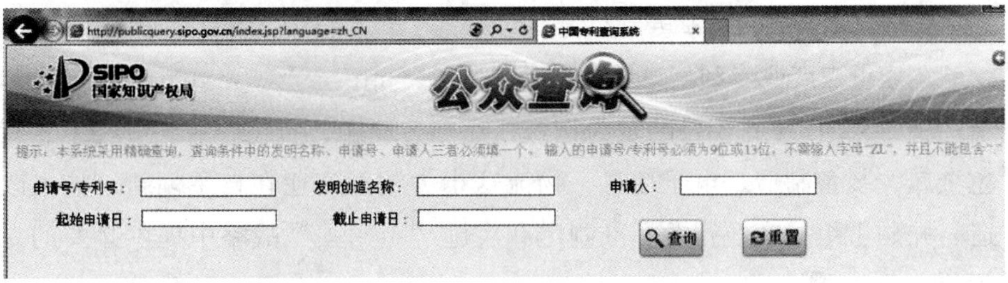

图 8-1-7　中国专利查询系统的检索页面

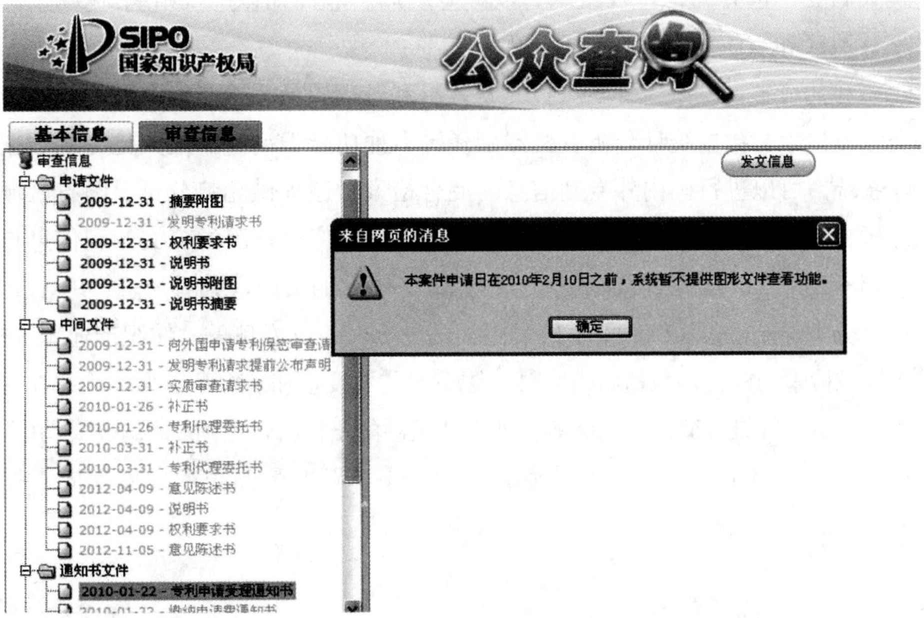

图 8-1-8a　2010 年 2 月 10 日前的专利申请检索结果页面

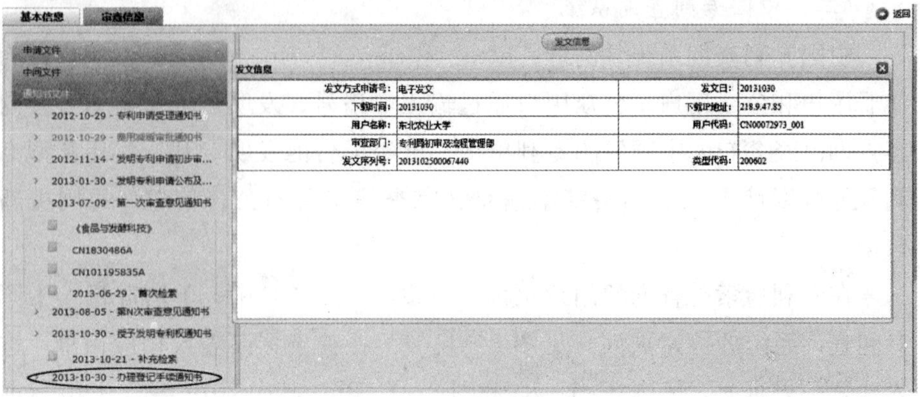

图 8-1-8b　检索结果页面

（三）国家重点产业专利信息服务平台

国家重点产业专利信息服务平台（网址：http：//www.chinaip.com.cn/）于 2010 年 2 月开通，目的是为钢铁、汽车、船舶、石化、纺织、轻工、有色金属、装备制造、电子信息、物流这十大重点产业在自主创新、技术改造、并购重组、产业行业标准制定和实施“走出去”战略中提供必要的专利信息服务。❶

该平台收录了中国、美国、日本、英国、法国、德国、瑞士、韩国、澳大利亚、世界知识产权组织、欧洲专利局、非洲知识产权组织等 95 个国家、地区和组织的近 7 000 万条专利信息。

在功能上，该平台针对科技研发人员和管理人员，提供集一般检索、分类导航检索、数据统计分析、机器翻译等多种功能于一体的集成化专题数据库系统。可以进行国内外专利信息的混合检索，还提供趋势分析、国省区域分析、技术分类分析等 8 种分析模式，并且能够将检索出的英文专利信息自动翻译成中文。国家重点产业专利信息服务平台的页面，见图 8-1-9。

分类导航检索实例。单击检索页面的图 8-1-9 左侧的“纺织产业”，进入导航检索的栏目，包括纺织原料、纺织工艺及设备和纺织品三大类，并在三大类别下设纤维、缝纫、服装等行业企业关注的子栏目，见图 8-1-10。单击相关的子栏目可以了解竞争对手的技术水平、跟踪最新技术发展动向、提高研发起点、加快产品升级和防范知识产权风险。

---

❶ 为配合国务院十大重点产业调整和振兴规划的实施，发挥专利信息对经济社会发展和企业创新活动的支撑作用，在国资委行业协会办公室协调下和各行业协会的积极参与下，国家知识产权局牵头，建设了专利信息服务平台，为十大重点产业提供公益性的专利信息服务。

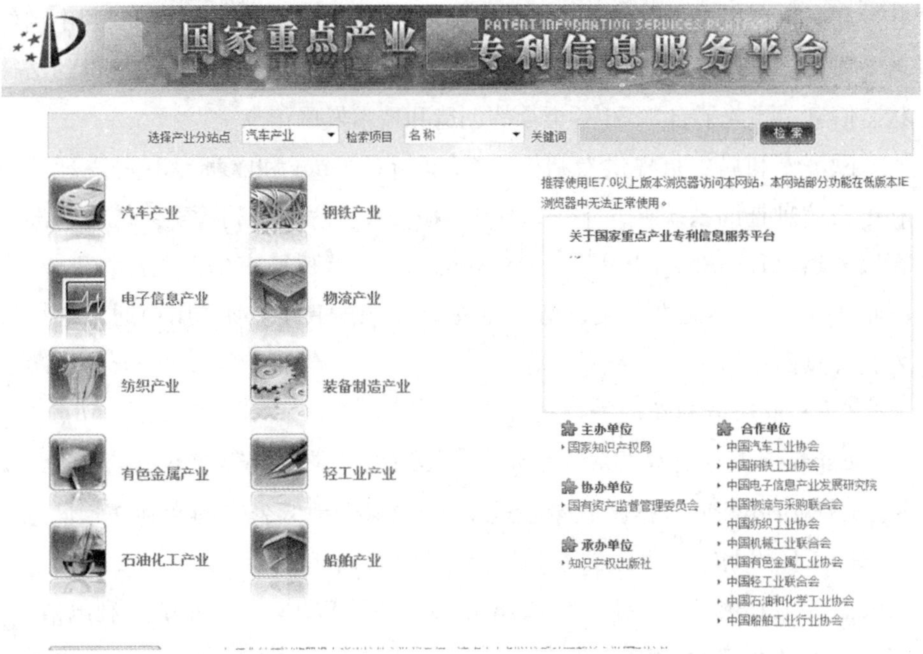

图 8-1-9 国家重点产业专利信息服务平台的页面

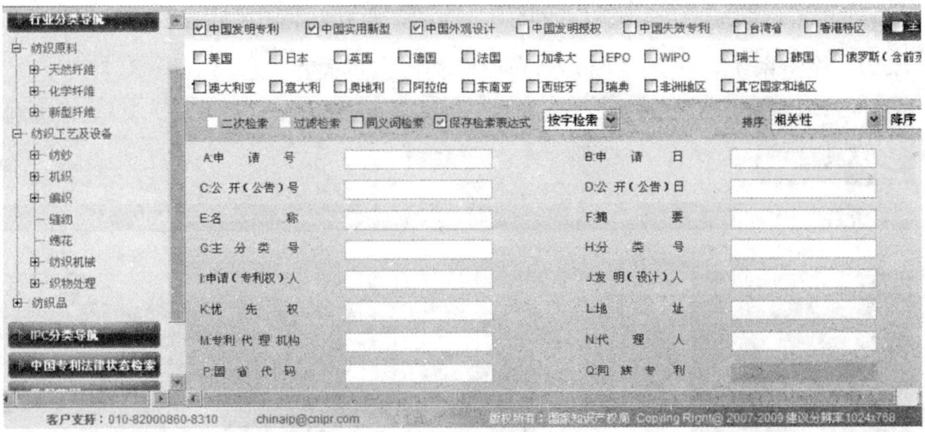

图 8-1-10 国家重点产业专利信息服务平台的分类导航检索页面

二、欧洲专利局专利信息资源

通过欧洲专利局（EPO）主页（网址：www.epo.org）进入专利信息检索系统。欧洲专利局（EPO）的多个数据库提供欧洲专利局和其他国家、组织出版的专利文献（包括专利单行本、专利公报以及分类资料等），可以免费得到世界范围的 7 000 多万件的专利文献，包括 EPO 审查过程的文件。这些专利文献多为第一次公布的专利申请文献而非授权文献，包括专利申请的著录项目、权利要求书、说明书、专利族数据，以及 INPADOC 提供的法律状态信息。涵盖了自 1836 年至今的创造和技术发展信息。

欧洲专利局主页提供专利检索系统 esp@cenet 和欧洲专利局受理的专利申请信息查询系统 European Patent Register 两种专利检索系统、欧洲公布服务器（European Publication Server）❶、专利复审信息检索（Law & practice）等。还提供英文、德文和法文三个语种的选项，用户通常选择进入英文页面。

（一）欧洲专利局的专利检索系统

Espacenet 专利检索系统有 3 个数据库，收录的内容如下：

① worldwide 数据库收录超过 90 个国家和地区公布的专利文献信息。

② EP 数据库提供欧洲专利局公布的专利申请。

③ WIPO 数据库提供世界知识产权组织（WIPO）公布的专利申请。

首先进入 EPO 主页（网址：www.epo.org），见图 8-2-1。单击左侧的 “Espacenet patent search” 进入 espacenet 专利检索系统页面（网址：http://worldwide.espacenet.com/），见图 8-2-2，直接访问 “Open Espacenet at the EPO” 检索系统，进入 “espacenet” 专利检索页面，见图 8-2-3。

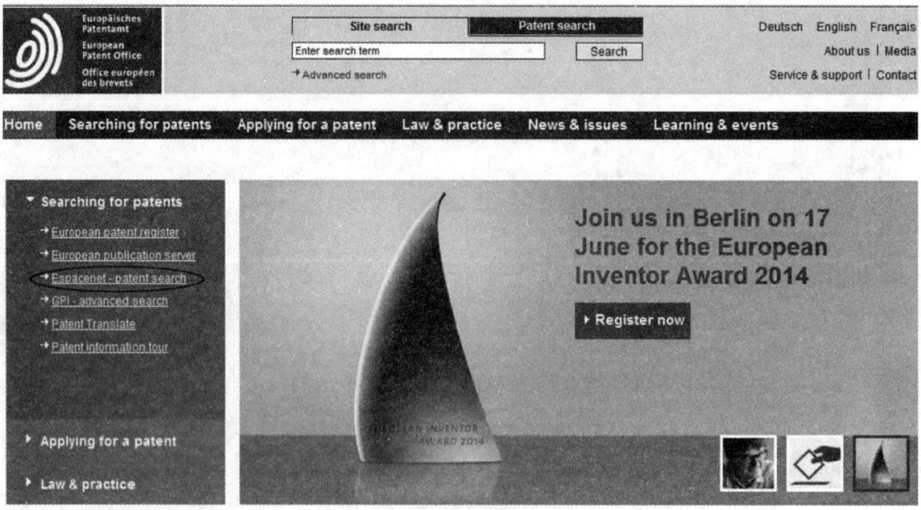

图 8-2-1 EPO 的主页

---

❶ European Publication Server（网址：https://data.epo.org/publication-server/?lg=en）：提供欧洲专利申请副本、授权的欧洲专利说明书、修正文本。自 2005 年 4 月 1 日起，European publication server 是唯一的出版欧洲 A 类文献和 B 类文献的法律机构。经由该机构可免费获取全部的文献，包括 A1、A2、A3、B1、B2、A8、A9、B8、B9 的专利文献。

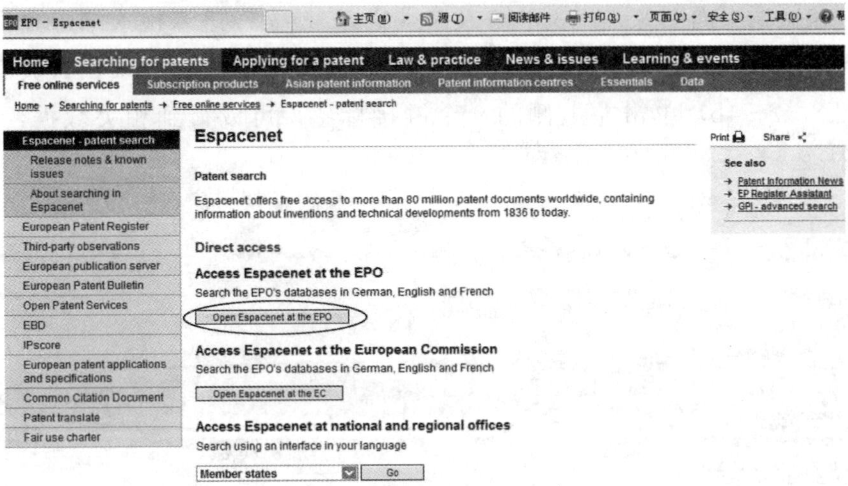

图 8-2-2　espacenet 检索系统页面

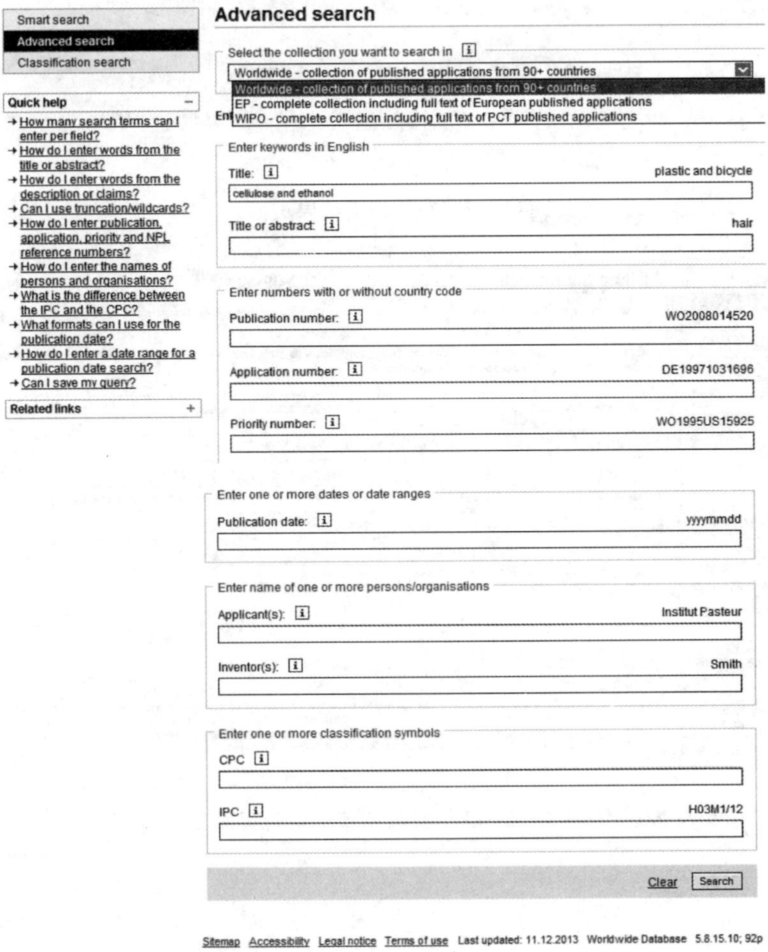

图 8-2-3　espacenet 专利检索页面

在检索页面图 8-2-3 中输入检索式，“检索”进入检索结果页面，见图 8-2-4a，双击所得到的文献名称，进入该文献的著录项目页面，见图 8-2-4b，单击左上侧的 9 个链接标签，可以得到相关数据，见表 8-2-1。

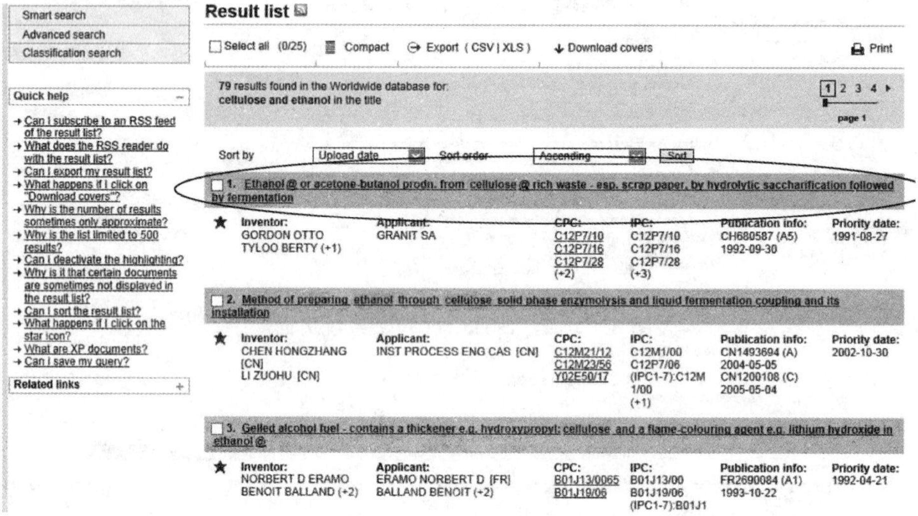

图 8-2-4a 检索结果页面

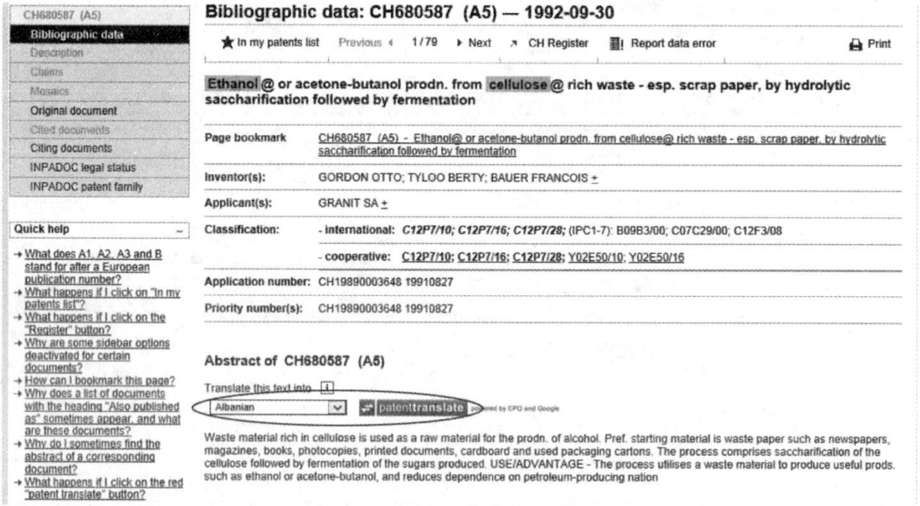

图 8-2-4b 文献的著录项目页面

表 8-2-1 文献的著录项目页面的链接标签及其相关数据

链接标签	标签含义	页面显示数据内容
Bibliographic data	著录项目数据、相关链接	(1) 专利号、公开号等著录项目以及摘要 (2) 被该专利申请检索报告引用的文献、引用该专利申请的文献和法律状态的链接
Description	文本式说明书	该专利申请的文本式说明书 (能进行英语与德语、法语、意大利语、西班牙语等互译)
Claims	权利要求	该专利申请的文本式权利要求 (能进行英语与德语、法语、意大利语、西班牙语等互译)
Mosaics	Mosaics 浏览器显示的附图	附图，可下载、打印等
Original document	图像型原始公布专利文献全文	PDF 格式的全文，可下载、打印等（只能单页下载、打印）
Cited Patents	引证专利文献	审查员在审查该专利申请时引用的专利文献（量）
Citing Patents	被引证专利文献	之后引用该专利申请的专利文献（量）
INPADOC legal status	INPADOC 法律状态	INPADOC 提供的法律状态信息依赖于各国家/组织提供的信息，数据不完全，不能确保其实效性和准确性
INPADOC Patent family	INPADOC 专利族	该文献的专利族列表

在图 8-2-4b 文献的著录项目页面，单击“patenttranslate”选项，可以进行多种语言的翻译❶。中文的翻译结果，即中文译文页面，见图 8-2-5。

---

❶ 在线翻译服务覆盖欧洲 38 个成员国的全部 28 种官方语言，以及中文、日文、韩文和俄文。

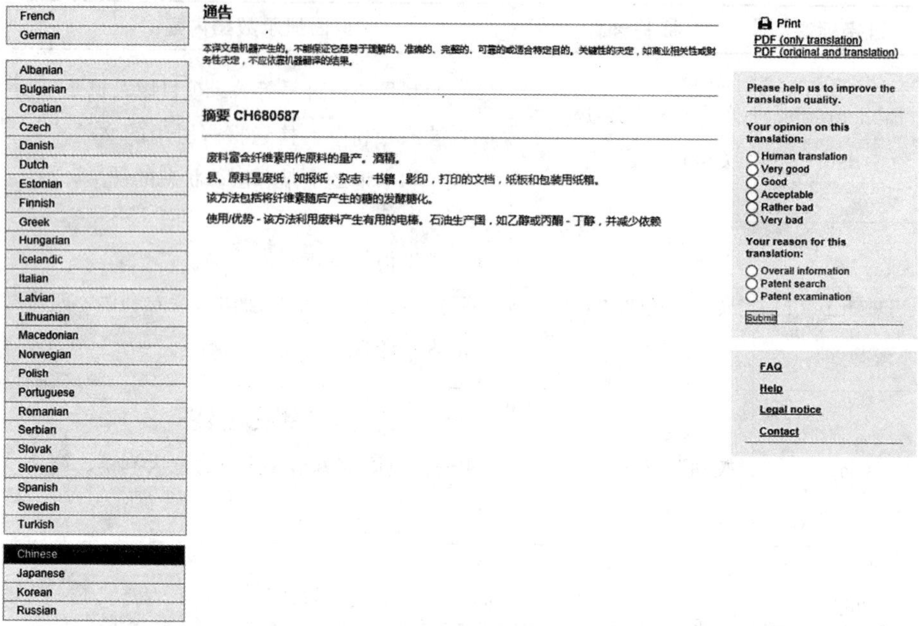

图 8-2-5 中文译文页面

（二）欧洲专利局受理的专利申请信息查询系统

通过"Register Plus"系统可以获得自 1978 年以来的欧洲专利申请或指定欧洲的 PCT 专利申请的著录项目、说明书、专利族数据、审查过程的文件以及经过加工整理的法律状态。

首先进入 EPO 主页（网址：www. epo. org），见图 8-2-1。单击左侧的"European Patent Register"进入 European Patent Register 专利信息查询系统（网址：https：//register. epo. org），检索页面，见图 8-2-6。"高级检索"（Advanced search）页面提供了 12 个检索入口，可以任选一个检索入口，进行单个入口检索，也可以进行多入口逻辑运算检索。

双击所得到的文献名称，进入该文献的检索结果页面，见图 8-2-7，单击左上侧的 7 个链接标签，可以得到相关数据，见表 8-2-2。可以得到该案卷的法律状态、审查流程中最近发生的事件、著录项目数据、引用的参考文献等。

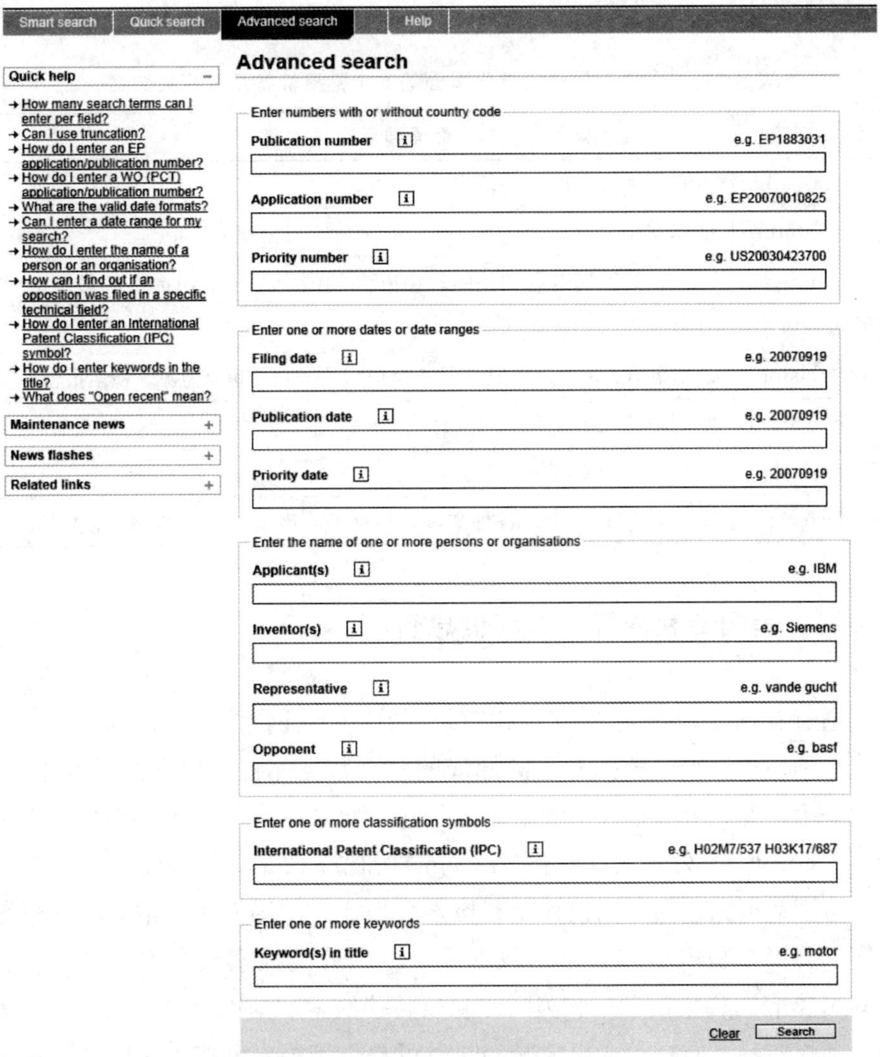

图 8-2-6　European Patent Register 专利检索页面

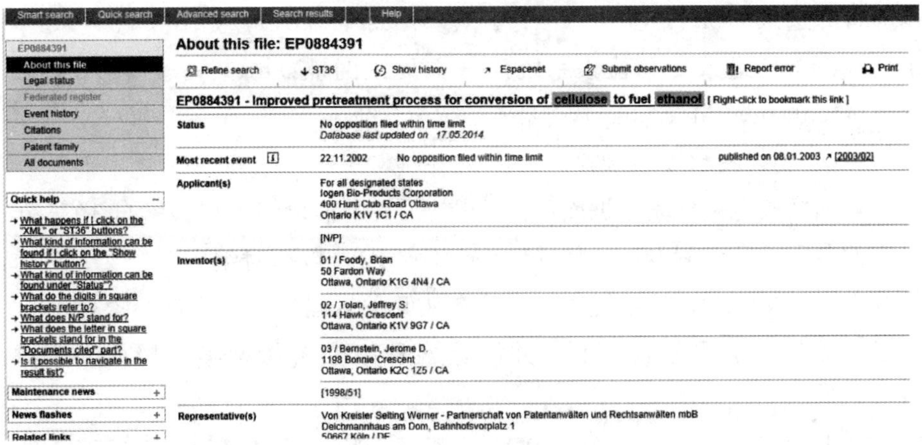

图 8-2-7　文献的检索结果页面

表 8-2-2 文献的检索结果页面的 6 个链接标签及其相关数据

链接标签	页面显示数据内容
About this file	专利申请案卷的相关信息
Legal status	法律状态
Federated register	与授权的欧洲专利相关的，由欧洲的国家专利部门提供的最新的官方著录项目和法律状态
Event history	专利申请的审查过程记录，包括 EPO 审查员的审查意见、检索报告等
Citations	专利申请的引文
Patent family	专利申请的专利族信息
All documents	EPO 收到和发出的各种文件，包括专利申请的检索/审查信息

三、美国专利商标局专利信息资源

通过美国专利商标局（USPTO）的主页（网址：www. uspto. gov）进入专利检索系统。美国专利商标局的多个数据库提供美国的专利检索、专利公报、专利分类以及法律状态等信息，收录的专利文献种类包括发明专利（Utility）、外观设计专利（Design）和植物专利（Plant）。

检索数据库包括美国授权专利检索数据库、美国专利申请公布检索数据库、美国专利申请信息检索数据库、专利分类检索数据库（可以查找 CPC 分类表的相关信息）和美国专利权转移检索数据库（可供用户检索美国专利权转移、质押等变更情况，同时可提供美国专利权人实际拥有专利及专利申请公布的信息）等。

首先进入 USPTO 主页（网址：www. uspto. gov），见图 8-3-1，单击“patents”进入专利检索系统门户页面（网址：http：//www. uspto. gov/patents/ebc/about. jsp），见图 8-3-2。

（一）美国授权专利检索

美国授权专利检索数据库可供用户从 30 余种检索入口检索自 1976 年以来的各种美国授权专利文献（Patent Grant），包括对编码型全文专利单行本进行全文检索；该系统还可供公众从两种号码型检索入口检索自 1790 年以来的各种美国授权专利，并浏览各种扫描图像型美国授权专利单行本。

单击图 8-3-2 中的“Patent Search”进入专利检索页面，见图 8-3-3。单击“PatFT”进入美国授权专利检索页面，选择“Quick

图 8-3-1　USPTO 的主页

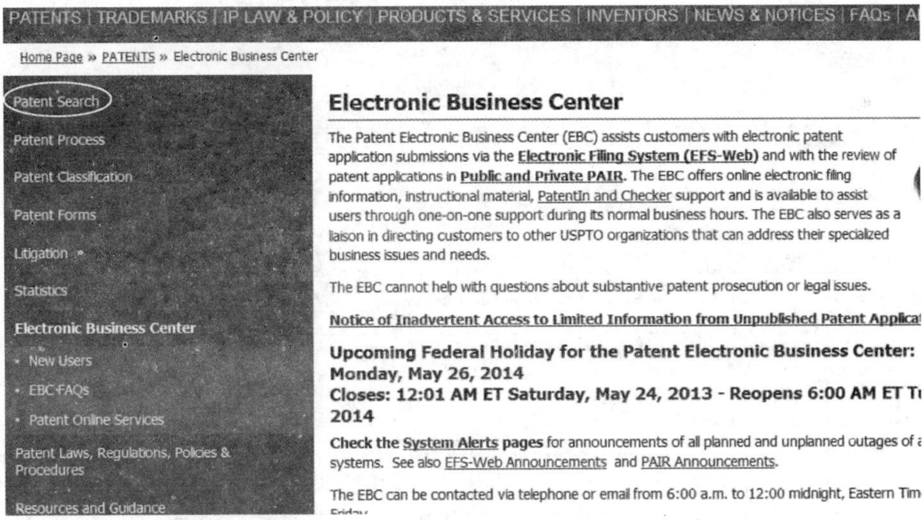

图 8-3-2　专利检索系统门户页面

Search”（快速检索）、“Advanced Search”（高级检索）或“Number Search”（号码检索）任意一种，即可进行检索，输入检索式，双击检索到的文献名称得到文献详细信息及相关链接按钮，见图 8-3-4，其中 References Cited 是本专利引用的文献列表，单击 Referenced By 可以得到引用本专利的文献列表，单击 images 可以看到文献全文的扫描图像。

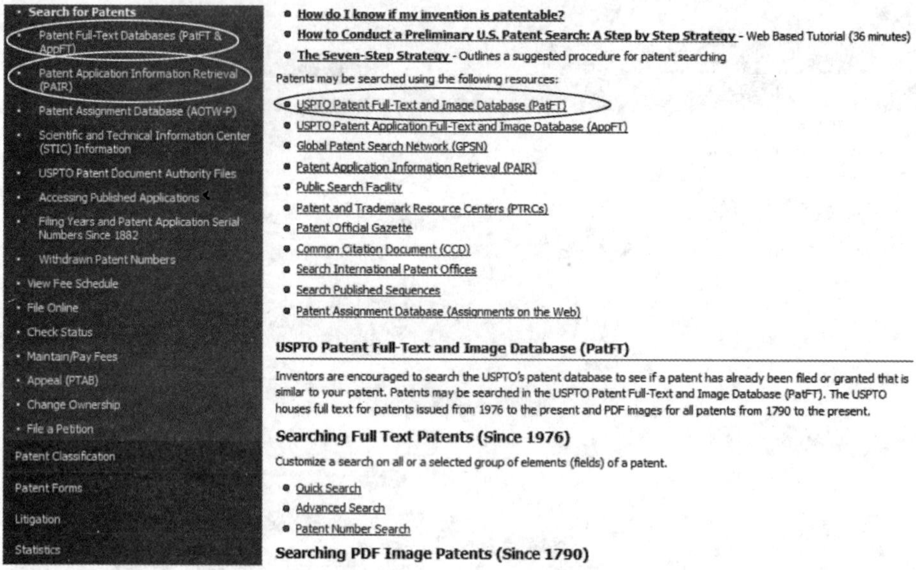

图 8-3-3 专利检索页面

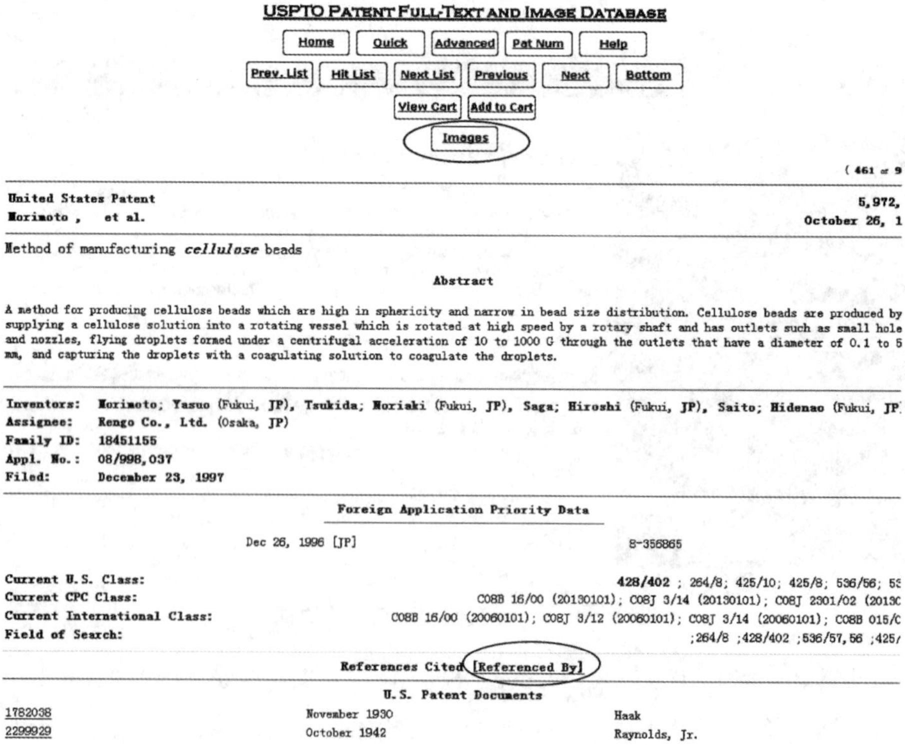

图 8-3-4 文献详细信息及相关链接按钮

（二）美国专利申请公布检索

美国专利申请公布检索数据库可供用户从 20 余种检索入口检索自 2001 年 3 月 15 日以来公布的美国专利申请公布文献（Published Patent Applications），同时提供编码型和扫描图像型全文美国专利申请单行本，可供公众进行美国专利申请公布的全文检索及浏览。美国专利申请单行本的起始号为 20010000001。

单击专利检索页面图 8－3－3 的“AppFT”，进入专利申请公布检索页面，选择“Quick Search”（快速检索）、“Advanced Search”（高级检索）或“Number Search”（号码检索）任意一种，即可进行检索。输入检索式，双击检索到的文献名称得到文献详细信息及相关链接按钮，见图 8－3－4，单击 images 可以看到文献全文的扫描图像。

美国专利申请公布的检索结果显示、输出、保存及打印与美国授权专利的相关内容相同。

（三）美国专利申请信息检索

美国专利申请信息检索可供用户查找美国专利申请案卷状态，专利交费情况，最终失效日期，是否有继续申请、部分继续申请、分案申请等信息。在专利检索页面图 8－3－3 中，单击“PAIR”项，看到安全验证页面，进入到授权专利和公布专利申请的信息检索页面。选择号码类型并输入检索号码，单击“SEARCH”，即进入结果显示页面。选择导航栏中的“Image File Wrapper”，进入审查过程文件列表显示页面，见图 8－3－5。可以查看审查员的审查意见，以及其他相关信息。

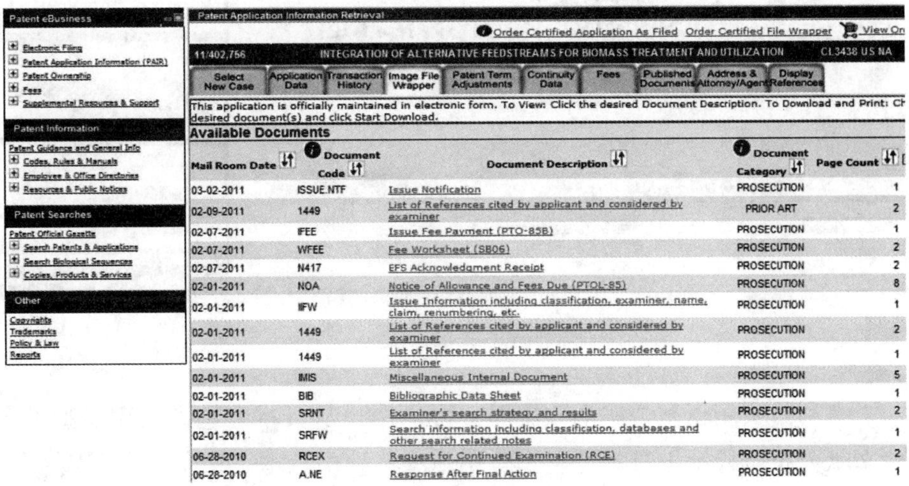

图 8－3－5　审查过程文件列表显示页面

（四）美国专利公报浏览

在专利检索系统门户页面图 8-3-2 中，选择“Electronic Business Center”，在“Tools”栏目下的“Official Gazette (Patents)”，即可进入到最近 52 期电子版美国专利公报的主页。还提供最近 10 年美国专利公报中的“通知”。

四、日本专利局专利信息资源

通过日本专利局（JPO）主页（网址：www.jpo.go.jp）进入工业产权数字图书馆（IPDL）。IPDL 收录自 1885 年以来公布的所有日本专利、实用新型和外观设计专利信息。IPDL 设有英文页面和日文页面，通过 IPDL 英文检索系统的几个数据库，可以检索到日本专利申请的著录项目数据、专利和实用新型的各种单行本、外观设计单行本等数据。

首先进入 JPO 的主页（网址 http://www.jpo.go.jp)，见图 8-4-1，单击页面右侧的“IPDL”进入英文的专利检索页面，见图 8-4-2，其中的主要数据库如下：

图 8-4-1 JPO 的主页

专利与实用新型说明书数据库。可供用户从日本专利和实用新型的各种文献公布号检索出日本专利和实用新型各种单行本。检索页面上设有 12 组相同的检索式入口，每组检索式由两个检索式入口构成。每组的两个检索

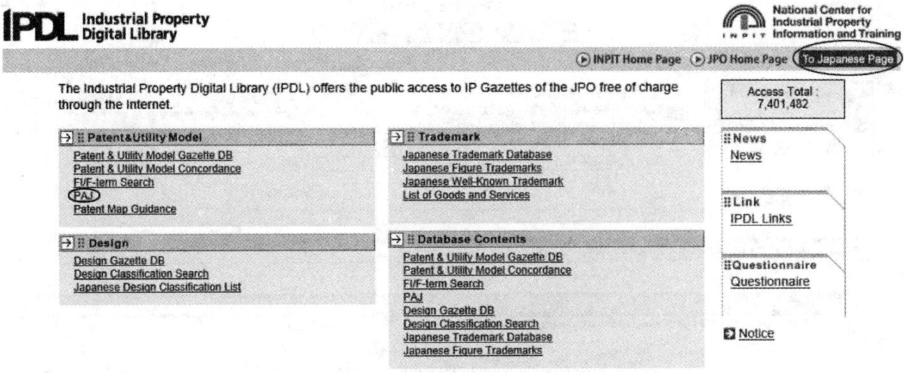

图 8-4-2　英文的专利检索页面

式入口分别是："Kind code"（专利文件种类代码）和 "Number"（号码）。

专利与实用新型对照索引。可供用户从日本专利和实用新型的各种编号检索出日本专利和实用新型各种全文说明书。检索页面上设有 5 组相同的检索式入口，每组检索式入口由一个 "Kind code"（文件种类）选项入口和一个 "Document Number"（文献号）检索式入口组成。每个文件种类选项入口内有 4 个选项："Aplication"（申请）、"Unexamined"（未经审查的）、"Examined"（经审查的）和 "Registration"（注册）。

FI/F－term 分类检索系统。可供用户从日本 FI/F－term 分类号检索各种技术主题的日本专利和实用新型。

日本专利英文文摘数据库（PAJ）。收录了自 1976 年以来公布的日本发明专利申请公开的文献（月更新），以及自 1990 年以来申请专利的法律状态（Legal status）。可供用户从英文主题词、IPC 分类号或申请人名称检索日本公开专利。

FI/F－term 分类表，可供用户查询日本 FI/F－term 分类类目和类号。

外观设计数据库，可供用户从日本外观设计的各种编号检索出日本外观设计单行本。

（一）日本专利英文文摘数据库（PAJ）

日本专利英文文摘数据库（PAJ）收录了自 1976 年以来公布的从 51－111001 号开始的日本专利申请数据，包括专利或实用新型公开说明书的英文著录项目和摘要。

单击图 8-4-2 中的 "PAJ"，进入日本专利英文文摘检索系统。PAJ 有两种检索方式，"Text Search"（文本检索）和 "Number Search"（号码检索），检索页面见图 8-4-3。

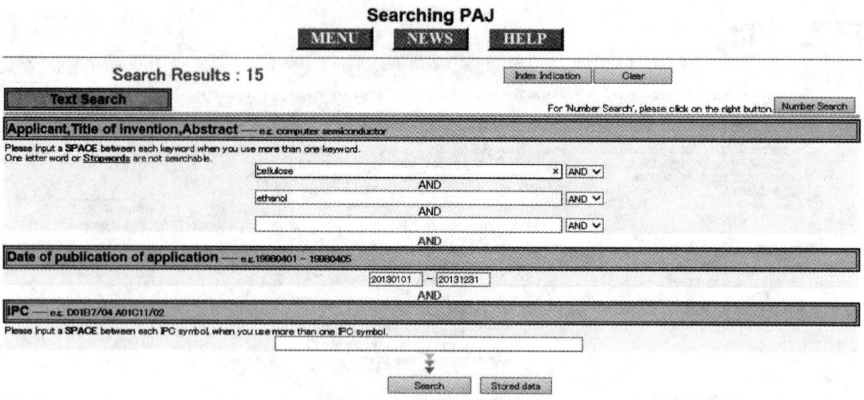

图 8-4-3 PAJ 检索页面

对于号码检索，用户应根据要检索的专利或实用新型号码，先选择号码种类“Application number”（申请号）、“Publication number”（公布号）、“Patent number”（专利号）和“Number of appeal against examiners decision of rejection”（审查员驳回决定诉讼案号）。

在图 8-4-3 中，输入检索式后，按“Search”键进行检索，在该检索页面的左上方显示出命中的件数。然后单击该页面的右上方的“Index Indication”（索引指示）键，进入到“PAJ 检索结果的号码、名称目录显示”。单击相应文献号，进入文献的英文摘要页面，见图 8-4-4。在图 8-4-4 中，单击“JAPANESE”可以获取日文原文，单击“LEGAL STATUS”可以获取法律状态信息。

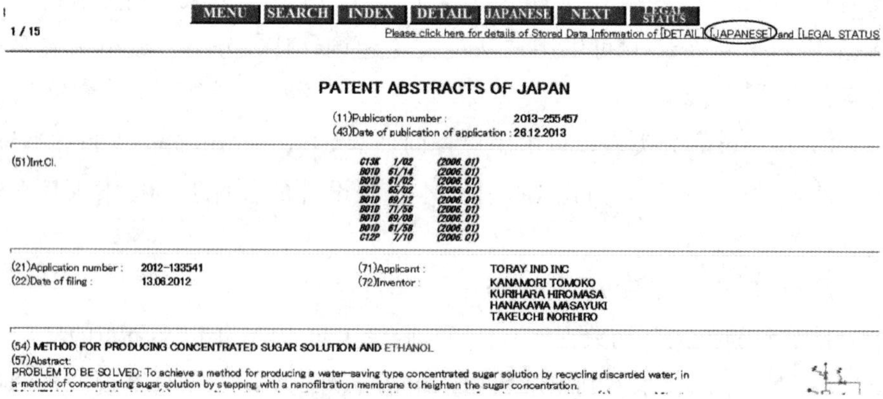

图 8-4-4 文献的英文摘要页面

（二）日文版工业产权数字图书馆

在英文版 IPDL 专利检索页面图 8-4-2，单击“To Japanese Page”（到日文主页），进入到日文版 IPDL 页面，见图 8-4-5，单击相应的检索入口进行检索。专利与实用新型检索（特許・実用新案検索）的页面，见图8-4-6。还可以进入外观设计检索（意匠検索）的页面，法律状态检索（経過情報検索）的页面，复审检索（審判検索）的页面，其中“経過情報検索”和“審判検索”都有复审信息，通过前者可以查询案卷在专利审批过程中的详细信息以及进入复审阶段后的流程信息，后者中包含了案卷进入复审阶段后的详细信息。

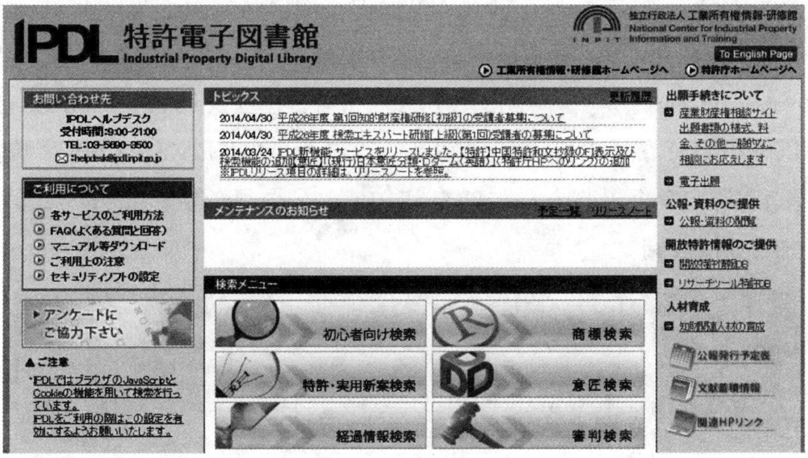

图8-4-5　日文版IPDL页面

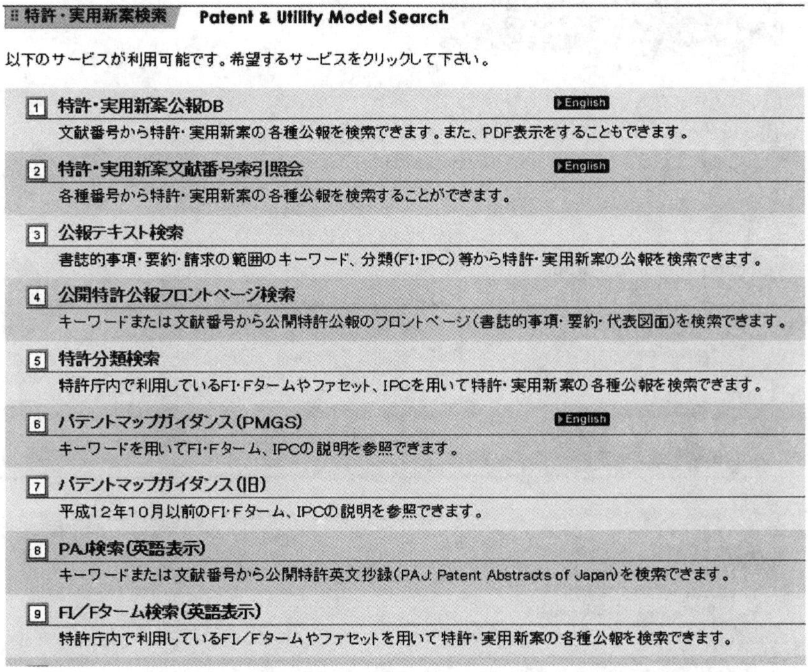

图8-4-6　专利与实用新型检索（特許・実用新案検索）的页面

五、世界知识产权组织 PCT 专利申请信息资源

通过世界知识产权组织（WIPO）的主页（网址：www. wipo. int）进入 PCT 专利申请的检索系统。WIPO 主页提供英文、法文、西班牙文、中文的页面。

首先进入 WIPO 主页（网址：www. wipo. int），见图 8 - 5 - 1，单击菜单的“IP Services”，进入知识产权保护页面，英文页面见图 8 - 5 - 2a 和中文页面图 8 - 5 - 2b，单击图 8 - 5 - 2b 中的“国际专利体系”，进入 PCT 资源页面，见图 8 - 5 - 3。单击图 8 - 5 - 3 中的“PATENTSCOPE”进入 PCT 国际申请公布检索页面，见图 8 - 5 - 4。“PATENTSCOPE”数据库还收录了来自 37 个参与专利局的专利文献，公众可免费对超过 3 200 万件技术文献进行查阅。

图 8 - 5 - 1 WIPO 主页

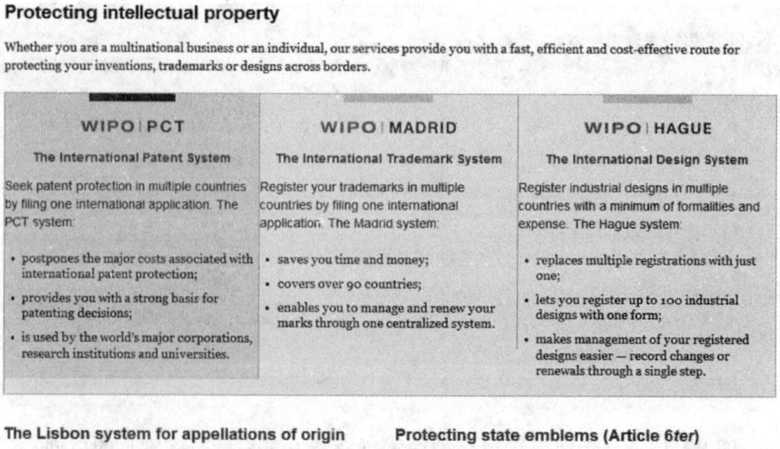

图 8 - 5 - 2a 知识产权保护英文页面

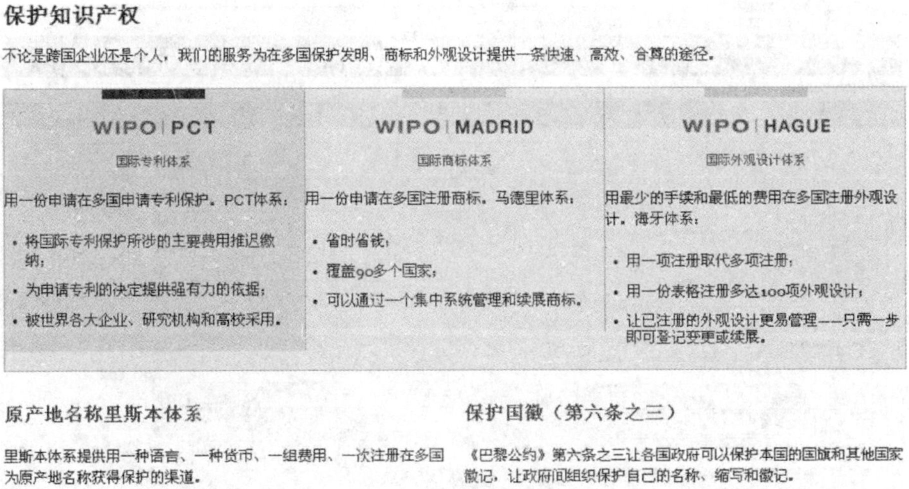

图 8-5-2b　知识产权保护中文页面

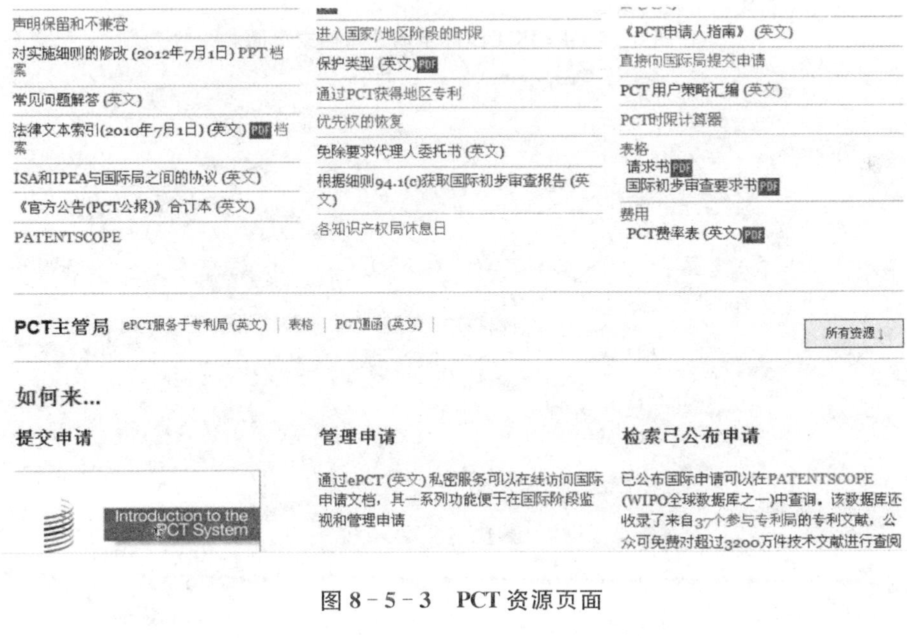

图 8-5-3　PCT 资源页面

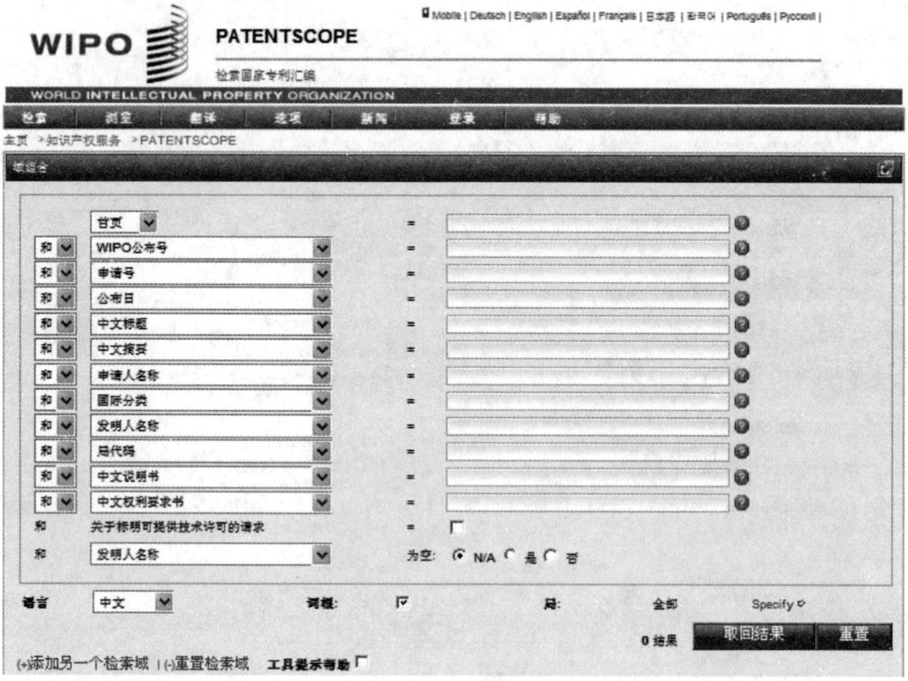

图 8-5-4 PCT 国际申请公布检索页面

第九章　国内外主要非专利信息资源简介

非专利文献种类繁多。从出版类型看，可以分为图书、期刊、标准、会议论文、学位论文、科技报告、防御性公开资料等。非专利数字资源门户通常具备跨库检索、数据库查找、期刊查找、原文查找、开放链接、个性化服务等功能。

非专利文献数据库大多为商业数据库，中文的如“中国知网 CNKI（官网可以免费检索）”；“万方数据资源系统”；“读秀学术搜索”（图书为主）等，外文的如“Springer Link”（包括 13 个学科领域）“Elsevier Science Direct”“EI Compendex”“Wiley Online Library”“Chemical Abstract”“Medline”“IEEE/IET”“INSPEC”“SPIE Digital Library”“IHS”（标准库）[1] 等。免费的中文数据库包括 NSTL 等，外文的数据库包括 IP. COM Prior Art Database（PAD）等。[2] 下面主要介绍几种免费资源。

一、国家科技图书文献中心网络服务系统（NSTL）

（一）国家科技图书文献中心网络服务系统概述

国家科技图书文献中心（NSTL，网址是：http：//www. nstl. gov. cn）是根据国务院领导的批示于 2000 年 6 月 12 日组建的一个虚拟的科技文献信息服务机构，由中国科学院图书馆、国家工程技术图书馆（中国科学技

[1] IHS 标准规范数据库由美国信息处理服务公司（Information Handling Services，简称 IHS）提供。该数据库收录全球 370 个标准化组织的 100 多万份标准文件以及 35 万份美国军方标准文件，包括国防标准规范、联邦标准规范、性能与参数说明规范、商品说明书、合格产品列表、美国军用手册、MS Drawings 及其他相关文件。领域涵盖能源、电子、建筑、国防、汽车以及航空等多个行业，既有现行标准也有废弃标准，语种为英文。登录 http：//china. ihs. com/products/standards/specs－standards/specs－standards. htm，可获取完整标准目录。国内商业购买该数据库的单位包括中国标准化研究院。

[2] 国家知识产权局专利局文献部编：《非专利资源指南》，知识产权出版社 2012 年版，第 9 页。

术信息研究所、机械工业信息研究院、冶金工业信息标准研究院、中国化工信息中心)、中国农业科学院图书馆、中国医学科学院图书馆组成。[1] NSTL 网络服务系统的主要服务项目包括:

① 文献提供服务:提供文献检索和原文请求两种服务,非注册用户可以进行文献检索,注册用户可以在文献检索的基础上请求传递文献原文。

② 网络版全文数据库:对中心购买的美国 5 科学 6 杂志、英国皇家学会 4 种会刊和会志,以及英国 Maney 出版公司出版的 15 种材料科学方面的电子版全文期刊提供免费浏览、阅读和下载。

③ 期刊分类目次浏览:期刊分类目次浏览系统,能让读者分类浏览国家科技图书文献中心收藏的科技期刊及近期的目次页信息。该系统按中国图书分类法,将收藏的科技期刊大致分成 80 种学科。

④ 联机公共目录查询:国家科技图书文献中心公共书目查询系统主要提供 8 种资料类型的书目数据查询,即中文和西文的期刊、会议、图书以及学位论文、西文科技报告等,其数据来源由各成员单位提供。

⑤ 文摘题录数据库检索:文献检索系统包括标准数据库、中文科技资料目录数据库、国外文献精选数据库、国外机电工程文献题录数据库、国外科技资料目录数据库、机械工业科技成果数据库、馆藏中文书目数据库、馆藏外文书目数据库等十个子系统,覆盖多个领域约 50 万条数据信息,基本采用中文文摘、简介和题录的形式对文献进行报道。

⑥ 网络信息导航:网络信息导航为用户提供有代表性的研究机构、大学、期刊和文献资源、协会以及公司的网站。按照理、工、农、医四大方向,结合中国图书分类法的分类结构对上述站点进行分类组织和揭示。目前主要分类包括数学和物理、化学、天文学和地球科学、生物学(生命科学)、农业科学、医学、工业技术、交通运输、航空航天和环境科学 10 大类。

⑦ 专家咨询系统:咨询专家组由文献中心各成员单位专家骨干构成。这些专家在长期的情报信息工作中积累了丰富的信息检索查询加工方法及不同领域内的专业知识。

---

[1] 中国科学院国家图书馆(NSL)门户的网址:http://www.las.cas.cn/gkjj/gqjs;中国高等教育文献保障系统(CALIS)门户的网址:http://www.calis.edu.cn。

⑧ 专题信息服务：该系统包含自 1998 年以来中心几家成员单位的各项成果及其内容简介，可以按定题开展文献推送，文献推送的内容包括编译、汇编资料、研究咨询报告等。

（二）检索功能介绍

NSTL 主页包括分类浏览、文献检索和全文提供等功能，见图 9－1－1。其中的子系统“国家科技报告服务系统”的页面，见图 9－1－2。

图 9－1－1　NSTL 的主页

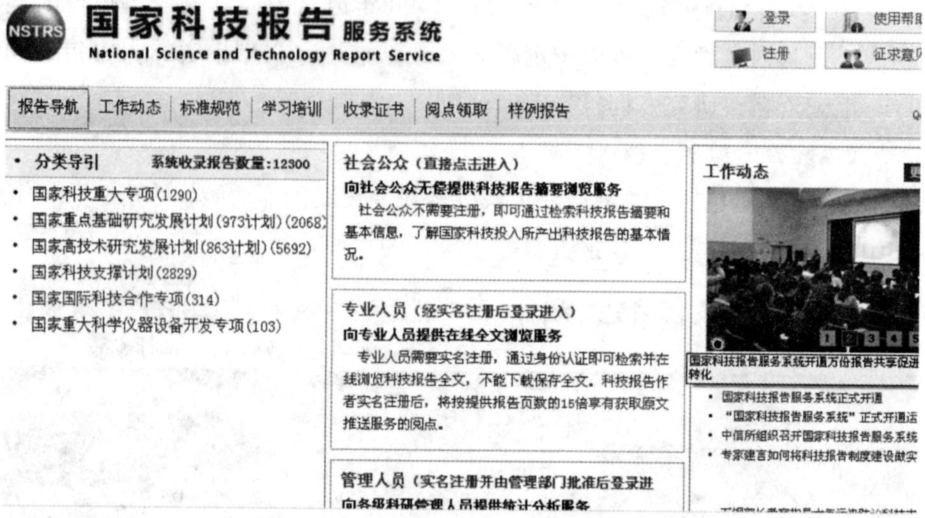

图 9-1-2　国家科技报告服务系统的页面

二、IP. COM Prior Art Database（PAD）

（一）PAD 概述

IP. COM Prior Art Database 数据库（PAD，网址：http：//ip. com）是 IP. com 公司创建的在先技术数据库，收录了 IBM、微软、摩托罗拉、西门子、联想、诺基亚等公司发表的技术公布，其他公司、研究机构匿名发表的技术公布，各类非专利文献及专利文献。数据库中的技术公布在发表时都被电子公证，以确立其进入公有领域的内容和日期。PAD 是常用的现有技术数据库。

收录范围：1958 年起的期刊、技术公布、非专利防御性公开。学科领域涉及通信、光电、电学。

（二）检索功能介绍

进入 IP. com 网站（http：//ip. com）主页，见图 9-2-1，单击"Search"即可进入语义检索页面，见图 9-2-2。在语义检索页面，在检索框中输入检索词或一段话，系统会自动分析、匹配输入内容，并默认同时检索 IP. com 公司的 PAD 数据库、非专利文献数据库和专利数据库（美国专利、欧洲专利和世界知识产权组织的 PCT 申请），并依次列出检索结果。每个库呈现三个最匹配的检索结果，也可通过"view all"查看所有检索结果，每条检索结果后以五角星数量表明匹配程度（三颗星为最匹配）。

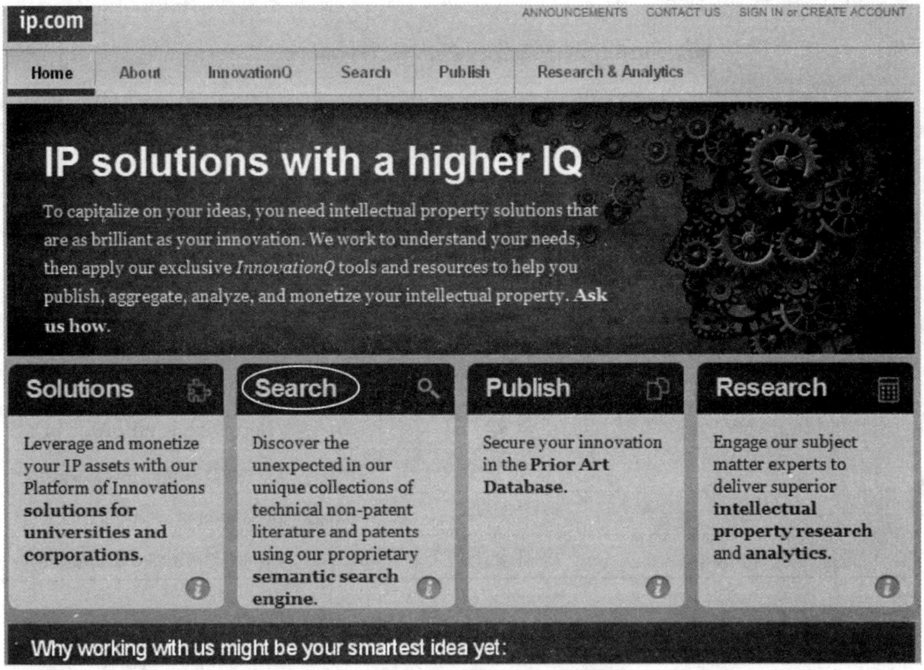

图 9-2-1　IP. com 网站主页

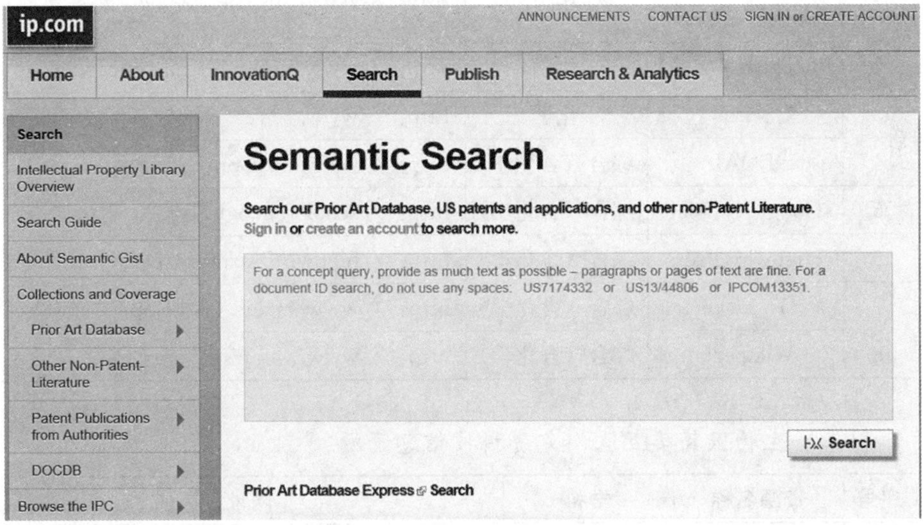

图 9-2-2　语义检索页面

数据库检索结果中包括题名、摘要、原始文献公开日期、电子出版日期、从原始文献中提取的内容、ISBN、DOI 等，检索结果显示信息依据不同文献类型有所区别。

在检索结果页面，可以通过公开时间筛选检索结果，也可查看在每个数据库中的检索结果。进入具体数据库，可以根据数据库中的每种资源筛选、查看检索结果，也可按相关性、公开时间排序。

三、其他互联网免费科技信息资源简介

（一）综合类互联网免费科技信息资源

序号	资源名称	类型	网址
1	DOAJ	期刊目录（部分含全文）	http：//www. doaj. org/
2	Google Scholar	搜索引擎	http：//scholar. google. com/
3	Highwire Press	全文	http：//highwire. stanford. edu/
4	J—stage	文摘（部分全文）	http：//www. jstage. jst. go. jp/
5	Scirus	搜索引擎	http：//www. scirus. com/
6	Wikipedia	百科全书	http：//www. wikipedia. org/

（二）化学材料类互联网免费科技信息资源

序号	资源名称	学科	网址
1	Chemspider（文摘、结构式）	化学	http：//www. chemspider. com/
2	Pubchem（文摘）	化学	http：//www. ncbi. nlm. nih. gov/pubmed
3	Scirus	化学	http：//www. scirus. com/
4	DOAJ	综合（含化学）	http：//www. doaj. org/
5	Google Scholar	综合（含化学）	http：//scholar. google. com/
6	Highwire Press	综合（含化学）	http：//highwire. stanford. edu/
7	J—stage	综合（含化学）	http：//www. jstage. jst. go. jp/
8	Wikipedia	综合（含化学）	http：//www. wikipedia. org/

（三）生物医药类互联网免费科技信息资源

序号	资源名称	学科	网址
1	AMA Journal	医药、生物	http：//jamanetwork. com
2	ASM Journal	医药、生物	http：//www. journals. asm. org/
3	Bandolier	医药、生物	http：//www. medicine. ox. ac. uk/bandolier/
4	Biomed	医药、生物	http：//www. biomedcentral. com/
5	BMJ	医药、生物	http：//www. bmj. com/
6	Cell Press	医药、生物	http：//www. cell. com/cellpress

续表

序号	资源名称	学科	网址
7	Genbank	医药、生物	http：//www. ncbi. nlm. nih. gov/genbank/
8	NIH	医药、生物	http：//www. nih. gov/
9	Pubmed	医药、生物	http：//www. ncbi. nlm. nih. gov/pubmed
10	DOAJ	综合（含医药）	http：//www. doaj. org/
11	Google Scholar	综合（含医药）	http：//scholar. google. com/
12	Highwire Press	综合（含医药）	http：//highwire. stanford. edu/
13	J—stage	综合（含医药）	http：//www. jstage. jst. go. jp/
14	Scirus	综合（含医药）	http：//www. scirus. com/
15	Wikipedia	综合（含医药）	http：//www. wikipedia. org/

（四）电学通信类互联网免费科技信息资源

序号	资源名称	学科	网址
1	3GPP	电子通信	http：//www. 3gpp. org/
2	3GPP2	电子通信	http：//www. 3gpp2. org/
3	Citeseer	电子通信	http：//citeseer. ist. psu. edu/
5	ETSI	电子通信	http：//www. etsi. org/
6	IETF	电子通信	http：//www. ietf. org/
7	DOAJ	综合（含电子通信）	http：//www. doaj. org/
8	Google Scholar	综合（含电子通信）	http：//scholar. google. com/
9	Highwire Press	综合（含电子通信）	http：//highwire. stanford. edu/
10	J—stage	综合（含电子通信）	http：//www. jstage. jst. go. jp/
11	Scirus	综合（含电子通信）	http：//www. scirus. com/
12	Wikipedia	综合（含电子通信）	http：//www. wikipedia. org/

（五）机械、物理、光电类互联网免费科技信息资源

序号	资源名称	学科	网址
1	ASME	机械工程	http：//www. asmedl. org/
2	Civil engineering database	土木工程	http：//cedb. asce. org/
3	DOE	能源	http：//www. osti. gov/bridge/index. jsp
4	NASA	航天	http：//ntrs. nasa. gov/

续表

序号	资源名称	学科	网址
5	DOAJ	综合	http：//www. doaj. org/
6	Google Scholar	综合	http：//scholar. google. com/
7	Highwire Press	综合	http：//highwire. stanford. edu/
8	J—stage	综合	http：//www. jstage. jst. go. jp/
9	Scirus	综合	http：//www. scirus. com/
10	Wikipedia	综合	http：//www. wikipedia. org/

（六）法律（含知识产权）类互联网免费科技信息资源

序号	资源名称	类型	网址
1	DOAJ	期刊目录（部分含全文）	http：//www. doaj. org/
2	Google Scholar	搜索引擎	http：//scholar. google. com/
3	Highwire Press	全文	http：//highwire. stanford. edu/
4	Wikipedia	百科全书	http：//www. wikipedia. org/

附录 1：国家产业技术政策

2009 年 5 月 15 日，为了推进实施《国家中长期科学和技术发展规划纲要（2006—2020 年）》，工业和信息化部、科技部、财政部、国家税务总局联合发布《国家产业技术政策》（工信部联科〔2009〕232 号）[1]。目的是调动社会资源，引导市场主体行为，指导产业技术发展方向，促进产业技术进步。

国家产业技术政策

产业技术进步和创新已成为直接推动经济和社会发展的核心原动力。坚持市场需求与政策引导相结合，坚持全面提升与重点突破相结合，坚持长远战略与近期目标相结合，坚持传统产业与高技术产业发展相结合的原则，加快提升我国产业技术水平，促进产业结构调整，转变经济发展方式，大力发展循环经济，培育产业核心竞争力，具有十分重要的作用。《国家产业技术政策》以推进我国工业化和信息化为核心，促进相关产业的自主创新能力提高，实现产业结构优化和产业技术升级。

第一章　发展目标

第一条　提升我国产业的国际竞争力。加大以自主创新为主的产业技术研发力度，实现产业技术升级，推动产业结构优化。在未来一段时期内，重点开发一批具有世界先进水平的技术和工艺；着力研制一批具有自主知识产权的产品和装备；推广应用一批影响产业发展的共性关键技术和具有示范带动作用的先进适用技术；积极培育一批具有国际竞争优势的大型企业和企业集团；大力扶持一批可以有效促进产业发展的技术联盟，从而提高我国产业国际竞争力。

[1] “国家产业技术政策”，载 http：//www.miit.gov.cn/n11293472/n11505629/n11506303/n11511202/n11925127/n11925157/12396300.html。

第二条　满足国民经济和社会发展需要。加强引进技术的消化吸收再创新，重点研究产业发展的核心、关键共性技术，着力实现重大技术装备的国产化，满足国民经济发展的需要，满足国家工程建设的需要，保障国家经济安全；加快淘汰高消耗、高污染的落后工艺技术和生产能力，大力发展循环经济，逐步构建节约型的产业结构和消费结构，形成绿色产业技术体系。

第三条　增强企业创新能力。发挥企业技术创新主体作用。落实财税、投资、金融、政府采购等政策，引导和支持企业加大技术创新的投入，加快形成以企业为主体、市场为导向、产学研相结合的技术创新体系。

第二章　构建和完善技术创新体系，推动产业技术升级

第四条　构建促进产业发展的技术创新体系，搭建技术研发平台。整合全社会资源，加强产学研结合，建立以企业技术联盟、企业技术中心、工程中心、工程实验室、高等院校和科研院所为骨干的共性技术、关键技术研发平台，发挥大型企业技术联盟的骨干作用，加强对产业技术开发基地的扶持。

第五条　建立科学的产业技术评估评价体系。规范和完善产业技术评估评价体系，协调技术创新与产业应用和技术标准的关系，加强技术标准的贯彻实施，促进技术创新成果的推广应用，推进产业结构调整和技术升级。

第六条　完善技术服务机制。扶持各种类型为企业技术创新服务的中介机构发展，充分发挥行业协会和科技中介机构在国家创新体系中的作用，形成社会化、网络化的技术服务体系。

第七条　建立健全军民结合的技术创新机制。加强军民高技术研发力量的集成，搭建军民技术双向转移平台，拓宽军民结合、军民共用的渠道，积极推进军用技术和民用技术的转移和辐射。

第三章　发挥企业主体作用，促进产业技术研发与创新

第八条　充分发挥企业技术创新的主体作用。鼓励企业不断增强创新意识，营造创新氛围，加大创新投入，培育创新人才，真正成为研究开发投入的主体、技术创新活动的主体和创新成果应用的主体。

第九条　支持以企业为主体的技术开发。鼓励有条件的企业建立技术中心，支持大企业采取产学研联合或企业技术联盟等多种方式开展产业共性关键技术研发，培育和增强大企业自主创新能力和自主研究开发产业技

术的能力。建立和完善公共技术支持服务平台，为中小企业提供技术服务，逐步提高中小企业的技术创新能力、配套能力和专业化生产的技术水平。

第十条　加大信贷支持力度，支持企业进行重大产业关键技术、共性技术的研发。增加中小企业获取技术发展信贷的额度，改善对中小企业技术创新的金融服务。

第十一条　促进企业实施可持续发展战略。重点支持体现循环经济、可持续发展战略的节能、环保、新能源开发、再生资源及资源综合利用技术的开发、利用和政府采购。

第十二条　鼓励企业发展符合《国家产业技术发展指南》的产业技术，引导企业通过产业技术的研究开发增强核心竞争力。

第十三条　支持企业加强技术改造。通过财政、金融等政策，支持企业用高新技术和先进适用技术提升改造生产经营的薄弱环节和瓶颈，促进技术创新成果的应用。

第四章　健全法律法规体系，加强规划和政策的引导

第十四条　完善法律法规体系。研究制订促进产业技术发展的相关法律法规，明确产业技术进步与创新在国民经济和社会发展中的法律地位。贯彻《中华人民共和国科学技术进步法》、《中华人民共和国科技成果转化法》等法律法规，更加有效地用法律法规促进和保障产业技术发展。

第十五条　制定和完善产业技术发展规划。依据《国家中长期科学和技术发展规划纲要（2006—2020 年）》，按照重点行业的实际发展情况，积极完善我国重点产业的技术发展规划，增强重点产业的竞争实力。加强规划与国家科技计划的衔接，加快组织实施对我国经济社会发展影响深远、带动性强的关键和共性技术与装备的研制开发，不断提升我国的产业技术水平。

第十六条　制订《国家产业技术发展指南》。国家制订和定期调整《国家产业技术发展指南》。引导地方、行业、企业和研究机构开展针对性的技术创新工作，鼓励发展关系国家经济、社会发展和国防安全的战略性技术；积极发展关联性强、制约我国产业总体技术水平提升的关键技术；大力发展通用性强、应用领域广泛、在经济社会发展中发挥基础作用的共性技术。

第五章　构建技术标准体系，实施知识产权战略

第十七条　加强技术标准研究。加强对重要技术标准的指导协调和重

点领域的技术标准研究，支持企业通过技术创新推动以我为主形成技术标准，加快国外先进标准向国内标准的转化，推动国家标准体系建设；重点扶持一批国家级骨干科研机构，为促进产业技术发展的标准体系建设提供技术支持。

第十八条　有效利用技术标准。积极运用技术标准，推动我国产业结构优化调整，促进企业自主创新能力提高。提高标准制定审查工作效率，合理缩短标龄。

第十九条　积极参加国际标准制定。支持自主制定和参与制定国际技术标准，鼓励和推动我国技术标准成为国际标准。对推动我国技术标准成为国际标准给予政策支持。对影响我国产业技术进步的国外技术法规，政府部门、行业协会和企业应及时组织有关方面研究、论证，提出相应政策，消除国外技术壁垒。

第二十条　掌握核心技术的知识产权。根据产业技术发展需要，确定不同时期需要掌握知识产权的关键技术和核心技术，组织力量进行攻关，取得自主知识产权，促进产业结构调整和升级，带动产业技术整体水平的提高。对国内企业开发的具有自主知识产权的重大技术装备和产品，经认定为国家自主创新产品的，在政府采购活动中，按照自主创新的政府采购政策规定执行。

第二十一条　依法加强知识产权保护。努力提高知识产权执法水平与效率，大力推动高等学校、科研院所将拥有知识产权的创新成果转化为现实生产力。根据我国产业技术发展阶段特点，合理确定、适时调整知识产权的保护范围和保护力度，使知识产权保护有利于产业技术的创新、转移与扩散，形成自主品牌。

第六章　广泛开展国际合作与交流，强化技术引进消化再创新

第二十二条　立足自主创新，发展产业技术。积极推动原始创新，形成创新的重要基础，推动产业技术水平不断提高；加快发展集成创新，形成整合优势，实现关键领域的整体发展；大力加强引进消化吸收再创新，充分利用全球科技资源，形成后发优势，加速提升产业技术水平。

第二十三条　鼓励自主创新，限制盲目重复引进。国家加强技术引进消化吸收再创新工作，并将制定技术引进消化吸收再创新方案作为重点工程项目审批和核准的重要依据，推动自主产业技术成果的研究开发、转化和产业化。定期发布禁止引进和限制引进技术目录，禁止或限制进口高消耗、高污染和不符合国家产业政策的技术和装备。

第二十四条　加强统筹协调，促进引进技术消化吸收再创新。对国内多家企业需要引进的技术和装备，国家将组织统一招标，协调引进、消化吸收和再创新；对于国内尚不能提供的重大技术装备，引导外商联合国内企业投标，在进口装备的同时引进国外先进设计制造技术，并确保国内企业有足够的分包比例。鼓励企业与高等院校和科研院所联合引进、共同消化吸收和再创新，其成果实行共享和有偿转让

第二十五条　加大对引进技术消化吸收再创新的投入。国家给予必要的财税政策，重点支持国家急需的重大技术装备和重大产业技术的引进、消化吸收和再创新工作。对承担国家重大科技专项的企业，进口国内不能生产的关键科研仪器设备、原材料及零部件免征进口关税和进口环节增值税。对国家支持发展的重大技术装备和产品确有必要进口的关键部件及原材料，免征进口关税和进口环节增值税。

第二十六条　支持企业走出去。鼓励国内企业采用直接投资、合资、合作、并购等方式到境外设立技术研究开发机构，组建研发联盟，多形式、多渠道利用海外优势科技力量研发具有自主知识产权的产业技术。

第二十七条　充分利用国际科技资源。改善投资环境，吸引大型跨国公司在华建立技术研究开发机构。支持国内企业与国外企业开展合作研究开发，鼓励国外风险投资、咨询机构参与国内产业技术研发和产业化。以国内紧缺的关键技术、共性技术为重点，积极创造条件，通过构建“项目—人才—基地”三位一体、相互依托、互为促进的合作方式，鼓励引进海外高科技人才来我国从事研究开发工作，全面提升国际技术合作水平。

第二十八条　提高国际技术合作的质量和水平。鼓励国内企业引进具有核心技术、关键技术和共性技术的产业技术。进一步拓展合作渠道，创造合作条件，形成政府搭台，企业、高等院校、科研院所等充分发挥作用的中外合作研究开发格局。

第七章　健全产业技术服务体系，实施创新人才战略

第二十九条　建立健全技术市场。加强政府在技术市场中的引导监督管理职能，形成行业自律，创造公平竞争、规范有序的技术市场环境。

第三十条　鼓励单位和个人积极参与技术交易。引导单位和个人主动进入技术市场开展技术开发与服务活动，促进知识流动和技术转移，加快先进产业技术的推广。

第三十一条　加强技术市场人才队伍建设。加速发展适应社会不同层面需要的技术中介服务组织，培养和造就一批懂技术、懂法律、懂管理、

懂经营的复合型高素质的专业化科技中介服务队伍。

第三十二条　建立高水平技术创新人才的培养机制。重点培养战略高技术人才、专业化高技能人才和优秀企业家人才，鼓励和支持产学研间建立多种形式的紧密型合作关系，共同培养产业技术创新人才。鼓励技术人员参加继续教育和在职培训。

第三十三条　健全以促进产业发展为核心的人才激励机制。支持企业对主要技术骨干实施期权等激励措施。完善企业社会保障体系，吸引高等院校毕业生到企业就业。

第三十四条　完善创新型技术人才的合理使用机制。构建尊重知识、尊重人才、尊重创造的和谐氛围，加强制度创新。

附录 2：关于加快培育和发展战略性新兴产业的决定

2010 年 10 月 10 日，国务院发布了《关于加快培育和发展战略性新兴产业的决定》（国发〔2010〕32 号），确定了战略性新兴产业发展的重点方向、主要任务和扶持政策。❶

关于加快培育和发展战略性新兴产业的决定

一、抓住机遇，加快培育和发展战略性新兴产业

战略性新兴产业是以重大技术突破和重大发展需求为基础，对经济社会全局和长远发展具有重大引领带动作用，知识技术密集、物质资源消耗少、成长潜力大、综合效益好的产业。加快培育和发展战略性新兴产业对推进我国现代化建设具有重要战略意义。

（一）加快培育和发展战略性新兴产业是全面建设小康社会、实现可持续发展的必然选择。我国人口众多、人均资源少、生态环境脆弱，又处在工业化、城镇化快速发展时期，面临改善民生的艰巨任务和资源环境的巨大压力。要全面建设小康社会、实现可持续发展，必须大力发展战略性新兴产业，加快形成新的经济增长点，创造更多的就业岗位，更好地满足人民群众日益增长的物质文化需求，促进资源节约型和环境友好型社会建设。

---

❶ “国务院关于加快培育和发展战略性新兴产业的决定”，载 http：//www.gov.cn/zwgk/2010－10/18/content_1724848.htm。

为贯彻落实《国务院关于加快培育和发展战略性新兴产业的决定》，更好地指导各部门、各地区开展培育发展战略性新兴产业工作，发展改革委会同相关部门组织编制了《战略性新兴产业重点产品和服务指导目录》。2013 年 3 月，国家发展改革委员会公布了《指导目录》，涉及七个战略性新兴产业、24 个重点发展方向下的 125 个子方向，共 3 100 余项细分的产品和服务。细分的产品和服务中包括节能环保产业约 740 项，新一代信息技术产业约 950 项，生物产业约 500 项，高端装备制造产业约 270 项，新能源产业约 300 项，新材料产业约 280 项，新能源汽车产业约 60 项。

（二）加快培育和发展战略性新兴产业是推进产业结构升级、加快经济发展方式转变的重大举措。战略性新兴产业以创新为主要驱动力，辐射带动力强，加快培育和发展战略性新兴产业，有利于加快经济发展方式转变，有利于提升产业层次、推动传统产业升级、高起点建设现代产业体系，体现了调整优化产业结构的根本要求。

（三）加快培育和发展战略性新兴产业是构建国际竞争新优势、掌握发展主动权的迫切需要。当前，全球经济竞争格局正在发生深刻变革，科技发展正孕育着新的革命性突破，世界主要国家纷纷加快部署，推动节能环保、新能源、信息、生物等新兴产业快速发展。我国要在未来国际竞争中占据有利地位，必须加快培育和发展战略性新兴产业，掌握关键核心技术及相关知识产权，增强自主发展能力。

加快培育和发展战略性新兴产业具备诸多有利条件，也面临严峻挑战。经过改革开放30多年的快速发展，我国综合国力明显增强，科技水平不断提高，建立了较为完备的产业体系，特别是高技术产业快速发展，规模跻身世界前列，为战略性新兴产业加快发展奠定了较好的基础。同时，也面临着企业技术创新能力不强，掌握的关键核心技术少，有利于新技术新产品进入市场的政策法规体系不健全，支持创新创业的投融资和财税政策、体制机制不完善等突出问题。必须充分认识加快培育和发展战略性新兴产业的重大意义，进一步增强紧迫感和责任感，抓住历史机遇，加大工作力度，加快培育和发展战略性新兴产业。

二、坚持创新发展，将战略性新兴产业加快培育成为先导产业和支柱产业

根据战略性新兴产业的特征，立足我国国情和科技、产业基础，现阶段重点培育和发展节能环保、新一代信息技术、生物、高端装备制造、新能源、新材料、新能源汽车等产业。

（一）指导思想。

以邓小平理论和“三个代表”重要思想为指导，深入贯彻落实科学发展观，把握世界新科技革命和产业革命的历史机遇，面向经济社会发展的重大需求，把加快培育和发展战略性新兴产业放在推进产业结构升级和经济发展方式转变的突出位置。积极探索战略性新兴产业发展规律，发挥企业主体作用，加大政策扶持力度，深化体制机制改革，着力营造良好环境，强化科技创新成果产业化，抢占经济和科技竞争制高点，推动战略性新兴产业快速健康发展，为促进经济社会可持续发展做出贡献。

（二）基本原则。

坚持充分发挥市场的基础性作用与政府引导推动相结合。要充分发挥我国市场需求巨大的优势，创新和转变消费模式，营造良好的市场环境，调动企业主体的积极性，推进产学研用结合。同时，对关系经济社会发展全局的重要领域和关键环节，要发挥政府的规划引导、政策激励和组织协调作用。

坚持科技创新与实现产业化相结合。要切实完善体制机制，大幅度提升自主创新能力，着力推进原始创新，大力增强集成创新和联合攻关，积极参与国际分工合作，加强引进消化吸收再创新，充分利用全球创新资源，突破一批关键核心技术，掌握相关知识产权。同时，要加大政策支持和协调指导力度，造就并充分发挥高素质人才队伍的作用，加速创新成果转化，促进产业化进程。

坚持整体推进与重点领域跨越发展相结合。要对发展战略性新兴产业进行统筹规划、系统布局，明确发展时序，促进协调发展。同时，要选择最有基础和条件的领域作为突破口，重点推进。大力培育产业集群，促进优势区域率先发展。

坚持提升国民经济长远竞争力与支撑当前发展相结合。要着眼长远，把握科技和产业发展新方向，对重大前沿性领域及早部署，积极培育先导产业。同时，要立足当前，推进对缓解经济社会发展瓶颈制约具有重大作用的相关产业较快发展，推动高技术产业健康发展，带动传统产业转型升级，加快形成支柱产业。

（三）发展目标。

到 2015 年，战略性新兴产业形成健康发展、协调推进的基本格局，对产业结构升级的推动作用显著增强，增加值占国内生产总值的比重力争达到 8%左右。

到 2020 年，战略性新兴产业增加值占国内生产总值的比重力争达到 15%左右，吸纳、带动就业能力显著提高。节能环保、新一代信息技术、生物、高端装备制造产业成为国民经济的支柱产业，新能源、新材料、新能源汽车产业成为国民经济的先导产业；创新能力大幅提升，掌握一批关键核心技术，在局部领域达到世界领先水平；形成一批具有国际影响力的大企业和一批创新活力旺盛的中小企业；建成一批产业链完善、创新能力强、特色鲜明的战略性新兴产业集聚区。

再经过十年左右的努力，战略性新兴产业的整体创新能力和产业发展水平达到世界先进水平，为经济社会可持续发展提供强有力的支撑。

三、立足国情，努力实现重点领域快速健康发展

根据战略性新兴产业的发展阶段和特点，要进一步明确发展的重点方向和主要任务，统筹部署，集中力量，加快推进。

（一）节能环保产业。重点开发推广高效节能技术装备及产品，实现重点领域关键技术突破，带动能效整体水平的提高。加快资源循环利用关键共性技术研发和产业化示范，提高资源综合利用水平和再制造产业化水平。示范推广先进环保技术装备及产品，提升污染防治水平。推进市场化节能环保服务体系建设。加快建立以先进技术为支撑的废旧商品回收利用体系，积极推进煤炭清洁利用、海水综合利用。

（二）新一代信息技术产业。加快建设宽带、泛在、融合、安全的信息网络基础设施，推动新一代移动通信、下一代互联网核心设备和智能终端的研发及产业化，加快推进三网融合，促进物联网、云计算的研发和示范应用。着力发展集成电路、新型显示、高端软件、高端服务器等核心基础产业。提升软件服务、网络增值服务等信息服务能力，加快重要基础设施智能化改造。大力发展数字虚拟等技术，促进文化创意产业发展。

（三）生物产业。大力发展用于重大疾病防治的生物技术药物、新型疫苗和诊断试剂、化学药物、现代中药等创新药物大品种，提升生物医药产业水平。加快先进医疗设备、医用材料等生物医学工程产品的研发和产业化，促进规模化发展。着力培育生物育种产业，积极推广绿色农用生物产品，促进生物农业加快发展。推进生物制造关键技术开发、示范与应用。加快海洋生物技术及产品的研发和产业化。

（四）高端装备制造产业。重点发展以干支线飞机和通用飞机为主的航空装备，做大做强航空产业。积极推进空间基础设施建设，促进卫星及其应用产业发展。依托客运专线和城市轨道交通等重点工程建设，大力发展轨道交通装备。面向海洋资源开发，大力发展海洋工程装备。强化基础配套能力，积极发展以数字化、柔性化及系统集成技术为核心的智能制造装备。

（五）新能源产业。积极研发新一代核能技术和先进反应堆，发展核能产业。加快太阳能热利用技术推广应用，开拓多元化的太阳能光伏光热发电市场。提高风电技术装备水平，有序推进风电规模化发展，加快适应新能源发展的智能电网及运行体系建设。因地制宜开发利用生物质能。

（六）新材料产业。大力发展稀土功能材料、高性能膜材料、特种玻璃、功能陶瓷、半导体照明材料等新型功能材料。积极发展高品质特殊钢、新型合金材料、工程塑料等先进结构材料。提升碳纤维、芳纶、超高分子量聚乙烯纤维等高性能纤维及其复合材料发展水平。开展纳米、超导、智能等共性基础材料研究。

（七）新能源汽车产业。着力突破动力电池、驱动电机和电子控制领域关键核心技术，推进插电式混合动力汽车、纯电动汽车推广应用和产业化。同时，开展燃料电池汽车相关前沿技术研发，大力推进高能效、低排放节能汽车发展。

四、强化科技创新，提升产业核心竞争力

增强自主创新能力是培育和发展战略性新兴产业的中心环节，必须完善以企业为主体、市场为导向、产学研相结合的技术创新体系，发挥国家科技重大专项的核心引领作用，结合实施产业发展规划，突破关键核心技术，加强创新成果产业化，提升产业核心竞争力。

（一）加强产业关键核心技术和前沿技术研究。围绕经济社会发展重大需求，结合国家科技计划、知识创新工程和自然科学基金项目等的实施，集中力量突破一批支撑战略性新兴产业发展的关键共性技术。在生物、信息、空天、海洋、地球深部等基础性、前沿性技术领域超前部署，加强交叉领域的技术和产品研发，提高基础技术研究水平。

（二）强化企业技术创新能力建设。加大企业研究开发的投入力度，对面向应用、具有明确市场前景的政府科技计划项目，建立由骨干企业牵头组织、科研机构和高校共同参与实施的有效机制。依托骨干企业，围绕关键核心技术的研发和系统集成，支持建设若干具有世界先进水平的工程化平台，结合技术创新工程的实施，发展一批由企业主导，科研机构、高校积极参与的产业技术创新联盟。加强财税政策引导，激励企业增加研发投入。加强产业集聚区公共技术服务平台建设，促进中小企业创新发展。

（三）加快落实人才强国战略和知识产权战略。建立科研机构、高校创新人才向企业流动的机制，加大高技能人才队伍建设力度。加快完善期权、技术入股、股权、分红权等多种形式的激励机制，鼓励科研机构和高校科技人员积极从事职务发明创造。加大工作力度，吸引全球优秀人才来华创新创业。发挥研究型大学的支撑和引领作用，加强战略性新兴产业相关专业学科建设，增加急需的专业学位类别。改革人才培养模式，制定鼓励企业参与人才培养的政策，建立企校联合培养人才的新机制，促进创新型、应用型、复合型和技能型人才的培养。支持知识产权的创造和运用，强化知识产权的保护和管理，鼓励企业建立专利联盟。完善高校和科研机构知识产权转移转化的利益保障和实现机制，建立高效的知识产权评估交易机制。加大对具有重大社会效益创新成果的奖励力度。

（四）实施重大产业创新发展工程。以加速产业规模化发展为目标，选择具有引领带动作用，并能够实现突破的重点方向，依托优势企业，统筹技术开发、工程化、标准制定、市场应用等环节，组织实施若干重大产业创新发展工程，推动要素整合和技术集成，努力实现重大突破。

（五）建设产业创新支撑体系。发挥知识密集型服务业支撑作用，大力发展研发服务、信息服务、创业服务、技术交易、知识产权和科技成果转化等高技术服务业，着力培育新业态。积极发展人力资源服务、投资和管理咨询等商务服务业，加快发展现代物流和环境服务业。

（六）推进重大科技成果产业化和产业集聚发展。完善科技成果产业化机制，加大实施产业化示范工程力度，积极推进重大装备应用，建立健全科研机构、高校的创新成果发布制度和技术转移机构，促进技术转移和扩散，加速科技成果转化为现实生产力。依托具有优势的产业集聚区，培育一批创新能力强、创业环境好、特色突出、集聚发展的战略性新兴产业示范基地，形成增长极，辐射带动区域经济发展。

五、积极培育市场，营造良好市场环境

要充分发挥市场的基础性作用，充分调动企业积极性，加强基础设施建设，积极培育市场，规范市场秩序，为各类企业健康发展创造公平、良好的环境。

（一）组织实施重大应用示范工程。坚持以应用促发展，围绕提高人民群众健康水平、缓解环境资源制约等紧迫需求，选择处于产业化初期、社会效益显著、市场机制难以有效发挥作用的重大技术和产品，统筹衔接现有试验示范工程，组织实施全民健康、绿色发展、智能制造、材料换代、信息惠民等重大应用示范工程，引导消费模式转变，培育市场，拉动产业发展。

（二）支持市场拓展和商业模式创新。鼓励绿色消费、循环消费、信息消费，创新消费模式，促进消费结构升级。扩大终端用能产品能效标识实施范围。加强新能源并网及储能、支线航空与通用航空、新能源汽车等领域的市场配套基础设施建设。在物联网、节能环保服务、新能源应用、信息服务、新能源汽车推广等领域，支持企业大力发展有利于扩大市场需求的专业服务、增值服务等新业态。积极推行合同能源管理、现代废旧商品回收利用等新型商业模式。

（三）完善标准体系和市场准入制度。加快建立有利于战略性新兴产业发展的行业标准和重要产品技术标准体系，优化市场准入的审批管理程序。进一步健全药品注册管理的体制机制，完善药品集中采购制度，支持临床必需、疗效确切、安全性高、价格合理的创新药物优先进入医保目录。完善新能源汽车的项目和产品准入标准。改善转基因农产品的管理。完善并严格执行节能环保法规标准。

六、深化国际合作，提高国际化发展水平

要通过深化国际合作，尽快掌握关键核心技术，提升我国自主发展能力与核心竞争力。把握经济全球化的新特点，深度开展国际合作与交流，积极探索合作新模式，在更高层次上参与国际合作。

（一）大力推进国际科技合作与交流。发挥各种合作机制的作用，多层次、多渠道、多方式推进国际科技合作与交流。鼓励境外企业和科研机构在我国设立研发机构，支持符合条件的外商投资企业与内资企业、研究机构合作申请国家科研项目。支持我国企业和研发机构积极开展全球研发服务外包，在境外开展联合研发和设立研发机构，在国外申请专利。鼓励我国企业和研发机构参与国际标准的制定，鼓励外商投资企业参与我国技术示范应用项目，共同形成国际标准。

（二）切实提高国际投融资合作的质量和水平。完善外商投资产业指导目录，鼓励外商设立创业投资企业，引导外资投向战略性新兴产业。支持有条件的企业开展境外投资，在境外以发行股票和债券等多种方式融资。扩大企业境外投资自主权，改进审批程序，进一步加大对企业境外投资的外汇支持。积极探索在海外建设科技和产业园区。制定国别产业导向目录，为企业开展跨国投资提供指导。

（三）大力支持企业跨国经营。完善出口信贷、保险等政策，结合对外援助等积极支持战略性新兴产业领域的重点产品、技术和服务开拓国际市场，以及自主知识产权技术标准在海外推广应用。支持企业通过境外注册商标、境外收购等方式，培育国际化品牌。加强企业和产品国际认证合作。

七、加大财税金融政策扶持力度，引导和鼓励社会投入

加快培育和发展战略性新兴产业，必须健全财税金融政策支持体系，加大扶持力度，引导和鼓励社会资金投入。

（一）加大财政支持力度。在整合现有政策资源和资金渠道的基础上，设立战略性新兴产业发展专项资金，建立稳定的财政投入增长机制，增加中央财政投入，创新支持方式，着力支持重大关键技术研发、重大产业创新发展工程、重大创新成果产业化、重大应用示范工程、创新能力建设等。加大政府引导和支持力度，加快高效节能产品、环境标志产品和资源循环利用产品等推广应用。加强财政政策绩效考评，创新财政资金管理机制，提高资金使用效率。

（二）完善税收激励政策。在全面落实现行各项促进科技投入和科技成果转化、支持高技术产业发展等方面的税收政策的基础上，结合税制改革方向和税种特征，针对战略性新兴产业的特点，研究完善鼓励创新、引导投资和消费的税收支持政策。

（三）鼓励金融机构加大信贷支持。引导金融机构建立适应战略性新兴产业特点的信贷管理和贷款评审制度。积极推进知识产权质押融资、产业链融资等金融产品创新。加快建立包括财政出资和社会资金投入在内的多层次担保体系。积极发展中小金融机构和新型金融服务。综合运用风险补偿等财政优惠政策，促进金融机构加大支持战略性新兴产业发展的力度。

（四）积极发挥多层次资本市场的融资功能。进一步完善创业板市场制度，支持符合条件的企业上市融资。推进场外证券交易市场的建设，满足处于不同发展阶段创业企业的需求。完善不同层次市场之间的转板机制，逐步实现各层次市场间有机衔接。大力发展债券市场，扩大中小企业集合债券和集合票据发行规模，积极探索开发低信用等级高收益债券和私募可转债等金融产品，稳步推进企业债券、公司债券、短期融资券和中期票据发展，拓宽企业债务融资渠道。

（五）大力发展创业投资和股权投资基金。建立和完善促进创业投资和股权投资行业健康发展的配套政策体系与监管体系。在风险可控的范围内为保险公司、社保基金、企业年金管理机构和其他机构投资者参与新兴产业创业投资和股权投资基金创造条件。发挥政府新兴产业创业投资资金的引导作用，扩大政府新兴产业创业投资规模，充分运用市场机制，带动社会资金投向战略性新兴产业中处于创业早中期阶段的创新型企业。鼓励民间资本投资战略性新兴产业。

八、推进体制机制创新，加强组织领导

加快培育和发展战略性新兴产业是我国新时期经济社会发展的重大战略任务，必须大力推进改革创新，加强组织领导和统筹协调，为战略性新兴产业发展提供动力和条件。

（一）深化重点领域改革。建立健全创新药物、新能源、资源性产品价格形成机制和税费调节机制。实施新能源配额制，落实新能源发电全额保障性收购制度。加快建立生产者责任延伸制度，建立和完善主要污染物和碳排放交易制度。建立促进三网融合高效有序开展的政策和机制，深化电力体制改革，加快推进空域管理体制改革。

（二）加强宏观规划引导。组织编制国家战略性新兴产业发展规划和相关专项规划，制定战略性新兴产业发展指导目录，开展战略性新兴产业统计监测调查，加强与相关规划和政策的衔接。加强对各地发展战略性新兴产业的引导，优化区域布局、发挥比较优势，形成各具特色、优势互补、结构合理的战略性新兴产业协调发展格局。各地区要根据国家总体部署，从当地实际出发，突出发展重点，避免盲目发展和重复建设。

（三）加强组织协调。成立由发展改革委牵头的战略性新兴产业发展部际协调机制，形成合力，统筹推进。

国务院各有关部门、各省（区、市）人民政府要根据本决定的要求，抓紧制定实施方案和具体落实措施，加大支持力度，加快将战略性新兴产业培育成为先导产业和支柱产业，为我国现代化建设做出新的贡献。

附录 3："十二五"国家战略性新兴产业发展规划

2012 年 7 月 9 日，国务院关于印发"十二五"国家战略性新兴产业发展规划[1]的通知国发〔2012〕28 号。

"十二五"国家战略性新兴产业发展规划

战略性新兴产业是以重大技术突破和重大发展需求为基础，对经济社会全局和长远发展具有重大引领带动作用，知识技术密集、物质资源消耗少、成长潜力大、综合效益好的产业。根据"十二五"规划纲要和《国务院关于加快培育和发展战略性新兴产业的决定》（国发〔2010〕32 号）的部署和要求，为加快培育和发展节能环保、新一代信息技术、生物、高端装备制造、新能源、新材料、新能源汽车等战略性新兴产业，特制定本规划。

一、背景

当今世界新技术、新产业迅猛发展，孕育着新一轮产业革命，新兴产业正在成为引领未来经济社会发展的重要力量，世界主要国家纷纷调整发展战略，大力培育新兴产业，抢占未来经济科技竞争的制高点。

当前，全国上下正按照科学发展观的要求，加快转变经济发展方式，推进中国特色新型工业化进程，推动节能减排，积极应对日趋激烈的国际竞争和气候变化等全球性挑战，促进经济长期平稳较快发展。在此过程中，必须站在战略和全局的高度，科学判断未来需求变化和技术发展趋势，大力培育发展战略性新兴产业，加快形成支撑经济社会可持续发展的支柱性和先导性产业，优化升级产业结构，提高发展质量和效益。

"十二五"时期是我国战略性新兴产业夯实发展基础、提升核心竞争

[1] "十二五"国家战略性新兴产业发展规划，其中包括 20 个专栏，进一步明确产业发展路线图，以及时间节点、发展目标、重大行动和重大政策。载 http：//www.gov.cn/zwgk/2012－07/20/content _ 2187770.htm。

力的关键时期，既面临难得的机遇，也存在严峻挑战。从有利条件看，我国工业化、城镇化快速推进，城乡居民消费结构加速升级，国内市场需求快速增长，为战略性新兴产业发展提供了广阔空间；我国综合国力大幅提升，科技创新能力明显增强，装备制造业、高技术产业和现代服务业迅速成长，为战略性新兴产业发展提供了良好基础；世界多极化、经济全球化不断深入，为战略性新兴产业发展提供了有利的国际环境。同时也要看到，我国战略性新兴产业自主创新发展能力与发达国家相比还存在较大差距，关键核心技术严重缺乏，标准体系不健全；投融资体系、市场环境、体制机制政策等还不能完全适应战略性新兴产业快速发展的要求。必须加强宏观引导和统筹规划，明确发展目标、重点方向和主要任务，采取有力措施，强化政策支持，完善体制机制，促进战略性新兴产业快速健康发展。

二、指导思想、基本原则和发展目标

（一）指导思想。以邓小平理论和“三个代表”重要思想为指导，深入贯彻落实科学发展观，把握世界新科技革命和产业革命的历史机遇，面向经济社会发展的重大需求，以改革创新为动力，以营造良好的产业发展环境为重点，以企业为主体，以工程为依托，加强规划引导，加大政策扶持，着力提升自主创新能力，加速科技成果产业化，推动战略性新兴产业快速健康发展，抢占经济科技竞争制高点，促进产业结构升级、经济发展方式转变和经济社会可持续发展。

（二）基本原则。市场主导、政府调控。充分发挥市场配置资源的基础性作用，以市场需求为导向，着力营造良好的市场竞争环境，激发各类市场主体的积极性。针对产业发展的薄弱环节和瓶颈制约，有效发挥政府的规划引导、政策激励和组织协调作用。

创新驱动、开放发展。坚持自主创新，加强原始创新、集成创新和引进消化吸收再创新；加强高素质人才队伍建设，掌握关键核心技术，健全标准体系，加速产业化，增强自主发展能力。充分利用全球创新资源，加强国际交流合作，探索国际合作发展新模式，走开放式创新和国际化发展道路。

重点突破、整体推进。坚持突出科技创新和新兴产业发展方向，选择最有基础、最有条件的重点方向作为切入点和突破口，明确阶段发展目标，集中优势资源，促进重点领域和优势区域率先发展。总体部署产业布局和相关领域发展，统筹规划，分类指导，适时动态调整，促进协调发展。

立足当前、着眼长远。围绕经济社会发展重大需求，着力发展市场潜力大、产业基础好、带动作用强的行业，加快形成支柱产业。着眼提升国民经济长远竞争力，促进可持续发展，对重要前沿性领域及早部署，培育先导产业。

（三）发展目标。产业创新能力大幅提升。企业重大科技成果集成、转化能力大幅提高，掌握一批具有主导地位的关键核心技术，建成一批具有国际先进水平的创新平台，发明专利质量数量和技术标准水平大幅提升，战略性新兴产业重要骨干企业研发投入占销售收入的比重达到5%以上。一批关键核心技术达到国际先进水平。

创新创业环境更加完善。重点领域和关键环节的改革加快推进，有利于创新战略性新兴产业商业模式、发展新业态的市场准入条件，以及财税激励、投融资机制、技术标准、知识产权保护、人才队伍建设等政策环境显著改善。

国际分工地位稳步提高。涌现一批掌握核心关键技术、拥有自主品牌、开展高层次分工合作的国际化企业，具有自主知识产权的技术、产品和服务的国际市场份额大幅提高，在部分领域成为全球重要的研发制造基地。

引领带动作用显著增强。战略性新兴产业规模年均增长率保持在20%以上，形成一批具有较强自主创新能力和技术引领作用的骨干企业，一批特色鲜明的产业链和产业集聚区。到2015年，战略性新兴产业增加值占国内生产总值比重达到8%左右，对产业结构升级、节能减排、提高人民健康水平、增加就业等的带动作用明显提高。

到2020年，力争使战略性新兴产业成为国民经济和社会发展的重要推动力量，增加值占国内生产总值比重达到15%，部分产业和关键技术跻身国际先进水平，节能环保、新一代信息技术、生物、高端装备制造产业成为国民经济支柱产业，新能源、新材料、新能源汽车产业成为国民经济先导产业。

三、重点发展方向和主要任务

（一）节能环保产业。强化政策和标准的驱动作用，充分运用现代技术成果，突破能源高效与梯次利用、污染物防治与安全处置、资源回收与循环利用等关键核心技术，大力发展高效节能、先进环保和资源循环利用的新装备和产品；完善约束和激励机制，创新服务模式，优化能源管理、大力推行清洁生产和低碳技术、鼓励绿色消费，加快形成支柱产业，提高资源利用率，促进资源节约型和环境友好型社会建设。

1. 高效节能产业。发展高效节能锅炉窑炉、电机及拖动设备、余热余压利用、高效储能、节能监测和能源计量等节能新技术和装备；鼓励开发和推广应用高效节能电器、高效照明等产品；提高新建建筑节能标准，开展既有建筑节能改造，大力发展绿色建筑，推广绿色建筑材料；加快发展节能交通工具；积极开发和推广用能系统优化技术，促进能源的梯次利用和高效利用；大力推行合同能源管理新业态。

2. 先进环保产业。以解决危害人民群众身体健康的突出环境问题为重点，加大技术创新和集成应用力度，推动水污染防治、大气污染防治、土壤污染防治、重金属污染防治、有毒有害污染物防控、垃圾和危险废物处理处置、减震降噪设备、环境监测仪器设备的开发和产业化；推进高效膜材料及组件、生物环保技术工艺、控制温室气体排放技术及相关新材料和药剂的创新发展，提高环保产业整体技术装备水平和成套能力，提升污染防治水平；大力推进环保服务业发展，促进环境保护设施建设运营专业化、市场化、社会化，探索新型环保服务模式。

3. 资源循环利用产业。大力发展源头减量、资源化、再制造、零排放和产业链接等新技术，推进产业化，提高资源产出率。重点发展共伴生矿产资源、大宗固体废物综合利用，汽车零部件及机电产品再制造、资源再生利用，以先进技术支撑的废旧商品回收体系，餐厨废弃物、农林废弃物、废旧纺织品和废旧塑料制品资源化利用。

（二）新一代信息技术产业。把握信息技术升级换代和产业融合发展机遇，加快建设宽带、融合、安全、泛在的下一代信息网络，突破超高速光纤与无线通信、物联网、云计算、数字虚拟、先进半导体和新型显示等新一代信息技术，推进信息技术创新、新兴应用拓展和网络建设的互动结合，创新产业组织模式，提高新型装备保障水平，培育新兴服务业态，增强国际竞争能力，带动我国信息产业实现由大到强的转变。“十二五”期间，新一代信息技术产业销售收入年均增长20%以上。

1. 下一代信息网络产业。实施宽带中国工程，加快构建下一代国家信息基础设施，统筹宽带接入、新一代移动通信、下一代互联网、数字电视网络建设；加快新一代信息网络技术开发和自主标准的推广应用，支持适应物联网、云计算和下一代网络架构的信息产品的研制和应用，带动新型网络设备、智能终端产业和新兴信息服务及其商业模式的创新发展；发展宽带无线城市、家庭信息网络，加快信息基础设施向农村和偏远地区延伸覆盖，普及信息应用；强化网络信息安全和应急通信能力建设。

2. 电子核心基础产业。围绕重点整机和战略领域需求，大力提升高性能集成电路产品自主开发能力，突破先进和特色芯片制造工艺技术，先进封装、测试技术以及关键设备、仪器、材料核心技术，加强新一代半导体材料和器件工艺技术研发，培育集成电路产业竞争新优势。积极有序发展大尺寸薄膜晶体管液晶显示（TFT－LCD）、等离子显示（PDP）面板产业，完善产业链。加快推进有机发光二极管（OLED）、三维立体（3D）、激光显示等新一代显示技术研发和产业化。攻克发光二极管（LED）、OLED产业共性关键技术和关键装备、材料，提高LED、OLED照明的经济性。掌握智能传感器和新型电力电子器件及系统的核心技术，提高新兴领域专用设备仪器保障和支撑能力，发展片式化、微型化、绿色化的新型元器件。

3. 高端软件和新兴信息服务产业。加强以网络化操作系统、海量数据处理软件等为代表的基础软件、云计算软件、工业软件、智能终端软件、信息安全软件等关键软件的开发，推动大型信息资源库建设，积极培育云计算服务、电子商务服务等新兴服务业态，促进信息系统集成服务向产业链前后端延伸，推进网络信息服务体系变革转型和信息服务的普及，利用信息技术发展数字内容产业，提升文化创意产业，促进信息化与工业化的深度融合。充分统筹用好国内、国际两个市场，继续扩大软件信息服务出口，积极承接国际服务外包，依托新一代信息产业技术提升我国在国际产业链中的层次和水平。

（三）生物产业。面向人民健康、农业发展、资源环境保护等重大需求，强化生物资源利用、转基因、生物合成、抗体工程、生物反应器等共性关键技术和工艺装备开发；加强生物安全研究和管理，建设国家基因资源信息库。着力提升生物医药研发能力，开发医药新产品，加快发展生物医学工程技术和产品，大力发展生物育种，推进生物制造规模化发展，加速构建具有国际先进水平的现代生物产业体系，加快海洋生物技术及产品的研发和产业化。“十二五”期间，产业规模年均增速达到20％以上。

1. 生物医药产业。提高我国新药创制能力，开发生物技术药物、疫苗和特异性诊断试剂；推进化学创新药研发和产业化，提高通用名药物技术开发和规模化生产水平；继承和创新相结合，发展现代中药；开发先进制药工艺技术与装备，发展新药开发合同研究、健康管理等新业态，推动生物医药产业国际化。

2. 生物医学工程产业。整合医产学研优势资源，推进医学与信息、材料等领域新技术的交叉融合，构建生物医学工程技术创新体系，提升新型生物医学工程产品开发能力。研究开发预防、诊断、治疗、康复、卫生应急装备和新型生物医药材料的关键技术与核心部件，形成一批适合大中型医院使用、具有自主知识产权的高端诊疗产品；大力开发高性价比、高可靠性的临床诊断、治疗、康复产品，促进基层医疗卫生机构建设和服务能力提升；发展数字医疗系统、远程医疗系统和家庭监测、社区护理、个人健康维护相关产品等。

3. 生物农业产业。围绕保障粮食安全和促进现代农业发展，完善育种科学设施体系，加强生物育种技术研发和产业化，加快高产、优质、多抗、高效动植物新品种培育及应用，推动育繁推一体化的现代育种企业发展，着力提升种业竞争力。积极推进生物兽药及疫苗、生物农药、生物肥料、生物饲料等绿色农用产品研发及产业化，为我国农业发展提供重要支撑。

4. 生物制造产业。以培育生物基材料、发展生物化工产业和做强现代发酵产业为重点，大力推进酶工程、发酵工程技术和装备创新。突破非粮原料与纤维素转化关键技术，培育发展生物醇、酸、酯等生物基有机化工原材料，推进生物塑料、生物纤维等生物材料产业化。大力推动绿色生物工艺在化工、制浆、印染、制革等领域关键工艺环节的应用示范，积极推进工程微生物与清洁发酵技术应用，提升大宗发酵新产品的国际竞争力。

（四）高端装备制造产业。面向我国产业转型升级和战略性新兴产业发展的迫切需求，统筹经济建设和国防建设需要，大力发展现代航空装备、卫星及应用产业，提升先进轨道交通装备发展水平，加快发展海洋工程装备，做大做强智能制造装备，把高端装备制造业培育成为国民经济的支柱产业，促进制造业智能化、精密化、绿色化发展。

1. 航空装备产业。统筹航空技术研发、产品研制与产业化、市场开拓及服务提供，加快研制具有市场竞争力的大型客机，推进先进支线飞机系列化产业化发展，适时研发新型支线飞机；大力发展符合市场需求的新型通用飞机和直升机，构建通用航空产业体系；突破航空发动机核心关键技术，加快推进航空发动机产业化；促进航空设备及系统、航空维修和服务业发展；提升航空产业的核心竞争力和专业化发展能力。

2. 卫星及应用产业。紧密围绕经济社会发展的重大需求，与国家科技重大专项相结合，以建立我国自主、安全可靠、长期连续稳定运行的空间基础设施及其信息应用服务体系为核心，加强航天运输系统、应用卫星系统、地面与应用天地一体化系统建设，推进临近空间资源开发，促进卫星在气象、海洋、国土、测绘、农业、林业、水利、交通、城乡建设、环境减灾、广播电视、导航定位等方面的应用，建立健全卫星制造、发射服务、地面设备制造、运营服务产业链。推进极地空间资源开发。

3. 轨道交通装备产业。大力发展技术先进、安全可靠、经济适用、节能环保的轨道交通装备，建立健全研发设计、生产制造、试验验证、运用维护、监测维修和产品标准体系，完善认证认可体系等，提升牵引传动、列车控制、制动等关键系统及装备自主化能力。巩固和扩大国内市场，大力开展国际合作，推动我国轨道交通装备全面达到世界先进水平。

4. 海洋工程装备产业。面向海洋资源特别是海洋油气资源开发的重大需求，大力发展海洋油气开发装备，重点突破海洋深水勘探装备、钻井装备、生产装备、作业和辅助船舶的设计制造核心技术，全面提升自主研发设计、专业化制造、工程总包及设备配套能力，积极推动海洋风能利用工程建设装备、海水淡化和综合利用等装备产业化。促进产业体系化和规模化，增强国际竞争力。

5. 智能制造装备产业。重点发展具有感知、决策、执行等功能的智能专用装备，突破新型传感器与智能仪器仪表、自动控制系统、工业机器人等感知、控制装置及其伺服、执行、传动零部件等核心关键技术，提高成套系统集成能力，推进制造、使用过程的自动化、智能化和绿色化，支撑先进制造、国防、交通、能源、农业、环保与资源综合利用等国民经济重点领域发展和升级。

（五）新能源产业。加快发展技术成熟、市场竞争力强的核电、风电、太阳能光伏和热利用、页岩气、生物质发电、地热和地温能、沼气等新能源，积极推进技术基本成熟、开发潜力大的新型太阳能光伏和热发电、生物质气化、生物燃料、海洋能等可再生能源技术的产业化，实施新能源集成利用示范重大工程。到 2015 年，新能源占能源消费总量的比例提高到 4.5%，减少二氧化碳年排放量 4 亿吨以上。

1. 核电技术产业。加强核电安全、核燃料后处理和废物处置等技术研究，在确保安全的前提下，开展二代在运核电安全运行技术及延寿技术开发，加快第三代核电技术的消化吸收和再创新，统筹开展第三代核电站建设。实施大型先进压水堆及高温气冷堆核电站科技重大专项，建设示范工程。研发快中子堆等第四代核反应堆和小型堆技术，适时启动示范工程。

发展核电装备制造和核燃料产业链。到2015年，掌握先进核电技术，提高成套装备制造能力，实现核电发展自主化；核电运行装机达到4 000万千瓦，包括三代在内的核电装备制造能力稳定在1 000万千瓦以上。到2020年，形成具有国际竞争力的百万千瓦级核电先进技术开发、设计、装备制造能力。

2. 风能产业。加强风电装备研发，增强大型风电机组整机和控制系统设计能力，提高发电机、齿轮箱、叶片以及轴承、变流器等关键零部件开发能力，在风电运行控制、大规模并网、储能技术方面取得重大突破。建设东北、西北、华北北部和沿海地区的八大千万千瓦级风电基地。在内陆山地、河谷、湖泊等风能资源相对丰富的地区，发挥距离电力负荷中心近、电网接入条件好的优势，因地制宜开发中小型风电项目，积极推动海上风电项目建设。

3. 太阳能产业。以提高太阳能电池转化效率、器件使用寿命和降低光伏发电系统成本为目标，大力发展太阳能光伏电池的生产制造新工艺和新装备；积极推动多元化太阳能光伏光热发电技术新设备、新材料的产业化及其商业化发电示范；建立大型并网光伏发电站，推进建筑一体化光伏发电应用，建立具有国际先进水平的太阳能发电产业体系。大规模推广应用高效、多功能太阳能热水器，推动太阳能在供暖、制冷和中高温工业领域的应用。建立促进光伏发电分布式应用的市场环境，推进以太阳能应用为主、综合利用各种可再生能源的新能源城市建设。

4. 生物质能产业。统筹生物质能源发展，有序发展生物质直燃发电，积极推进生物质气化及发电、生物质成型燃料、沼气等分布式生物质能应用。加强下一代生物燃料技术开发，推进纤维素制乙醇、微藻生物柴油产业化。开展重点地区生物质资源详查评价，鼓励利用边际性土地和近海海洋种植能源作物和能源植物。

（六）新材料产业。大力发展新型功能材料、先进结构材料和复合材料，开展纳米、超导、智能等共性基础材料研究和产业化，提高新材料工艺装备的保障能力；建设产学研结合紧密、具备较强自主创新能力和可持续发展能力的高性能、轻量化、绿色化的新材料产业创新体系和标准体系，发布国家新材料重点产品发展指导目录，建立新材料产业认定和统计体系，引导材料工业结构调整。到2015年，突破一批国家建设急需、引领未来发展的关键共性技术；到2020年，关键新材料自给率明显提高。

1. 新型功能材料产业。大力发展稀土永磁、发光、催化、储氢等高性能稀土功能材料和稀土资源高效综合利用技术。积极发展高纯稀有金属及靶材、原子能级锆材、高端钨钼材料及制品等，加快推进高纯硅材料、新型半导体材料、磁敏材料、高性能膜材料等产业化。着力扩大丁基橡胶、丁腈橡胶、异戊橡胶、氟硅橡胶、乙丙橡胶等特种橡胶及高端热塑性弹性体生产规模，加快开发高端品种和专用助剂。大力发展低辐射镀膜玻璃、光伏超白玻璃、平板显示玻璃、新型陶瓷功能材料、压电材料等无机非金属功能材料。积极发展高纯石墨、人工晶体、超硬材料及制品。

2. 先进结构材料产业。以轻质、高强、大规格为重点，大力发展高强轻型合金，积极开发高性能铝合金，加快镁合金制备及深加工，发展高性能钛合金、大型钛板、带材和焊管等。以保障高端装备制造和重大工程建设为重点，加快发展高品质特殊钢和高温合金材料。加强工程塑料改性及加工应用技术开发，大力发展聚碳酸酯、聚酰胺、聚甲醛和特种环氧树脂等。

3. 高性能复合材料产业。以树脂基复合材料和碳碳复合材料为重点，积极开发新型超大规格、特殊结构材料的一体化制备工艺，推进高性能复合材料低成本化、高端品种产业化和应用技术装备自主化。加快发展高性能纤维并提高规模化制备水平，重点围绕聚丙烯腈基碳纤维及其配套原丝开展技术提升，着力实现千吨级装备稳定运转，积极开展高强、高模等系列碳纤维以及芳纶开发和产业化。着力提高专用助剂和树脂性能，大力开发高比模量、高稳定性和热塑性复合材料品种。积极开发新型陶瓷基、金属基复合材料。加快推广高性能复合材料在航空航天、风电设备、汽车制造、轨道交通等领域的应用。

（七）新能源汽车产业。以纯电驱动为新能源汽车发展和汽车工业转型的主要战略取向，当前重点推进纯电动汽车和插电式混合动力汽车产业化，推进新能源汽车及零部件研究试验基地建设，研究开发新能源汽车专用平台，构建产业技术创新联盟，推进相关基础设施建设。重点突破高性能动力电池、电机、电控等关键零部件和材料核心技术，大幅度提高动力电池和电机安全性与可靠性，降低成本；加强电制动等电动功能部件的研发，提高车身结构和材料轻量化技术水平；推进燃料电池汽车的研究开发和示范应用；初步形成较为完善的产业化体系。建立完整的新能源汽车政策框架体系，强化财税、技术、管理、金融政策的引导和支持力度，促进新能源汽车产业快速发展。

四、重大工程

（一）重大节能技术与装备产业化工程。围绕应用面广、节能潜力大的高效锅炉窑炉、余热余压利用、热电联产、电机系统和大容量低成本蓄能等领域，实施重大技术装备产业化示范工程；推进高效风机、水泵、变压器、空调机组、内燃机、节能家电等技术装备和产品的发展。到 2015 年，形成一批以高效燃烧、能源梯级利用、高效蓄能、绿色节能建材、节能监测和能源计量等为重点的节能技术装备与产品制造骨干企业和产业化示范基地，高效节能技术与装备市场占有率提高到 30%左右，创新能力和装备开发能力接近国际先进水平。

（二）重大环保技术装备及产品产业化示范工程。以烟气脱硫脱硝、机动车尾气高效净化等大气污染治理装备，城镇生活污水脱氮除磷深度处理、新型反硝化反应器等水污染治理成套装备，高效垃圾焚烧和烟气处理、污泥处理处置等固体废物处理装备，重金属、氨氮在线监测等环境监测专用仪器仪表，环境应急监测车、阻截式油水分离及回收设备等环境应急装备为重点，实施一批产业化示范工程。推进重金属污染防治、土壤污染防治技术开发与示范应用，加快高性能膜、脱硝催化剂纳米级二氧化钛载体、高效滤料等污染控制材料的产业化。到 2015 年，培育一批在行业具有领军作用的环保企业集团及一批“专、精、特、新”的环保配套生产企业，创建 10～15 个区位优势突出、集中度高的环保技术及装备产业化基地。

（三）重要资源循环利用工程。实施“城市矿产”示范工程，建设一批“城市矿产”示范基地，提升废钢铁、废有色金属（稀贵金属）、废橡胶、废轮胎、废电池等再生资源利用技术和成套装备产业化水平。实施再制造产业化示范工程，建立一批再制造工程（技术）研究中心，形成若干再制造产业集聚区。实施产业废弃物资源化利用示范工程，推进大宗固体废物、共伴生矿、建筑废弃物的循环利用。加快建立先进技术支撑的废旧商品回收利用体系，建设一批示范城市。加快海水淡化产业发展。到 2015 年，建成我国重要资源循环利用技术体系，再制造产业初具规模，资源再生加工利用能力达每年 2 500 万吨，煤矸石等大宗固体废弃物综合利用能力达每年 4 亿吨。

（四）宽带中国工程。加快推进宽带光纤接入网络建设，推进第三代移动通信（3G）网络全面、深度覆盖，开展 TD—LTE 规模商用示范；实施下一代互联网商用推广，建立新型网络体系架构及配套技术试验床，形成完备的互联网技术标准，完善网络安全防护体系；全面实施广播电视数字化改造，积极推进三网融合；组织关键技术、装备、智能终端的研发及产业化。到2015年，宽带接入能力显著提高，95%的行政村具备宽带接入能力，相关装备和智能终端达到国际先进水平，全国县级（含）以上城市有线电视实现数字化，80%实现双向化，并基本完成数字地面电视覆盖。

（五）高性能集成电路工程。围绕重点整机系统应用需求，突破高端通用芯片核心技术，大力支持移动互联、模数混合、信息安全、数字电视、射频识别、传感器等芯片的设计，形成系统方案解决能力。加快先进生产线和特色生产线工艺技术升级和产能扩充，提高先进封装工艺和测试水平。进一步完善产业链，增强关键设备、仪器和材料的开发能力，支持大生产线规模应用。强化国产芯片和软件的集成应用。加快提升国家级集成电路研发公共服务平台的水平和能力。到2015年，集成电路设计业产值国内市场比重由5%提高到15%。

（六）新型平板显示工程。开展TFT－LCD显示面板关键技术和新工艺开发，实施玻璃基板等关键配套材料和核心生产设备产业化项目。突破PDP高光效技术、高清晰度技术以及超薄技术，完善配套产业链。开展高迁移率TFT驱动基板技术开发，攻克OLED有机成膜、器件封装等关键工艺技术，加强关键材料及设备的国产化配套。开展3D显示、电子纸、激光显示等新技术研发和产业化。到2015年，新型平板显示面板满足国内彩电整机需求量的80%以上，提高关键材料和核心生产设备本地化配套率。

（七）物联网和云计算工程。构建物联网基础和共性标准体系，突破低成本、低功耗、高可靠性传感器技术，组织新型RFID、智能仪表、微纳器件、核心芯片、软件和智能信息处理等关键技术研发和产业链建设。在典型领域开展基于创新产品和解决方案的物联网示范应用，培育和壮大物联网新兴服务业，加强物联网安全保障能力建设。开展云计算服务创新发展试点示范。整合现有各类计算资源，推动各领域信息共享和业务协同，突破虚拟化、云计算应用支撑平台、云安全、云存储等核心技术，大力加强高性能计算等领域应用软件的开发，推进高性能服务器、海量数据存储、智能终端等设备产业化，加强对云计算基础设施的统筹部署和创新发展，构建云计算标准体系，支持建设一批绿色云计算服务中心、公共云计算服务平台，促进软件即服务（SaaS）、平台即服务（PaaS）、基础设施即服务（IaaS）等业务模式的创新发展。到2015年，初步形成符合国情的应用模式、标准规范和安全可靠的产业体系。

（八）信息惠民工程。推进普遍服务，完善信息惠民基础条件；建立多层次的国家优质教育资源库和共享服务平台，完善现代远程教育传输网络和服务体系；加强公共安全信息化支撑体系建设，提升公共安全实时监控、预警预报和应急处理能力，提高社会管理信息化水平。推进远程医疗，推广医疗信息管理和居民电子健康档案管理系统；推进标准统一、功能兼容的社会保障卡应用，逐步实现"人手一卡"和"一卡通"；支持一批城市开展电子商务示范城市创建工作，支持应用新信息技术和服务模式，在海铁公水联运、智能电网、安全生产监管、林业生态监测、环境污染监控、食品安全监管、药品药械监管、智能交通、货物快递追踪、危险品管理、城市公共管理等领域开展新型信息服务。加快研发适应三网融合业务要求的数字家庭智能终端和新型消费电子产品，开展数字家庭多业务应用示范。扩大信息服务在城乡及各领域的覆盖和应用。

（九）蛋白类等生物药物和疫苗工程。建立国家人类基因资源信息库、蛋白质库和生物样本库，重点突破新产品研发和产业化过程中的高效筛选、评价、纯化、大规模细胞培养、制剂技术、质量控制方法等环节的技术瓶颈，加强新型佐剂研究，建设若干研发和产业化技术平台，推进单克隆抗体药物、基因工程蛋白质及多肽药物、多联多价疫苗、治疗型疫苗、人畜共患病疫苗等新产品的研发及产业化，加强疫苗供应体系建设。到2015年，实现30个以上生物医药新品种投放市场，基因工程药物和疫苗创新能力大幅提升，我国防控重大疾病和传染病的能力明显提高。

（十）高性能医学诊疗设备工程。建设具有国际先进水平的高性能医学影像诊断治疗设备研发与技术集成平台，突破数字化探测器、高频高压发生器、超声探头、超导磁体等核心部件和关键技术，加快发展数字化X射线机、多层螺旋计算机断层扫描（CT）机、超导磁共振成像系统(MRI)、核医学影像设备正电子放射断层造影术（PET）/CT、数字化彩色超声诊断系统等高性能医学影像设备，加快推进高强度聚焦超声（HIFU）等高性能医学治疗设备开发，加速产业化和推进临床应用。到2015年，掌握一批拥有自主知识产权的高性能医学影像诊断和治疗设备的核心技术，提高创新产品国内市场占有率。

（十一）生物育种工程。围绕国家粮食生产核心区，构建重要动植物基因信息库，重点研发转基因、分子设计、航天育种、胚胎工程等生物育种技术，建设国家级生物育种基地、区域性良繁基地，建立转基因生物安全管理体系，加快培育水稻、玉米、小麦、大豆、棉花、油菜等主要作物以及猪、牛、羊、鸡、鱼等重要畜禽水产新品种并实现产业化。到2015年，突破一批分子育种关键技术和装备，具有自主知识产权的主要农作物和畜禽新品种市场占有率明显提高。

（十二）生物基材料工程。建设工业微生物菌种与基因信息库，突破微生物菌种设计、生物炼制工艺等关键技术，建立非粮生物质原料种植加工基地，加快工业微生物、生物基工业原料、生物基塑料、生物质纤维、生物溶剂等生物基产品的产业化，加强生物基产品应用示范，构建生物基原材料生产加工与应用产业链，利用生物技术提升传统产业发展水平。到2015年，突破一批生物基材料开发和产业化技术，与化石原料相比具有竞争力的一批生物基材料实现规模化生产。

（十三）航空装备工程。按照安全、经济、舒适和环保的要求，研制具有国际竞争力的150座级C919单通道干线飞机。加快科技攻关，发展高可靠性、低成本、数字化支线飞机和通用飞机（含直升机）设计与制造技术。推进ARJ21支线飞机的规模化生产和系列化发展，支持新舟系列支线飞机改进改型，研制新型支线飞机，发展大中型喷气公务机和新型通用飞机（含直升机）；拓展支线飞机市场应用，扎实推进通勤航空试点。推动航空发动机、航空设备产业发展及航空维修、支援、租赁等产业配套体系建设。到2015年，我国航空装备发展能力大幅提升。

（十四）空间基础设施工程。建设时空协调、全天候、全天时的对地观测卫星系统和天地一体的地面配套设施，发展空间环境监测卫星系统；完善我国全球导航定位系统；启动由大容量宽带多媒体卫星、全球移动通信卫星、数据中继卫星等系统组成的空间信息高速公路建设；建设相关地面配套设施。开展先进卫星平台、新型卫星有效载荷、核心部组件、卫星遥感定量化应用等关键技术研发，推进重点行业和领域的卫星系统应用示范，进一步提升卫星对地观测、卫星通信和卫星导航定位应用产业化水平。到2015年，形成长期连续稳定运行、系统功能优化的国家空间基础设施骨干架构，大幅提升我国卫星提供经济社会发展需求空间信息的能力。

（十五）先进轨道交通装备及关键部件工程。建立现代轨道交通装备核心技术、关键零部件及系统的研发、试验验证、标准及知识产权保护体系。开发高寒及城际动车组、交流传动快速机车、30吨轴重机车与货车、新型城轨车辆、大型施工装备、多功能高效率工程及养路机械。研发永磁电传动、磁悬浮、列车制动、牵引控制、安全监测、通信信号等关键技术，研制轮轴轴承、传动齿轮箱、转向架等关键零部件，加强产业化，提升核心部件及系统创新能力。到 2015 年，形成具有世界先进水平的轨道交通装备发展能力。

（十六）海洋工程装备工程。突破深水浮式结构物水动力性能、结构设计和强度分析等共性技术，加快发展深海高性能物探船和钻井船、浮式生产储油卸油装置、半潜式平台、水下生产系统、环境探测、观测与监测、深海运载及应急作业等装备及其关键配套设备和系统，建设液化天然气浮式生产储卸装置等新型装备总装制造平台，完善设计建造标准体系。到 2015 年，国产深海资源探采装备国内市场占有率明显提高，关键设备和系统实现配套，国际市场竞争力得到提升。

（十七）智能制造装备工程。突破新型传感、高精度运动控制、故障智能诊断等关键技术，大力推进泛在感知自动控制系统、工业机器人、关键零部件等装置的开发和产业化，开展基于机器人的自动化成形与加工装备生产线、自动化仓储与分拣系统以及数字化车间等典型智能装备与系统的集成创新，推进智能制造技术和装备在石油加工、煤炭开采、发电、环保、纺织、冶金、建材、机械加工、食品加工等典型领域中的示范应用。到 2015 年，具有自主知识产权的智能测控装置及零部件国内市场占有率达到 30%，掌握智能制造系统关键核心技术，以传感器、自动控制系统、工业机器人、伺服和执行部件为代表的智能装置实现突破并达到国际先进水平，重大成套装备及生产线系统集成水平大幅提升，基本满足国民经济重点领域和国防建设的需要。

（十八）新能源集成应用工程。在风电、太阳能、海洋能发电等可再生能源电力开发集中区域，示范建设以智能电网为载体、发输用一体化、可再生能源为主的电力系统；选择可再生能源资源丰富、经济条件较好的城市，在公共建筑、商业设施和工业园区推进太阳能、页岩气、生物质能、地热和地温能等新能源技术的综合应用示范；开展绿色能源和新能源区域应用示范建设，建成完善的县域绿色能源利用体系；在可再生能源丰富和具备多元化利用条件的中小城市及偏远农牧区、海岛等，示范建设分布式光伏发电、风力发电、沼气发电、小水电“多能互补”的新能源微电网系统。推进新能源装备产业化。到 2015 年，建成世界领先的新能源技术研发和制造基地。

（十九）关键材料升级换代工程。加快突破气相沉积、等静压、先进熔炼、高效合成等材料先进技术和装备，支持高强铝合金等轻型合金材料、稀有金属材料、装备制造和重大工程需要的高品质特殊钢开发；推进高强高模碳纤维等高性能纤维及其复合材料、全氟离子膜等功能性膜材料、医用材料、先进电池材料、高纯硅等新型半导体材料、纳米绿色印刷材料和技术的产业化；开展高磁感取向硅钢、铁基非晶带材、高饱和磁感铁基纳米晶材料等金属合金材料、无机改性高分子材料、高性能复合材料以及新型绿色节能建材等在电力、交通运输、建筑等领域的应用示范；完善新材料认定及标准体系，建设一批新材料开发、检测、应用、信息等公共服务平台。到2015年，形成新材料持续发展的创新能力，一大批关键新材料的国内保障能力基本满足需求。

（二十）新能源汽车工程。建设新能源汽车公共测试平台、试验验证和应用综合评价体系，建立产品开发和专利数据库，重点研发动力电池、电机及控制系统等关键核心技术和新产品，加速纯电动、插电式混合动力汽车系列产品产业化，加大公共服务领域示范推广力度，扩大私人购买新能源汽车补贴试点城市范围和规模。推进充电网络体系和设施建设，探索新型商业化运行模式。

五、政策措施

（一）加大财税金融政策扶持

1. 加大财税政策扶持。在整合现有政策资源、充分利用现有资金渠道的基础上，建立稳定的财政投入增长机制，设立战略性新兴产业发展专项资金，着力支持重大关键技术研发、重大产业创新发展工程、重大创新成果产业化、重大应用示范工程及创新能力建设等。结合税制改革方向和税种特征，针对战略性新兴产业特点，加快研究完善和落实鼓励创新、引导投资和消费的税收支持政策。

2. 强化金融支持。加强金融政策和财政政策的结合，运用风险补偿等措施，鼓励金融机构加大对战略性新兴产业的信贷支持。发展多层次资本市场，拓宽多元化直接融资渠道。大力发展债券市场，扩大公司债、企业债、短期融资券、中期票据、中小企业集合票据等发行规模。进一步完善创业板市场制度，支持符合条件的企业上市融资。推进场外证券交易市场建设，满足处于不同发展阶段创业企业的需求。完善不同层次市场之间的转板机制，逐步实现各层次市场有机衔接。扶持发展创业投资企业，发挥政府新兴产业创业投资资金的引导作用，扩大资金规模，推动设立战略性新兴产业创业投资引导基金，充分运用市场机制，带动社会资金投向处于创业早中期阶段的战略性新兴产业创新型企业。健全投融资担保体系。引导民营企业和民间资本投资战略性新兴产业。

（二）完善技术创新和人才政策

1. 加强企业技术创新能力建设。构建新兴产业技术创新和支撑服务体系，加大企业技术创新的投入力度，对面向应用、具有明确市场前景的政府科技计划项目，建立由企业牵头组织、高等院校和科研机构共同参与实施的有效机制。依托骨干企业，围绕关键核心技术的研发、系统集成和成果中试转化，支持建设若干具有世界先进水平的工程化平台，发展一批企业主导、产学研用紧密结合的产业技术创新联盟，支持联盟成员构建专利池、制定技术标准等。进一步加强财税政策的引导，激励企业增加研发投入。

2. 加强知识产权体系建设。加强重大发明专利、商标等知识产权的申请、注册和保护，鼓励国内企业申请国外专利。健全知识产权保护相关法律法规，制定适合战略性新兴产业发展的知识产权政策。建立公共专利信息查询和服务平台，为全社会提供知识产权信息服务。针对我国企业在对外贸易投资中遇到的知识产权问题，尽快建立健全预警应急机制、海外维权和争端解决机制。大力推进知识产权的运用，完善知识产权转移交易体系，规范知识产权资产评估，推进知识产权投融资机制建设。

3. 加强技术标准体系建设。制定并实施战略性新兴产业标准发展规划，加快基础通用、强制性、关键共性技术、重要产品标准研制的速度，健全标准体系。建立标准化与科技创新和产业发展协同跟进机制，在重点产品和关键共性技术领域同步实施标准化，支持产学研联合研制重要技术标准并优先采用，加快创新成果转化和产业化步伐。

4. 建设高素质人才队伍。支持企业人才队伍建设。加快完善高校和科研机构科技人员职务发明创造的激励机制。加大力度吸引海外优秀人才来华创新创业，依托"千人计划"和海外高层次创新创业人才基地建设，加快吸引海外高层次人才。加强高校和中等职业学校战略性新兴产业相关学科专业建设，改革创新人才培养模式，建立企校联合培养人才的新机制，促进创新型、应用型和复合型人才的培养。

（三）营造良好的市场环境

1. 完善市场培育、应用与准入政策。鼓励绿色消费、信息消费、健康消费，促进消费结构升级。加大节能环保、新能源、新能源汽车等市场培育与引导力度，培育发展新业态。加快建立有利于战略性新兴产业发展的相关标准和重要产品技术标准体系，优化市场准入的审批管理程序。

2. 深化国际合作。引导外资投向战略性新兴产业，丰富外商投资方式，拓宽外资投资渠道，不断完善外商投资软环境。继续支持引进先进的核心关键技术和设备。鼓励我国企业和研发机构在境外设立研发机构，参与国际标准制定。扩大企业境外投资自主权，支持有条件的企业开展境外投融资。完善相关出口信贷、保险等政策，支持拥有自主知识产权的技术标准在国外推广应用。支持企业通过境外注册商标、境外收购等方式，培育国际化品牌，开展国际化经营，参与高层次国际合作。国家支持战略性新兴产业发展的政策同等适用于符合条件的外商投资企业。

（四）加快推进重点领域和关键环节改革。完善相关市场开放机制，深化民间投资准入改革，鼓励各类企业投资战略性新兴产业。推行能效"领跑者"制度，建立健全排污权、节能量和碳排放交易制度，推进环保和资源税费、价格改革；建立生产者责任延伸制，建立资源循环利用产品认证体系和再制造产品标识管理制度；大力推进环境标志产品认证和政府绿色采购制度，积极倡导绿色消费。建立健全推进三网融合的政策和机制，深化电信体制改革，推进有线电视网络整合和运营机构转企改制，按照分业管理的原则探索建立适应三网融合要求的电信、广电监管体制和协调高效的运行机制，完善相关法规标准，推动三网融合高效有序开展。加强生物安全管理，完善药品、医疗器械注册管理、价格管理、集中招标采购、安全评价与监督管理等机制，制定实施有利于绿色生物基产品发展的激励政策。加快制定民用航空工业法律法规，加快推进空域管理体制改革，建立空域灵活使用机制，优化航路航线和飞行繁忙地区空域结构，推进低空空域开放；完善卫星应用数据共享、市场准入等政策法规；支持智能制造装备首台（套）研发创新和产业化，探索首台（套）装备保险机制。实施可再生能源发电配额制，落实可再生能源发电全额保障性收购制度，深化电力体制改革，完善新能源发电补贴机制，建立适应风电、太阳能光伏发电发展的电网运行管理体系；完善生物燃料、能源化利用农林废弃物的激励政策及市场流通机制等。

六、组织实施

（一）加强统筹协调。有效统筹协调中央、地方和其他社会资源，促进军民融合，突出重点，集中支持本规划明确的重大产业创新发展工程、重大关键技术研发与创新成果产业化、重大应用示范工程、创新能力建设等。加强与科技重大专项的衔接，发挥科技重大专项的引领带动作用。营造公平竞争环境，激发和调动各类市场主体的积极性，引导加大对战略性新兴产业的投入，加快推进战略性新兴产业发展。

（二）加强宏观引导。优化产业布局，加强对地方发展战略性新兴产业的信息引导和宏观指导，明确不同区域总体功能定位和重点发展方向。各地要结合国家战略性新兴产业发展重点，从当地实际出发，重点发展具有竞争优势的特色新兴产业，避免盲目发展和重复建设。强化行业和企业自律，发挥行业协会在企业投资、经营决策方面的指导、协调和监督作用。加强市场信息预警与引导，定期向社会发布战略性新兴行业产能规模、产能利用率及生产、技术、市场发展动向等信息。

（三）培育发展产业示范基地。依托现有优势产业集聚区，充分利用现有资源，促进技术、人才、资金等要素向具有技术创新优势的企业和产业集聚，建设一批体制机制健全、市场活力大、产业链完善、辐射带动强、具有国际竞争力的战略性新兴产业示范基地，培育战略性新兴产业增长极。发挥创新资源密集、创新环境良好区域的比较优势，完善创新创业体系，推进先行先试，培育若干全国战略性新兴产业的策源地。

（四）完善规划体系。根据本规划提出的重点方向和任务，研究制定战略性新兴产业分类及重点产品和服务指导目录，健全统计监测体系。制定实施节能环保、新一代信息技术、生物、高端装备制造、新能源、新材料、新能源汽车产业等专项规划，明确实施内容和实施机制。鼓励相关省（区、市）联合编制区域性发展规划，推进战略性新兴产业差别化、特色化协同发展。各专项规划和地方规划要加强与本规划的衔接。

（五）加强组织实施。成立由发展改革委、科技部、工业和信息化部、财政部等有关部门参加的战略性新兴产业发展部际协调小组，加强统筹协调和督促落实。协调小组办公室设在发展改革委，承担协调小组的日常工作。根据规划实施的需要，组建由相关部门组成的政策工作组，加强沟通协调，及时制定出台有关政策措施。

有关部门要加强相关战略性新兴产业的统计和监测，加强形势分析，及时发布产业发展信息。发展改革委要会同有关部门加强对规划实施情况的跟踪分析和监督检查，及时开展后评估；要针对规划实施中出现的新情况新问题，适时提出解决办法，重大问题及时向国务院报告。

附录 4：关于支持中小企业技术创新的若干政策

为贯彻落实《中共中央、国务院关于实施科技规划纲要，增强自主创新能力的决定》、《国务院关于实施〈国家中长期科学和技术发展规划纲要（2006—2020 年）〉若干配套政策》、《国务院关于鼓励支持和引导个体私营等非公有制经济发展的若干意见》，全面提升中小企业的自主创新能力，国家发展改革委、教育部、科技部、财政部、人事部、人民银行、海关总署、国家税务总局、银监会、国家统计局、国家知识产权局、中科院制定了《关于支持中小企业技术创新的若干政策》，2007 年 10 月 23 日，印发关于支持中小企业技术创新若干政策的通知（发改企业〔2007〕2797 号）[1]。

关于支持中小企业技术创新的若干政策

为贯彻落实《中共中央、国务院关于实施科技规划纲要，增强自主创新能力的决定》、《国务院关于鼓励支持和引导个体私营等非公有制经济发展的若干意见》，全面提升中小企业的自主创新能力，充分发挥其在建设创新型国家中的重要作用，根据国家中长期科技发展规划纲要（2006—2020 年）若干配套政策，制定本政策。

一、激励企业自主创新

（一）鼓励加大研发投入。中小企业技术开发费税前扣除，按照《国务院关于实施〈国家中长期科学和技术发展规划纲要（2006—2020 年）〉若干配套政策》（国发〔2006〕6 号）和《财政部、国家税务总局关于企业技术创新有关企业所得税优惠政策的通知》（财税〔2006〕88 号）执行。

（二）支持建立研发机构。鼓励有条件的中小企业建立企业技术中心，

---

[1] "关于支持中小企业技术创新的若干政策"，载 http：//www. gov. cn/ztzl/kjfzgh/content_883659. htm。

或与大学、科研机构联合建立研发机构，提高自主创新能力。具备条件的企业可申报国家、省市认定企业技术中心。鼓励国家、省市认定企业技术中心向中小企业开放，提供技术支持服务。

（三）加快技术进步。中小企业投资建设属于国家鼓励发展的内外资项目，其投资总额内进口的自用设备，以及随设备进口的技术和配套件、备件，按照《国务院关于调整进口设备税收政策的通知》（国发〔1997〕37号）的有关规定，免征关税和进口环节增值税。

（四）大力发展高新技术企业。经国家有关部门认定为高新技术企业的中小企业，可以按现行政策规定享受高新技术企业税收优惠政策。

（五）鼓励发明创造和标准制订。各级知识产权部门应按照有关规定对个人或小企业的国内外发明专利申请、维持等费用予以减免或给予资助。鼓励具有专利技术的中小企业参与行业标准制订。对中小企业参与行业技术标准制定发生的费用，给予一定比例的资助。

（六）加快中小企业信息化建设。鼓励中小企业运用现代信息技术提升管理水平，增强技术创新能力。鼓励信息技术供应商、服务商和中介服务机构为中小企业信息化提供技术支援与相关服务。鼓励建立中小企业信息化公共服务平台，推动信息技术在中小企业的应用。

（七）加强人才培养。鼓励中小企业加大职工岗位技能培训和技术人才培养，企业当年提取并实际使用的职工教育经费，按国家有关税收政策规定执行。

（八）建立人才培养机制。鼓励有条件的中小企业与大学、职业院校建立定向、订单式人才培养机制，提高企业职工素质；鼓励企业为学生提供实习、实训条件和实习指导。鼓励各类院校毕业生到企业工作，积极参与企业的创新活动。各级中小企业管理部门应采取政府、企业、高校、社会投资共建等方式，建立健全中小企业人才培养输送渠道，满足中小企业技术创新的人才需求。

（九）建立创新人才激励机制。鼓励中小企业建立健全培训、考核、使用与待遇相结合的机制，激励员工发明创造。对作出突出贡献的技术创新人才，可采取新产品销售提成、科技成果或知识产权入股等多种形式，予以奖励。

（十）政府采购支持自主创新。各级国家机关、事业单位、社团组织在政府采购活动中，在同等条件下，对列入《政府采购自主创新产品目录》的中小企业产品应当优先采购。

二、加强投融资对技术创新的支持

（十一）鼓励金融机构积极支持中小企业技术创新。商业银行对纳入国家及省、自治区、直辖市的各类技术创新计划和高新技术产业化示范工程计划的中小企业技术创新项目，应按照国家产业政策和信贷原则，积极提供信贷支持。各地可通过有关支持中小企业发展的专项资金对中小企业贷款给予一定的贴息补助，对中小企业信用担保机构予以一定的风险补偿。各级中小企业管理部门、知识产权部门要积极向金融机构推荐中小企业自主知识产权项目、产学研合作项目、科技成果产业化项目、企业信息化项目、品牌建设项目等，促进银企合作，推动中小企业创新发展。

（十二）加大对技术创新产品和技术进出口的金融支持。各金融机构要按照信贷原则，对有效益、有还贷能力的中小企业自主创新产品出口所需流动资金贷款积极提供信贷支持。对中小企业用于研究与开发所需的、符合国家相关政策和信贷原则的核心技术软件的进口及运用新技术所生产设备的出口，相关金融机构应按照有关规定积极提供必要的资金支持。

（十三）加强和改善金融服务。引导和鼓励各类金融机构按照中小企业特点，加大金融产品的创新力度。畅通中小企业支付结算渠道，积极创造条件促使票据等支付工具服务中小企业，丰富中小企业支付和融资手段。组织开展对中小企业的信用评价，对资信好、创新能力强的中小企业，可核定相应的授信额度予以重点扶持。加快中小企业信用体系建设，促进各类征信机构发展，为金融机构改善对中小企业技术创新的金融服务提供配套服务。

（十四）鼓励和引导担保机构对中小企业技术创新提供支持。通过税收优惠、风险补偿和奖励等政策，引导各类担保机构积极为中小企业技术创新项目或自主知识产权产业化项目贷款提供担保服务，改进服务方式，对一些技术含量高、创新能力强、拥有自主知识产权并易于实现市场化的优质创新项目给予保费优惠。

（十五）加快发展中小企业投资公司和创业投资企业。鼓励设立创业投资引导基金，建立健全创业投资机制，引导社会资金流向创业投资企业。支持中小企业投资公司设立和发展，加大对中小企业投资公司的政策支持和风险补偿，激励其拓展投资业务，支持中小企业的技术创新活动。

（十六）鼓励中小企业上市融资。支持和推动有条件的中小企业在中小企业板上市。大力推进中小企业板制度创新，加快科技型中小企业、自主知识产权中小企业上市进程。在条件成熟时，设立创业板市场。

三、建立技术创新服务体系

（十七）加大创业服务。各地可利用闲置场地建立小企业创业基地，为初创小企业提供低成本的经营场地、创业辅导和融资服务。支持科技企业孵化器等科技中介机构为科技型中小企业发展提供孵化和公共技术服务。对科技企业孵化器、国家大学科技园的税收优惠政策，按照《财政部、国家税务总局关于科技企业孵化器有关税收政策问题的通知》（财税〔2007〕121号）、《财政部、国家税务总局关于国家大学科技园有关税收政策问题的通知》（财税〔2007〕120号）的有关规定执行。对符合条件的创业服务机构为创业企业提供的创业辅导服务，各地应给予一定的支持。

（十八）培育技术中介服务机构。鼓励技术中介服务机构、行业协会和技术服务企业为中小企业提供信息、设计、研发、共性技术转移、技术人才培养等服务，促进科研成果，尤其是拥有自主知识产权科研成果的商品化、产业化。对单位和个人从事技术转让、技术开发业务和与之相关的技术咨询、技术服务业务取得的收入，依据国家现行政策规定享受有关税收优惠。国家有关部门要研究制定支持技术中介服务机构发展的政策，各地要加大对技术中介服务机构的支持力度。

（十九）建立公共技术支持平台。各地要根据区域中小企业的产业特点，引导和促进中小企业转变发展方式，打破“小而全”，提倡分工协作。重点支持在中小企业相对集中的产业集群或具有产业优势的地区，建立为中小企业服务的公共技术支持平台。鼓励企业和社会各方面积极参与中小企业公共技术平台建设。国家有关部门应加大对公共技术平台的政策支持。

（二十）开放科研设施。鼓励大学、科研院所、大企业开放科研仪器设施，为中小企业服务。各地中小企业管理、科技、教育、知识产权部门要密切合作，建立共享设施数据库，定期发布相关信息。要加强共享科研设施管理，简化中小企业使用手续，降低使用费用。

（二十一）加强技术信息服务。各级中小企业管理部门要健全信息服务网络，改善中小企业信息化建设的基础条件，优化技术资源配置，促进中小企业间、中小企业与大学和科研机构间、中小企业与大企业间的技术交流与合作。要逐步建立网上技术信息、技术咨询与网下专业化技术服务有机结合的服务系统，提高技术服务的即时有效性。

（二十二）加强知识产权服务与管理。各级中小企业管理部门要配合知识产权部门落实《专利法》，广泛开展知识产权宣传、培训活动，提高中小企业知识产权保护意识；建立区域性专利辅导服务系统，为中小企业提供专利查询、申报指导、管理与维护等服务；建立知识产权维权援助中心，为中小企业提供专利诉讼与代理等援助服务。加大对侵权行为的监督、处罚力度。密切跟踪国外行业技术法规、标准、评定程序、检验检疫规程的变化，对中小企业产品出口可能遭遇的技术性贸易措施进行监测，提供预警服务。国家知识产权部门、中小企业管理部门要制订完善中小企业知识产权促进政策。

（二十三）加强新产品认定和标准化服务。鼓励行业协会、服务机构根据国家、地方有关自主创新产品的认证评价办法，帮助中小企业申请新产品认证，提供相关服务。鼓励行业协会为中小企业提供标准化知识培训，加强对中小企业申请行业标准制订的指导和服务，对涉及跨行业的技术标准制订，要做好组织协调工作，简化手续，提供便利服务。

（二十四）营造公平的人才发展环境。各级中小企业管理部门要引导服务机构健全中小企业人才服务系统，帮助中小企业解决技术人才引进、职称评定等实际问题。对中小企业技术人员的任职资格评聘以及科技人才评选、奖励、培养等应一视同仁，同等对待。

四、健全保障措施

（二十五）加大对中小企业技术创新的支持力度。各地可根据财力情况，逐步加大中小企业技术创新的环境建设，重点支持中小企业公共服务体系建设、中小企业信用体系与担保体系建设和创业投资企业发展。

（二十六）建立健全统计评价制度。国家有关部门要研究建立中小企业技术创新评价指标体系，尽快建立中小企业技术创新统计调查制度，建立中小企业技术创新政策的跟踪测评机制，逐步形成支持中小企业技术创新的科学的政策体系。

（二十七）加强工作领导。要充分发挥全国推动中小企业发展工作领导小组的统筹协调作用，各部门要加强配合，推动中小企业技术创新。各地要将支持中小企业技术创新工作纳入政府中小企业工作考核范围，建立目标责任制，确保国家中长期科技发展规划纲要及其各项配套政策实施细则的落实到位。

附录5：科技型中小企业技术创新基金项目管理暂行办法

为进一步规范和加强科技型中小企业技术创新基金的管理，支持科技型中小企业的技术创新，提高自主创新能力，2005年3月2日，国务院办公厅转发科技部、财政部印发了《科技型中小企业技术创新基金项目管理暂行办法》[1]。

科技型中小企业技术创新基金项目管理暂行办法

第一章 总 则

第一条 为保证科技型中小企业技术创新基金（以下简称“创新基金”）管理工作的顺利开展，根据《中华人民共和国中小企业促进法》、《国务院办公厅转发科学技术部、财政部关于科技型中小企业技术创新基金的暂行规定的通知》（国办发〔1999〕47号）等，制定本办法。

第二条 科学技术部是创新基金的主管部门，财政部是创新基金的监管部门。科学技术部科技型中小企业技术创新基金管理中心（以下简称“管理中心”）负责具体管理工作。

第三条 创新基金的使用和管理遵守国家有关法律、行政法规和相关规章制度，遵循诚实申请、公正受理、科学管理、择优支持、公开透明、专款专用的原则。

第二章 支持条件、范围与支持方式

第四条 申请创新基金支持的项目需符合以下条件：

（一）符合国家产业、技术政策；

（二）技术含量较高，技术创新性较强；

[1] “科技型中小企业技术创新基金项目管理暂行办法”，载 http：//www. most. gov. cn/tztg/200503/t20050311 _ 19628. htm。

（三）项目产品有较大的市场容量、较强的市场竞争力；

（四）无知识产权纠纷。

第五条 承担项目的企业应具备以下条件：

（一）在中国境内注册，具有独立企业法人资格；

（二）主要从事高新技术产品的研制、开发、生产和服务业务；

（三）企业管理层有较高经营管理水平，有较强的市场开拓能力；

（四）职工人数不超过500人，具有大专以上学历的科技人员占职工总数的比例不低于30%，直接从事研究开发的科技人员占职工总数的比例不低于10%；

（五）有良好的经营业绩，资产负债率合理；每年用于高新技术产品研究开发的经费不低于销售额的5%；

（六）有健全的财务管理机构，有严格的财务管理制度和合格的财务人员。

第六条 创新基金以贷款贴息、无偿资助和资本金投入的方式支持科技型中小企业的技术创新活动。

贷款贴息

1. 主要用于支持产品具有一定水平、规模和效益，银行已经贷款或有贷款意向的项目；

2. 项目新增投资在3 000万元以下，资金来源基本确定，投资结构合理，项目实施周期不超过3年；

3. 创新基金贴息总额一般不超过100万元，个别重大项目不超过200万元。

（二）无偿资助

1. 主要用于科技型中小企业技术创新活动中新技术、新产品研究开发及中试放大等阶段的必要补助；

2. 项目新增投资一般在1 000万元以下，资金来源基本确定，投资结构合理，项目实施周期不超过2年；

3. 企业需有与申请创新基金资助数额等额以上的自有资金匹配；

4. 创新基金资助数额一般不超过100万元，个别重大项目不超过200万元。

（三）资本金投入具体办法另行制定。

第七条 在同一年度内，一个企业只能申请一个项目和一种支持方式。申请企业应根据项目所处的阶段，选择一种相应的支持方式。

第三章 项目申请与受理

第八条 科学技术部每年年初制定并发布年度《科技型中小企业技术创新基金若干重点项目指南》，明确创新基金项目年度重点支持范围。

第九条 科技型中小企业申请创新基金，应按管理中心发布的《科技型中小企业技术创新基金项目申请须知》准备和提供相应的申请材料。

第十条 企业提交的创新基金申请材料必须真实可靠，并经项目推荐单位推荐。推荐单位是指熟悉企业及项目情况的当地省级科技主管部门。推荐单位出具推荐意见之前应征求省级财政部门对项目的意见，并将推荐项目名单抄送省级财政部门备案。

第十一条 项目推荐单位和管理中心要采取公开方式受理申请，并提出审查意见。受理审查内容包括：资格审查、形式审查、内容审查。受理审查合格后，管理中心将组织有关机构和专家进行立项审查。对受理审查不合格的项目，管理中心自收到项目申请材料之日起三十日内在创新基金网站上发出《不受理通知书》。

第四章 项目立项审查

第十二条 立项审查方式包括专家评审、专家咨询、科技评估等。由管理中心根据项目特点选择相应的立项审查方式。

对技术、产品相近的项目采取专家评审的方式。对跨学科、跨领域、创新性强、技术集成、技术领域分布相对分散的个性化项目，可委托科技评估机构评估。

第十三条 创新基金项目评审专家，包括技术、经济、财务、市场和企业管理等方面的专家，由管理中心聘任或认可，并进入创新基金评审专家库。专家应具备以下条件：

（一）具有对国家和企业负责的态度，有良好的职业道德，能坚持独立、客观、公正原则；

（二）对审查项目所属的技术领域有较丰富的专业知识和实践经验，对该技术领域的发展和所涉及经济领域、市场状况有较深的了解，具有权威性；

（三）一般应具有高级专业技术职务，年龄一般在 60 岁以下。

第十四条 承担创新基金项目立项评估工作的评估机构须在经科学技术部和财政部认定的评估机构中选择。评估机构应具备以下条件：

（一）具有独立企业或事业法人资格，并在有关管理部门注册、登记；

（二）有相应的专业技术人员和管理人员；

（三）评估机构应从事过评估或科技咨询等工作，并具有一定经验；

（四）有良好的业绩和信誉；

（五）经过相关专业培训。

第十五条　专家应依据评审、评估工作规范和审查标准，对申请项目进行全面的审查，并提出有针对性的审查意见。在审查过程中，专家可通过管理中心要求申请企业补充有关材料或进一步说明情况，但不得与申请企业及有关人员直接联系。必要时管理中心可委托专家组到申请企业进行审查。

第十六条　为保证创新基金项目立项审查的公正性，审查工作实行回避制度。属下列情况之一时，专家应当回避：

（一）审查专家所在企业的申请项目；

（二）专家家庭成员或近亲属为所审项目申请企业的负责人；

（三）有利益关系或直接隶属关系。

第十七条　评估机构和专家对所审项目的技术、经济秘密和审查结论意见负有保密责任和义务。管理中心尊重评估机构和专家的审查结论意见并给予保密。

第十八条　管理中心根据评估机构的工作质量及行为规范情况，对评估机构实行动态管理和科技信用评价管理。管理中心于每年底向科学技术部、财政部报告有关情况并提出调整意见。

第十九条　管理中心根据项目申请资料和立项审查结论意见提出创新基金立项建议，报科学技术部、财政部审批。科学技术部、财政部可对项目进行复审。

第二十条　经科学技术部、财政部批准的项目，应在创新基金网站以及相关新闻媒体上发布立项项目公告。公告发布之日起 2 周内为立项项目异议期。

第二十一条　创新基金项目实行合同管理。管理中心在异议期满后应与立项项目承担企业、推荐单位签订合同，确定项目各项技术经济指标、阶段考核目标以及完成期限等条款，同时将合同抄送项目所在地省级财政部门。对于有重大异议的项目，管理中心暂不签定合同，并对项目进行复议。需撤销项目时须报科学技术部和财政部同意后执行。

第二十二条　立项审查未通过或未获科学技术部、财政部批准的项目，管理中心将在创新基金网站上发出《不立项通知书》。不立项项目的申请企业当年不得再次申报项目。

第五章　项目监督管理及验收

第二十三条　省级科技主管部门负责本地区项目的日常监督管理和验收工作；省级财政部门负责对本地区创新基金的运作和使用进行监督、检查，并参与项目的验收工作；管理中心依据本办法负责制订《创新基金项目监督管理和验收工作规范》，并组织实施项目监督管理和验收工作，分析总结项目执行情况。

第二十四条　项目监督管理主要内容包括：

（一）项目资金到位与使用情况；

（二）合同计划进度执行情况；

（三）项目达到的技术、经济、质量指标情况；

（四）项目存在的主要问题和解决措施。

第二十五条　项目监督管理的主要方式：

（一）项目承担企业定期填报监理信息调查表（半年报、年报）。

（二）省级科技主管部门应实地检查项目执行情况，并提出监理意见；省级财政部门应定期抽查项目执行情况，并对创新基金使用管理情况提出报告。

（三）管理中心根据需要，对部分项目进行实地检查。

第二十六条　管理中心根据企业定期报表、地方监理意见、实地检查等，提出项目执行情况分析报告，并报科学技术部、财政部。

第二十七条　项目承担企业因客观原因需对合同目标调整时，应提出书面申请，经管理中心批准后执行；在合同执行过程中发生重大违约事件的，管理中心可按合同终止执行项目，并采取相应处理措施。

第二十八条　项目验收工作原则上在合同到期后一年内完成。需要提前或延期验收的项目，企业应提出申请报管理中心批准后执行。

第二十九条　创新基金项目验收的主要内容包括：

（一）合同计划进度执行情况；

（二）项目经济、技术指标完成情况；

（三）创新基金项目研究开发取得的成果情况；

（四）资金落实与使用情况；

（五）项目实施前后企业的整体发展变化情况。

第三十条　一般项目由省级科技主管部门组织验收；100万元以上的项目由管理中心组织验收。管理中心依据《创新基金项目监督管理和验收工作规范》，对项目进行综合评价并分别做出验收合格、验收基本合格、验收不合格的结论意见，报科学技术部、财政部。

第六章 附 则

第三十一条 本办法自发布之日起施行，创新基金有关规定与本办法相抵触的，按本办法执行。科学技术部、财政部《关于印发〈科技型中小企业技术创新基金项目实施方案（试行）〉的通知》（国科发计字〔1999〕260号）同时废止。

第三十二条 本办法由科学技术部会同财政部负责解释。

附录6：关于加强中央企业科技创新工作的意见

为深入贯彻落实科学发展观，加快推进中央企业转变发展方式，全面提升自主创新能力，2011年6月15日，国务院国有资产监督管理委员会印发了《关于加强中央企业科技创新工作的意见》国资发规划〔2011〕80号。

关于加强中央企业科技创新工作的意见

为深入贯彻落实科学发展观，加快推进中央企业转变发展方式，大力实施科技创新战略，全面提升自主创新能力，不断提高发展的质量和效益，实现又好又快发展，现就加强中央企业科技创新工作提出以下意见。

一、指导思想、基本原则和总体目标

（一）指导思想。坚持以科学发展观为指导，贯彻落实“自主创新、重点跨越、支撑发展、引领未来”的方针，围绕做强做优、培育世界一流企业的目标，以自主创新能力建设为中心，以体制机制创新为保障，以国家技术创新工程为依托，大力实施科技创新战略，全面提升企业核心竞争力，推动企业转型升级，在创新型国家建设中发挥骨干带头作用，实现创新驱动发展。

（二）基本原则。

坚持市场导向与国家发展需要相结合。企业科技创新活动要坚持以市场为导向，发挥市场在资源配置中的基础性作用。要根据国民经济发展规划和产业政策，将国家发展与企业发展紧密结合，统筹创新布局，在涉及国家安全和国民经济命脉的重要行业和关键领域、战略性新兴产业发挥引领和骨干作用。

坚持科技创新与体制机制创新相结合。要把握企业科技创新的内在规律，加强科技规划导向，确保组织机构落实、科技投入增长和重要研发平台建设。要努力突破科技创新的体制机制性障碍，激发科技创新体系中各要素的创新活力，增强企业创新的内生动力。

坚持立足当前和谋划长远相结合。要围绕主导产业，针对制约企业发展的技术瓶颈，确定科技创新方向，突破关键核心技术，满足企业当前发展需要。要结合国内外科技发展趋势，着眼提升长远竞争力，注重前瞻性、战略性和应用基础研究，加强技术储备，促进企业可持续发展。

坚持掌握核心技术与提高系统集成能力相结合。要坚持有所为有所不为，选择具有良好发展基础的重点领域，集中优势资源，实现重点突破，掌握一批具有自主知识产权的核心技术。要注重系统集成能力的提升，完善企业功能和业务链，推动商业模式创新，增强工程化能力，实现从单项技术创新向系统化、集成化创新的转变。

（三）总体目标。通过实施科技创新战略，到“十二五”末，中央企业创新能力明显提升，科技投入稳步增长，创新体系和体制机制更加完善，一批中央企业成为国家级创新型企业，一批重大科技成果达到世界先进水平，科技进步贡献率达到60%以上，在部分领域实现从技术跟随到技术引领的跨越。

科技投入稳步提高。基本建立科技投入稳定增长的长效机制。科技投入占主营业务收入的比重平均达到2.5%以上，其中研发投入的比重达到1.8%以上；制造业企业科技投入占主营业务收入的比重达到5%。创新型企业研发投入比重达到国内同行业先进水平，部分创新型企业达到或接近国际同行业先进水平。

研发能力明显增强。建成一批具备国际先进水平的实验室和试验基地，国家级研发机构达到340家以上，工业企业普遍建立国家级企业技术中心。研发人员占从业人员比例大幅提升。研发周期明显缩短，研究开发成功率、新产品产值率居行业先进水平。

科技创新体系更加完善。企业为主体、市场为导向、产学研相结合的开放式科技创新体系基本确立。企业科技发展战略和规划目标清晰、定位准确。科研组织架构进一步健全，科研管理制度进一步完善，研发运行机制高效顺畅，科技人才队伍结构合理，科技成果转化高效，知识产权管理规范，良好的企业创新文化和创新环境基本形成。

科技创新成效显著。重点行业的一批关键技术取得重大突破，核工业、航天、航空、新能源、新材料、信息通信及智能电网、油气勘探、高速铁路、海洋工程等领域的一批科技成果居国际领先水平，实现产业化和工程化。形成一批具有自主知识产权的国际知名品牌。累计拥有有效专利数明显增加，专利质量显著提高，2015 年发明专利授权量较 2010 年翻一番。

二、加强科技创新工作的重点任务

（四）加强科技发展战略与规划管理。企业要将科技创新作为集团公司发展的核心战略，做好顶层设计和总体谋划，坚持突出主业的方针，确立企业科技创新的发展路线，制定科技发展规划，依据企业不同的发展阶段，明确科技工作的目标、方向和任务。加强重点产业技术领域研究，确定重点科技专项和优先发展技术项目，切实做好科技规划的组织实施和跟踪评价。创新型（试点）企业要加强与国际一流企业的全面对标，制定并落实创新型企业建设方案。

（五）进一步建立健全企业研发体系。建立适合企业发展需要的研发体系，明确集团公司、子（分）公司、基层技术研发部门在创新链条中的职责定位，形成工艺及技术开发、应用研究、基础研究相配套的梯次研发结构。加强企业内部研发机构建设和科研基础条件建设，提升试验研发手段。有条件承担国家重点研发任务的企业，要做好国家级基础和共性技术研发平台建设。积极探索高效顺畅的研发运行机制，推动研发、设计、工程及生产的有机结合，促进科研成果向现实生产力的转化。支持有条件的企业组建“中央研究院”。转制科研院所要充分发挥技术优势，打造行业共性技术平台，更好地为行业发展提供技术服务。

（六）优化配置企业科技资源。进一步加强企业科技资源的优化配置、高效利用和开放共享，实现内外部资源有机结合。加大内部科技资源整合力度，着力解决企业科技资源分散、专业交叉重叠和技术重复开发等问题，完善创新链条，实现科技力量的有效协同。积极利用外部科技资源，通过合作研发、委托研发、并购等方式获取创新资源。积极吸收利用海外优质科技资源，探索建立海外研发机构，开展国际化研发。

（七）着力突破一批关键核心技术。围绕企业总体发展规划，按照“创新储备一代、研究开发一代、应用推广一代”的原则，选择重点领域，集中力量，加大投入，组织联合攻关，掌握一批具有自主知识产权的核心技术。增强原始创新、集成创新和引进消化吸收再创新的能力，鼓励企业根据国家重大战略需求积极承担国家重大研发任务，突破制约行业发展的技术瓶颈，引领行业技术进步。重点支持企业围绕节能环保、新一代信息技术、新能源、新材料、电动车、高端装备制造、生物医药等战略性新兴产业开展技术研发，取得重大技术成果并实现产业化，培育新的经济增长点。

（八）全面提高知识产权工作水平。坚持科技创新与加强知识产权工作相结合，贯彻落实《国家知识产权战略纲要》，制定实施企业知识产权战略，提升知识产权创造、应用、管理和保护能力。完善知识产权管理的运作模式和工作机制，推动专利、专有技术等知识产权的集中管理。保持专利数量快速增长，提高发明专利比重。在主导产业和关键技术领域形成一大批核心专利与自主知识产权成果。建立知识产权信息检索、侵权预警和风险防范制度，探索建立“专利池”，有条件的企业要研究专利布局策略。加强知识产权成果运用，重视知识产权转让和许可，提高知识产权成果的资本化运作水平。

（九）加强主要领域技术标准的研究与制定。发挥中央企业具备的标准工作基础和优势，推动科技创新活动与标准工作的良性互动，支持具有创新成果的企业联合开展标准的研究与制定，促进创新成果的转化和应用推广。推动自主知识产权的技术上升为技术标准，在国家标准和行业标准制定中发挥主导作用。积极参与国际标准制定，增强国际标准话语权。

（十）加强合作创新。加强产学研结合，建立合作的长效机制，推动产业技术创新战略联盟健康发展。加强企业间、产业链上下游的合作创新，形成优势互补、分工明确、成果共享、风险共担的开放式合作机制，提高创新效率，降低创新风险。加强国际科技合作，与国外企业开展联合研发，引进先进技术消化吸收再创新。发挥中央科技型企业在行业共性技术和检验检测、认证等方面的技术优势，更好地为行业发展和中小企业服务。鼓励中央企业间加强合作。

（十一）加强服务创新。建立服务创新技术支撑体系，以客户需求为导向，综合集成各领域先进技术，持续开展商业模式创新，提高市场应变能力。制造业企业要加大科技创新和服务创新的融合，实现由产品制造向系统设计集成和提供整体解决方案转变，推动生产性服务业快速发展。服务业企业要围绕传统产业改造升级加快发展现代服务业，加快服务产品和服务模式创新，提高研发、信息、物流等综合支撑能力。

（十二）进一步加强科技人才队伍建设。大力实施人才强企战略，加快建设一支结构合理、素质优良、创新能力强的科技人才队伍。完善科技人才评价、选拔、培养、使用和激励机制，对科技人才与经营管理人才实行分类管理，健全科技人才技术职务体系。加强对青年科技人才和高技能人才的培养。通过重大科技项目实施及深化产学研合作，培养造就一批具有世界前沿水平的科技领军人才和创新团队。建立健全科技带头人和科技专家制度。逐步加大对科技人才的激励力度，对作出突出贡献的科技人才给予特殊奖励。做好中央企业创新创业基地建设，吸引海内外高层次科技人才。

（十三）进一步提高科技管理水平。健全科技管理制度，完善工作流程，提升科技管理的效率和水平。加强科技统计调查分析、技术档案管理、科技情报、知识管理等基础性工作。加强技术经济等软科学研究，准确把握创新方向，提高科技管理的前瞻性和针对性。加强创新模式与方法的研究，提高创新效率。采用新技术、新工具改进科技管理。推广先进科学管理方法，加强科技政策的培训与交流，增强科技管理人员和财务人员对创新政策的把握和理解。做好中央企业科技创新信息平台的建设与管理，促进中央企业之间科技信息资源的“共建、共享”。

（十四）加强企业创新文化建设。积极开展群众性创新文化建设活动，鼓励群众性技术革新和技术发明，调动群众积极性，群策群力，解决生产中的技术难题。大力弘扬敢于创新、勇于竞争、诚信合作、宽容失败的精神，着力营造尊重知识、尊重人才、尊重劳动、尊重创造的文化氛围。把鼓励创新作为企业文化建设的重要内容，发扬企业家开拓创新精神，培养研发人员潜心研究、甘于奉献的精神，激发科技工作者创新热情和活力。

三、推进中央企业科技创新工作的政策与保障措施

（十五）加强组织领导。要把科技创新工作摆在企业改革与发展的突出位置，加强和改进对科技创新工作的组织领导。企业领导班子要将科技工作纳入重要议事日程，领导班子中要有专人负责科技创新工作，明确分工，落实领导责任。企业党政主要负责同志要从战略高度认识科技创新的重要意义，加强创新理论知识学习，提高工作的自觉性。科技、规划、投资、财务、人力资源、法律等部门要加强协调联动，采取有效措施，明确并落实责任，形成合力，推动重点科研任务的落实。切实加强对子企业创新工作的分类指导与监督管理。

（十六）建立健全科技组织管理机构。加强科技管理组织机构建设，做到机构编制落实、制度健全。根据企业科技创新工作需要，设立专职科技管理部门，明确职责定位。大型企业集团要发挥科技部门专业管理优势，强化统一管理，提高集团公司科技管控能力。加强科技决策的科学化和程序化，根据需要设立科学技术委员会、专家咨询委员会等科技决策和咨询机构。企业董事会组成人员中应考虑聘任熟悉科技工作的外部董事。

（十七）完善企业科技创新的体制机制。加大改革力度，加强体制机制创新。建立科技投入稳定增长的长效机制，确保企业研发投入随营业收入的增长而不断加大。将科技投入纳入全面预算管理，建立科技发展专项资金制度。完善科技考核指标体系，探索将重大科技成果和成果应用与转化纳入企业负责人的业绩考核。企业赋予科技管理部门一定比例的业绩考核权重。探索建立对骨干科技人员的中长期激励机制，落实管理、技术等重要生产要素按贡献参与分配的制度，有条件的企业开展股权、期权、分红权等激励试点工作。完善科技评价和奖励制度，设立科技奖励专项资金，表彰作出突出贡献的先进集体和个人。企业还可以结合自身实际情况，进一步探索、完善推动科技创新的有效机制。

（十八）进一步拓宽科技投入的资金渠道。在确保企业研发投入持续稳定增长的基础上，积极争取国家资金支持。创新科技投入体制机制，广泛利用社会资金。加强科技与金融的合作，探索利用风险投资基金、企业债券、保险基金和私募股权基金等方式，筹集科技投入资金。优化项目运作方式，提升科技管理水平。推动科技型企业引入民间投资、外资等战略投资者或利用国内外资本市场筹集资金。

（十九）进一步加强国资委对中央企业科技创新工作的指导与管理。结合中央企业布局结构调整，积极推进转制科研院所与大企业集团、中央企业之间科技资源的调整重组。组织协调中央企业围绕重大科技难题和行业共性技术，开展联合攻关。研究提出中央企业科技创新能力评价指标体系和办法，开展创新能力评价。探索并适时开展科技创新奖励活动。建立国资委科技专家库和科技咨询制度。组织开展国家重点科技计划项目的推荐与申报工作。发挥创新型企业的示范作用，总结推广先进经验，推进企业科技创新交流常态化。进一步加强与国家有关部门的沟通协调，推进科技创新政策的完善与落实，在项目和资金安排上争取更多支持，为企业科技创新营造良好的政策环境。

（二十）进一步完善国资委支持中央企业科技创新的政策措施。在企业负责人业绩考核指标体系中，进一步完善将中央企业研发费用视同业绩利润的考核政策，按国家有关规定，统一规范中央企业科技投入口径、范围。根据企业主业特点，强化对科技投入和产出的分类考核；根据创建国际一流企业的要求，研究提出进入A级企业科技投入的基本条件。探索建立企业科技创新的中长期激励机制，在符合条件的科技型上市公司中开展股票期权、限制性股票等激励试点；在符合条件的科技型非上市企业，开展分红权激励试点。对科研设计企业在工资总额方面实施分类调控。加大国有资本经营预算对科技创新的支持力度，以资本性支出为主，重点支持围绕国家发展战略和国民经济发展的重大科技创新活动，培育和发展战略性新兴产业。

附录7：中关村国家自主创新示范区技术创新能力建设专项资金管理办法

2013年11月21日，中关村科技园区管理委员会印发《中关村国家自主创新示范区技术创新能力建设专项资金管理办法》（中科园发〔2013〕43号）。[1]

中关村国家自主创新示范区技术创新能力建设专项资金管理办法

第一章　总　则

第一条　为贯彻落实国务院《关于同意支持中关村科技园区建设国家自主创新示范区的批复》（国函〔2009〕28号）和国务院《关于中关村国家自主创新示范区发展规划纲要（2011—2020年）的批复》（国函〔2011〕12号）精神，加快中关村国家自主创新示范区（以下简称中关村示范区）建设，促进企业提升技术创新能力，加快科技服务业发展，设立中关村示范区技术创新能力建设专项资金（以下简称创新专项资金）。依据《中关村国家自主创新示范区发展专项资金管理办法》（京财文〔2011〕2858号），制定本办法。

第二条　创新专项资金从中关村示范区专项资金中列支，并按照年度预算进行安排。

第三条　创新专项资金的管理和使用应遵循公开透明、突出重点、专款专用、注重实效的原则。

第四条　本办法所指企业是在中关村示范区内注册的高新技术企业。

本办法所指产业联盟是以中关村示范区企业为主体，政产学研用单位参与，以提升企业创新能力和产业竞争力为目标，以契约关系为保障，形

---

[1] “中关村国家自主创新示范区技术创新能力建设专项资金管理办法”，载 http://www.zgc.gov.cn/zcfg10/93823.htm。

成明确的资源整合、合作运营、利益分享机制的创新合作组织。

第五条 创新专项资金主要支持内容包括企业及产业联盟围绕专利、技术标准、商标和购买科技中介服务开展的创新活动，并优先支持下列项目：

（一）属于中关村战略性新兴产业集群创新引领工程“641”产业集群确定的重点产业领域；

（二）入选中关村示范区“十百千工程”“瞪羚计划”和“金种子工程”重点培育企业，以及入选中央“千人计划”、北京市“海聚工程”和中关村示范区“高聚工程”“雏鹰人才”“U30 人才”等领军人才创办企业开展的项目。

第二章 支持内容及标准

第一节 专 利

第六条 支持对象。

本节所指企业是作为发明专利第一申请人的中关村示范区企业；当与高校、科研院所联合申请发明专利时，作为除高校、科研院所外排名为第一申请人且总排名不超过第三申请人的中关村示范区企业。

本节所指知识产权服务机构是在北京市注册并为中关村示范区企业提供服务的知识产权服务机构，包括知识产权代理、信息检索分析、评估和法律服务等机构。

支持对象不包括高等院校、科研院所。

第七条 支持企业获得国际国内发明专利。

（一）国际发明专利。

对通过专利合作条约（PCT）、保护工业产权巴黎公约申请国际发明专利并进入国家阶段的中关村示范区企业，每进入一个国家或地区最高支持 3 万元，每件专利最多支持其进入三个国家或地区。每家企业年度国际专利最高支持金额不超过 300 万元。

（二）国内发明专利。

对于符合中关村示范区重点产业发展方向的企业，对其年度获得授权的国内发明专利，每件给予不超过 5 000 元资金支持。

对于年度获得国内发明专利授权件数超过 250 件以上的企业，超出部分每件专利额外支持 1 000 元，且每增加 50 件每件支持额度递增 1 000 元。

对于从未获得发明专利授权的中关村示范区企业，获得授权的前 5 件国内发明专利按照每件 1 万元进行支持。同时，对代理该专利的服务机构按照每件 1 000 元进行支持。

每家企业年度国内发明专利最高支持金额不超过 300 万元。每家知识产权服务机构年度最高支持金额不超过 10 万元。

第八条 支持知识产权领军企业和重点示范企业提升知识产权综合运用能力。

对经中关村管委会和北京市知识产权局共同认定的中关村示范区知识产权领军企业和知识产权重点示范企业，支持其开展知识产权战略制定、数据挖掘、信息检索分析、专利预警及知识产权运营等知识产权高端运用工作。每年每家领军企业支持金额不超过 100 万元，重点示范企业支持金额不超过 30 万元，支持金额原则上不超过开展上述工作实际发生费用的 50%。

第九条 鼓励企业提升专利质量。

对获得中国专利奖的中关村示范区企业给予支持。其中，中国专利金奖和中国外观设计金奖每项分别给予不超过 10 万元、5 万元的资金支持，中国专利优秀奖和中国外观设计优秀奖每项分别给予不超过 3 万元、2 万元的资金支持。支持资金应给予获奖专利的发明人（设计人）。

第十条 支持知识产权服务机构提升服务水平。

支持服务机构为中关村示范区知识产权领军企业、知识产权重点示范企业和北京市知识产权示范企业提供知识产权高端服务，并根据服务情况给予一定的资金支持。

每年支持不少于 10 家为中关村示范区企业提供服务的优秀知识产权服务机构，按不同档次分别给予 50 万元、30 万元和 20 万元的资金支持。

第十一条 支持知识产权服务机构集聚发展。

支持中关村示范区知识产权服务机构和联盟集聚发展。搭建知识产权公共服务平台，开展重点产业知识产权分析研究，提供知识产权维权援助等知识产权公共服务，并根据相关工作成效给予专项支持。

第二节 技术标准

第十二条 支持对象。

（一）本节所指企业和产业联盟应是标准起草单位的前五名；

（二）本节所指中关村示范区标准化试点企业是由北京市质量技术监督局和中关村管委会共同确定的试点企业；

（三）企业或产业联盟新制定的系列标准原则上视为一项技术标准；多家企业或产业联盟申请同一项技术标准支持资金，由企业和产业联盟自行协商，原则上由标准起草单位排名靠前的单位进行申请；

（四）“国际标准、国际标准化技术委员会、国际标准化会议”等涉及国际标准化的项目，应属于国际标准化组织（ISO）、国际电工委员会（IEC）、国际电信联盟（ITU）等国际知名的标准化组织。

第十三条　支持企业或产业联盟主导制定技术标准。

（一）对已公布的行业标准，每项给予不超过 30 万元的资金支持；

（二）对已公布的国家标准，每项给予不超过 30 万元的资金支持；

（三）对已立项的国际标准提案，每项给予不超过 50 万元的资金支持；

（四）对已公布的国际标准，每项给予不超过 150 万元的资金支持。若公布的国际标准项目曾在立项阶段获得资金支持，按照该年度国际标准发布项目实际支持金额减去立项阶段已支持金额的差额进行支持。

每家企业或产业联盟，主导制定技术标准获得支持资金每年不超过 200 万元。

第十四条　支持标准化试点企业承担标准化专业技术委员会工作。

（一）试点企业或产业联盟承担国际标准化技术委员会秘书处、分技术委员会秘书处及工作组秘书处工作，分别给予不超过 100 万元、50 万元和 30 万元的一次性资金支持；

（二）试点企业或产业联盟承担国家或行业标准化技术委员会秘书处、分技术委员会秘书处工作，分别给予不超过 30 万元和 10 万元的一次性资金支持；

（三）试点企业或产业联盟人员担任国际标准化技术委员会主席、国际标准化技术委员会副主席或分技术委员会主席、分技术委员会副主席或工作组组长职务，分别给予不超过 30 万元、20 万元和 10 万元的一次性资金支持；

（四）试点企业或产业联盟人员担任国家或行业标准化技术委员会主任委员、副主任委员或分技术委员会主任委员，分别给予不超过 20 万元和 10 万元的一次性资金支持；

（五）试点企业或产业联盟可同时获得上述（一）、（二）项规定额度的资金支持，同时不再享受第（三）、（四）项的资金支持。同一企业有多人符合上述第（三）、（四）项规定或同一企业一人符合上述第（三）、（四）项多条规定的，由企业自主选择一项进行申报；

（六）因企业或产业联盟承担标准化专业技术委员会工作发生调整，按照上述规定可以享受更高额度资金支持的，可以申请补差。

第十五条　支持标准化试点企业参加或组织实质性国际标准化会议。

（一）试点企业或产业联盟参加国际实质性标准化会议，累计给予不超过10万元的资金支持；

（二）试点企业或产业联盟在北京组织、承办实质性国际标准化会议，按照会议规模和重要程度，最高给予不超过30万元的资金支持，支持金额原则上不超过组织、承办会议实际发生费用的50%。

第十六条　支持标准化组织集聚发展。

支持中关村示范区标准化组织集聚发展。搭建标准化公共服务平台，开展重点产业技术标准分析研究，并根据相关工作成效给予专项资金支持。

第三节　商　标

第十七条　支持企业国际国内商标注册。

对于企业通过《商标国际注册马德里协定》途径新注册的国际商标，于下一年度给予该企业每件商标不超过5 000元的资金支持。每年每家企业获得国际商标注册支持资金总额不超过15万元。

对于每年新获得普通商标注册（包括商品商标、集体商标和证明商标）超过30件的企业，于下一年度给予该企业不超过20万元的支持资金，用于该企业商标使用、保护、管理和商标工作体系建设。

第十八条　支持企业获得驰名和著名商标。

对于企业新获认定的驰名商标，于下一年度给予该企业30万元资金支持；对于企业新获认定的北京市著名商标（不包括经复审认定的著名商标），于下一年度给予该企业20万元资金支持。支持资金用于该企业驰名和著名商标的使用、保护、管理和商标工作体系建设。

第十九条　支持商标示范和试点单位。

对国家商标战略实施示范企业和经中关村管委会、北京市工商局共同认定的中关村示范区商标示范和试点企业，支持其开展制定商标战略规划、商标预警和商标运营等工作。国家商标战略实施示范企业和中关村示范区商标示范企业给予不超过20万元的一次性资金支持，试点企业给予不超过10万元的一次性资金支持，支持金额原则上不超过开展上述工作实际发生费用的50%。

第四节　购买科技中介服务

第二十条　支持对象。

申请购买科技中介服务支持资金的中关村示范区企业应是北京中关村

企业信用促进会会员。

第二十一条　支持企业购买高端科技中介服务。

（一）信用中介服务。

信用中介服务包括企业信用评级、深度征信、信用调查、信用评价、信用管理咨询服务。单项支持金额不超过 1 万元，企业年度支持金额不超过 5 万元。

（二）认证中介服务。

认证中介服务包括 ISO 9001 质量管理体系认证、ISO 14001 环境管理体系认证、ISO 20000 信息技术服务管理体系认证、ISO 27001 信息安全管理体系认证、GB/T 23331 能源管理体系认证、GMP 认证、美国 FDA 认证、欧盟 CE 认证、CMMI 认证以及其他以开拓海外市场为目的的相关产品认证。单项支持金额不超过 3 万元，企业年度支持金额不超过 10 万元。

（三）知识产权中介服务。

知识产权中介服务包括专利、著作权和商标代理中介服务。单项支持金额不超过 3 万元，企业年度支持金额不超过 10 万元。

（四）评估服务。

评估服务是指企业以融资为目的的企业价值评估和在技术转让、知识产权许可等技术转移过程中的无形资产评估。包括有形资产评估、知识产权价值评估、企业专有技术价值评估、企业商誉、品牌价值评估等。单项支持金额不超过 3 万元，企业年度支持金额不超过 10 万元。

（五）技术转移服务。

技术转移服务包括在技术贸易、技术许可、知识产权交易、技术援助、技术情报等技术转移过程中的委托代理服务。单项支持金额不超过 2 万元，企业年度支持金额不超过 5 万元。

（六）法律服务。

法律服务包括企业开拓海外市场及融资、股权私募、知识产权保护等涉及的法律服务。单项支持金额不超过 2 万元，企业年度支持金额不超过 3 万元。

第二十二条　企业购买科技中介服务支持资金实行年度总额控制。单项支持金额比例原则上不超过企业购买服务实际发生费用的 50%，上述各项支持总额上限不超过 30 万元。

第三章　申请程序

第二十三条　企业申请创新专项资金项目，由企业在下一年度集中申报。

第二十四条　企业申请创新专项资金时，应按照申报通知要求，填写相关表格，提供相应申报材料和证明文件。申请表格可从中关村示范区网站（www. zgc. gov. cn）下载。

第二十五条　中关村管委会委托专门机构或各分园管委会组织开展专项资金申报的受理和初审工作。中关村管委会对通过初审的项目进行复审等相关工作，并形成支持方案，由中关村管委会主任专题会最终审议确定。

第二十六条　审议确定的支持名单在中关村示范区网站公布。

第四章　监督管理

第二十七条　获得创新专项资金的单位需按国家相关会计制度进行账务处理，对专项资金单独核算，专款专用，应接受中关村管委会的监督、检查和审计，并需配合开展宣传、调研、报送企业信息、提交资金使用效益分析报告等工作。

第二十八条　对创新专项资金使用中的违反法律法规的行为，依据《中华人民共和国预算法》、《中华人民共和国会计法》和《财政违法行为处罚处分条例》等规定进行处理处分。对于弄虚作假骗取支持资金的申报单位，除按以上规定处罚外，中关村管委会将在中关村示范区网站予以通报，并追回已拨付资金，今后不再受理其相关公共政策支持资金的申请，取消与该单位的合作关系。

第五章　附　则

第二十九条　本办法由中关村管委会负责解释。

第三十条　本办法自 2014 年 1 月 1 日起实施。

第三十一条　原《中关村专利促进资金管理办法》（中科园发〔2011〕41 号）、《中关村技术标准资助资金管理办法》（中科园发〔2011〕42 号）、《中关村国家自主创新示范区商标促进专项资金管理办法》（中科园发〔2012〕23 号）和《中关村国家自主创新示范区企业购买中介服务支持资金管理办法》（中科园发〔2012〕1 号）同时废止。

附录8：加快推进高等学校科技成果转化和科技协同创新若干意见（试行）

《加快推进高等学校科技成果转化和科技协同创新若干意见（试行）》（简称“京校十条”）于2014年1月13日正式对外发布。作为北京市在市级层面推进中关村示范区发展的先行先试政策之一，高校可自主对科技成果转化进行审批、转化所获收益中不少于70%的比例可用于奖励、设立科技成果转化岗等。

加快推进高等学校科技成果转化和科技协同创新若干意见（试行）

为贯彻落实党的十八大和十八届二中、三中全会精神，加大高等学校科技成果转化体制机制创新力度，充分发挥高等学校在首都创新体系建设和率先形成创新驱动发展格局中的重要作用，激发高等学校开展科技成果转化和科技协同创新的积极性，本着发挥优势、创新突破、先行先试的原则，提出如下意见。

一、开展高等学校科技成果处置权管理改革。加强知识产权交易市场建设，建立符合科技成果转化规律的市场定价机制，试行高等学校科技成果公开交易备案管理制度。科技成果的知识产权由承担单位依法取得，赋予高等学校自主处置权。高等学校可自主对科技成果的合作实施、转让、对外投资和实施许可等科技成果转化事项进行审批，报主管部门和财政部门备案。

二、开展高等学校科技成果收益分配方式改革。高等学校科技成果转化所获收益可按不少于70%的比例，用于对科技成果完成人和为科技成果转化做出重要贡献的人员进行奖励，支持高等学校科学研究、成果转化和教育教学工作。科技成果转化所获收益用于人员激励支出的部分，经批准可一次性计入当年高等学校工资总额，但不纳入工资总额基数。

三、建立高等学校科技创新和成果转化项目储备制度。鼓励高等学校和企业联合开展科技创新和成果转化，支持高等学校加强自身科技研发能力建设，定期对符合条件的拟研、在研科技创新和成果转化项目进行评估，选择一批符合首都科技创新和经济社会发展需要的重大科研和成果转化项目，纳入高等学校科技项目储备库进行跟踪支持。

四、加大对高等学校产学研用合作的经费支持力度。根据高等学校的实际需求，进一步加大市级财政性高等教育经费中高等学校科研经费的规模和比例，重点支持高等学校与企业通过联合共建产业技术创新战略联盟、新型产业技术研究院和产业创新园等形式，合作开展科技研发和成果转化；支持企业建立高等学校学生实践训练基地，联合培养研究生。根据高等学校科研经费的支持方向和特点，开展间接费用补偿、分阶段拨付、后补助和增加经费使用自主权等经费管理改革试点。

五、支持高等学校开放实验室资源。鼓励高等学校建设“首都科技条件平台”研发实验服务基地，向企业、科研机构和其他高等学校开放研发实验服务资源，为各类创新主体以及大型研究工程和项目提供联合研发、委托研发等技术攻关和技术服务，并根据服务的数量和质量给予相应补贴。鼓励高等学校和企业联合共建实验室，加大对实验室开放课题支持的力度，支持联合开展重大课题攻关。在满足正常教学科研需要的前提下，探索将高等学校重大仪器设备以租赁费、使用费等方式入股科技型企业等新模式。

六、支持高等学校建设协同创新中心。支持高等学校校际之间以及与企业、科研机构共同建立协同创新中心，联合开展科研项目攻关和科技成果转化。每年设定若干重大专项，支持高等学校“2011 协同创新中心”围绕国家和首都经济社会发展的重大战略需求开展科学研究和联合攻关，进一步提升协同创新中心的科技创新和协同创新能力。

七、支持高等学校搭建国际化科技成果转化合作平台。支持高等学校实施高端人才引进计划，聘任入选国家“千人计划”、教育部“长江学者奖励计划”、北京“海聚工程”、中关村“高聚工程”等全球一流的专家和科研人员，利用国际创新资源开展科研项目研究和研究生联合培养工作，搭建国际化科技成果转化合作平台。

八、鼓励高等学校科技人员参与科技创业和成果转化。鼓励高等学校拥有科技成果的科技人员，依据中关村示范区股权激励试点政策和以现金出资方式，在中关村示范区创办科技型企业，并持有企业股权。创办的企业可按照科技人员现金出资额度的 20％申请政府股权投资配套支持；政府股权退出时，按照原值加同期银行活期存款利息优先回购给创业团队。高等学校科技人员经所在学校同意，可在校际间或中关村示范区科技型企业兼职，从事兼职所获得的收入按有关规定进行分配；科技人员在兼职中进行的科技成果研发和转化工作，作为其职称评定的依据之一。支持高等学校拥有科技成果的科技人员离岗创业，高等学校可在一定期限内保留其原有身份和职称。

九、鼓励在高等学校设立科技成果转化岗位。可在高等学校新设科技成果转化岗位，该岗位以科技人员实施科技成果转化的工作绩效为主要指标进行考核，并在人员编制、落户等方面给予支持。高等学校科技成果转化岗位的科技人员可列入中关村示范区高端领军人才专业技术资格评价试点范围，评价合格人员可获得高级工程师（教授级）专业技术资格。高等学校按照教师获得的高级工程师（教授级）专业技术资格聘任其为相应的职级，不占用所在高等学校教授（研究员）名额。鼓励高等学校加强科技成果转化管理服务队伍建设，在人力、财力、物力等方面支持科技成果对接市场并给予经费支持。

十、制定高等学校在校学生创业支持办法。降低门槛，简化流程，支持在校学生休学创办科技型企业，创业时间可视为参加实践教育的时间，并根据学校实际计入相关实践学分。支持学生以创业的方式实现就业，凡到中关村科技企业孵化器或大学生创业基地创业的学生，给予房租减免、创业辅导等支持。设立学生创业项目天使投资配套支持资金，高等学校教师作为天使投资人投资的学生科技创业项目，可按照教师实际投资额度的 50％申请政府股权投资的配套支持；政府股权退出时，按照原值加同期银行活期存款利息，可优先回购给创业团队及对该项目进行天使投资的教师。

本意见适用于北京市属高等学校，北京地区其他高等学校可结合实际参照执行。

本意见自发布之日起执行。

参考文献

[1] 李建蓉. 专利信息与利用 [M]. 2 版. 北京：知识产权出版社，2010.

[2] 野中郁次郎，竹内弘高. 创造知识的企业 [M]. 李萌，高飞，译. 北京：知识产权出版社，2006.

[3] 托尼·达维拉. 创新之道 [M]. 刘勃，译. 北京：中国人民大学出版社，2007.

[4] 欧洲技术与创新管理研究院. 企业战略与技术创新 [M]. 陈劲，方琴，译. 北京：知识产权出版社，2006.

后　记

作为从事专利信息服务与研究的工作人员，本人一直关注如何利用好专利信息。2013 年有幸到北京市知识产权局产业促进处挂职 1 年，在直接为企业进行知识产权服务的同时，也更加深入地了解到企业在创新过程不同阶段的各种需求。通过参加对北京市专利试点、示范企业的培训和走访，尤其在负责贯彻《企业知识产权管理规范》项目的过程中深刻体会到专利信息是企业技术创新和管理创新的非常重要资源，但是大多数企业还比较欠缺熟练掌握专利信息的能力，这更加促成我撰写此书，将自己的专利信息知识积累变为为企业创新服务的有效资源。本人的专利信息知识积累不仅来自于曾经近 10 年的发明专利的审查工作，也来自于近几年在专利局文献部所从事过的文献研究、专利文献/非专利文献的数据加工管理、专利文献相关标准的制定/修订，以及正在从事的面向专利审查的文献信息服务等工作。

在本书的撰写过程中，北京市知识产权局的周砚副局长、产业促进处张伯友处长对读者的定位及内容架构给予了大量指导。知识产权出版社的王润贵总编从提高知识的可读性和实用性方面给予了合理化建议，而且还提供了参考体例。在此，衷心地感谢他们的大力支持和帮助。

本书与企业创新紧密结合，介绍了有利于企业人员学习、掌握利用专利信息的技能，还结合了大量案例，特别注重案例的及时性。在 1 年多的撰写过程中，密切关注新出台的关于创新型国家建设的相关政策、国内外知识产权形势和政策的变化以及专利信息资源的各种新形式和新内容，因此要不断调整和修改相关内容，几易其稿。

感谢在本书撰写过程中提出宝贵意见的审稿人：专利局审查业务管理部李超凡副处长对第四章至第七章进行了审校；专利检索咨询中心的张秉斋研究员对本书内容进行了整体性审校。

感谢我的丈夫崔成民在撰写本书的 1 年多的时间里所给予的贴心支持和鼓励，特别是在本书第二章“企业技术创新中的知识产权”中，贡献了他所执教的“科技中的知识产权”课程的部分内容。

还要感谢知识产权出版社的编辑和工作人员为本书顺利出版所做的专业、细致的工作。感谢在本书撰写、出版过程中给予帮助的各位朋友。

希望在本书的使用中加强与读者的互动，听取意见和建议以便不断改进。